梁永福 刘 洋 韦文求 / 著

新型城镇化建设
与专业镇产业发展研究

XINXING CHENGZHENHUA JIANSHE
YU ZHUANYEZHEN CHANYE FAZHAN YANJIU

中国财经出版传媒集团

经济科学出版社
Economic Science Press

图书在版编目（CIP）数据

新型城镇化建设与专业镇产业发展研究/梁永福，刘洋，
韦文求著．—北京：经济科学出版社，2016.8
ISBN 978 – 7 – 5141 – 7229 – 4

Ⅰ．①新…　Ⅱ．①梁…②刘…③韦…　Ⅲ．①城市化 – 研究 –
中国②城镇经济 – 产业发展 – 研究 – 中国　Ⅳ．①F299.2

中国版本图书馆 CIP 数据核字（2016）第 201849 号

责任编辑：杜　鹏　赵泽蓬
责任校对：王肖楠
版式设计：齐　杰
责任印制：邱　天

新型城镇化建设与专业镇产业发展研究
梁永福　刘　洋　韦文求/著
经济科学出版社出版、发行　新华书店经销
社址：北京市海淀区阜成路甲 28 号　邮编：100142
总编部电话：010 – 88191217　发行部电话：010 – 88191522
网址：www. esp. com. cn
电子邮件：esp@ esp. com. cn
天猫网店：经济科学出版社旗舰店
网址：http：//jjkxcbs. tmall. com
北京汉德鼎印刷有限公司印刷
三河市华玉装订厂装订
710 × 1000　16 开　17 印张　320000 字
2016 年 8 月第 1 版　2016 年 8 月第 1 次印刷
ISBN 978 – 7 – 5141 – 7229 – 4　定价：49.00 元
（图书出现印装问题，本社负责调换。电话：010 – 88191502）
（版权所有　侵权必究　举报电话：010 – 88191586
电子邮箱：dbts@ esp. com. cn）

前　言

　　新型城镇化是以城乡统筹、城乡一体、产业互动、节约集约、生态宜居、和谐发展为基本特征的城镇化，与传统城镇化不同，新型城镇化建设与区域经济发展和产业布局紧密衔接，充分考虑了资源环境承载能力，是新常态下推动大中小城市、小城镇、新型农村社区协调发展的重要方向。而专业镇作为产业集群的重要代表，在区域经济稳增长、促就业方面作出了巨大的贡献，已成为了实施创新驱动战略和产业转型升级的重要载体。如何促使新型城镇化建设与专业镇发展相互促进，充分发挥专业镇产业集聚优势对新型城镇化建设的推动作用，始终是学术界与实务界研究的重点议题。

　　本书首先从新型城镇化的内涵与发展路径出发，分析了新型城镇化建设的产业发展需求，在回顾专业镇有关理论和国内外发展概况的基础上，研究了广东省专业镇对区域产业发展的作用。其次以广东省为例分析了新型城镇化背景下专业镇产业转型升级的问题，给出了新型城镇化建设的实现路径，并利用固定效应模型实证检验了专业镇产业结构对城镇化建设的影响。最后，基于佛山和江门两市的实践经验深入探讨了新型城镇化建设进程中的创新型城市建设问题，并从区域创新系统的角度给出了广东省专业镇科技创新服务体系建设的政策建议。

　　总体而言，本书进行了大量艰苦、深入、细致的研究，采用文献研究、案例分析与实证检验等定性与定量方法，系统地分析了新型城镇化建设与专业镇产业发展的互动关系，并在创新型城市与科技创新服务体系建设方面进行了延伸研究，对于新型城镇化和产业集群理论及其应用研究具有一定的创新性。

　　本书在写作过程中得到了广东省科技厅和暨南大学产业经济研究院产业组织与规制研究所的大力支持，特别要感谢叶超贤、李杰、林雄、陈林所提供的宝贵建议，以及付利、刘娇、王玉婷和周嘉裕所做的基础性工作。广东省生产力促进中心的梁永福撰写第 1、2、3、4 和 6 章，刘洋与韦文求参与撰写第 5 章。此外，本书获广东省科技计划项目"新型城镇化背景下的专业镇产业发展模式及其路径优化研究"（2014A080804009）资助，在此表示感谢。由于作者水平有限，书中难免存在疏漏与不足，恳请广大读者批评指正。

梁永福
2016 年 7 月于广东省生产力促进中心

目　　录

第 *1* 章

新型城镇化建设的产业发展需求

本章从传统城镇化及其引发的社会问题出发，详细阐述了新型城镇化的内涵、阶段划分、典型模式和可持续发展路径等问题，同时总结了国内外城镇化的演进和主要模式，并得出城镇化发展不能脱离产业发展的结论。最后对广东省新型城镇化建设的产业需求做出了回答，以便为后面的研究做铺垫。

1.1 新型城镇化的内涵

1.1.1 传统城镇化的概念及意义

1. 传统城镇化理论

城镇化（Urbanization）是一个历史进程，指在一国或某地域社会生产力、科学技术提高和产业结构完善的过程中，社会形态会发生明显的变化，在城镇化以前是村落型社会形态，整个社会的生存主要依赖与农产品有关的作业来维持，而开始城镇化后，整个社会赖以生存的产业则变为工业和服务业，农业的依赖性相对降低，社会形态为都市型。在一般情况下，城市化进程的变化包括人口工作类别的变化、产业结构的变化、土地和区域空间的变化。

（1）人口转化。这是首先可见的变化，城市化使得农业人口不断向城市聚集和转移（仇保兴和温来成，2005），正如弗里德曼所说，人口迁徙是城镇化最基本的表现，人口集中到城市渐渐地又会引起生产生活方式变化，最后整个城市进入文明时代，这种文明会向周边及农村地区扩散，产业也会慢慢集聚到城镇，这样城市可以创造就业机会，农村剩余劳动力转移也有了方向和保障，到后来，劳动力文化素质和技能水平提高，渐渐地第二、第三产业发展起来，接纳更多的劳动力，从而降低第一产业的劳动力分布比例。

（2）产业调整。经过城市化，各方面都会取得显著地变化，广大农村在城市化的带动下能有立竿见影的效果，地区产业结构也会得到相应的改善，即产业结构从初级的农业生产向更高层次的城市生产转变。

（3）工业发展。工业化可以催生出城市化，城市化的推进需要工业化为其补给能源，而工业化的效用提高也需要城市化的推动。

（4）科技进步。现代化大都市成为主要的科研基地和枢纽系统中心有赖于科技的提升和信息化的演进，整个地区的发展水平也随之得到相应的提高。

（5）文化交流。城市文明向农村广泛地蔓延和浸透，影响着农村一直以来自给自足的自然经济方式，并提高农村的对外开放水平，有利于城市与乡村的沟通与对接，从而缩小城乡发展水平差距。

发展的动力。促使城市化发展的动力无非就是推力和拉力，推力表现为人与地之间矛盾的加剧，自然灾害越来越频繁，人们对收入水平的不满，生活水平达不到预期，社会服务资源缺乏等。而拉力则表现为就业机会增多、社会服务资源富足、交通便利快捷、文化设施齐备等。城镇化过程需要两种动力的配合，缺一不可。

总体而言，城镇化是一种演变的过程，前后通过了城市化与工业化步伐一致、城市化问题突显和重新审视发展中国家城市化三个阶段，当前适用于城镇化演化诠释的理论有四种，它们分别是区位理论、城乡布局转化理论、非平衡发展理论和协调发展理论（见表 1 -1）。

表 1 -1   城镇化理论

理论	特征	代表
区位理论	社会生产的各类物质因素和物质进程在空间上的汇聚	（1）马克思的区位论 （2）W. 克里斯泰勒的中心区位论 （3）A. 廖什的市场区位论 （4）科洛索夫斯基的地区生产综合体论
城乡布局转变理论	剖析城乡人口迁徙，探析城市化发展规律	（1）"刘易斯—费景汉—拉尼斯"二元结构模型 （2）乔根森模型 （3）托达罗模型 （4）钱纳里与赛尔昆的就业结构改变理论和城乡人口迁徙理论

续表

理论	特征	代表
非均衡发展理论	阐述区域经济发展过程中导致的产业空间聚集原因和机理以及城市化发展规律	(1) 佩鲁的增长极理论 (2) 弗里德曼的中心—边缘理论 (3) 缪尔达尔的循环累积论 (4) 赫希曼的非均衡发展理论
协调发展理论	论述城镇化发展规律	(1) 霍华德的田园城市论 (2) 恩维的卫星城市论 (3) 沙里宁的有机疏散论

资料来源：作者整理。

2. 传统城镇化的意义

要想改善区域环境，那么城镇化必须合理化。城镇化与区域经济之间的关系体现在：城镇在地理上是整个区域经济发展的中心地带，对区域发展起带动作用，从而区域经济得到发展后其经济水平会提高，它又能反过来促进城镇进一步城镇化，同时也能引起生产方式、聚落形态、生活方式、价值观等的变化，如图1－1所示。

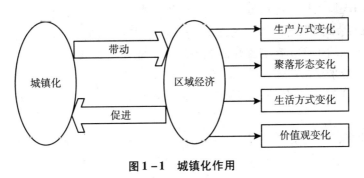

图1－1　城镇化作用

资料来源：作者整理。

（1）城镇化是实现现代化的必经之路。工业革命的经济发展史让我们意识到，发展工业化和城镇化对于国家现代化的实现来说缺一不可。对于目前的中国来讲，现代化建设的重点要求是"四化"同步同调，彼此相得益彰。工业化就好比一棵树的树干，处于主干地位，是发展的动力；农业现代化是重要基础，是发展的根基，相当于树根的位置；信息化作为营养物质的供给源，为发展注入新的活力，具有后发优势；城镇化处在节点位置，对于其他三化起着起承转合的作用，既是载体又是平台。

（2）城镇化是经济能够持续健康发展的强大牵引力。在拉动经济的"三驾马车"中，内需是国家经济发展的根本动力，因此，扩大内需变得迫切，想要走出由出口带动经济发展的困境，城镇化是必然的道路。中国的城镇化发展至今，其常住人口城镇化水平和户籍人口城镇化水平两者并不一致，差距甚大，分别为56.1%和36%左右，而西方发达国家的平均水平已经达到80%，全球来说，存在众多人均收入与中国相近的发展中国家，这些国家的平均水平也达到了60%，可见中国的户籍人口城镇化水平远远低于世界上很多国家，中国还有很大的发展空间。一方面城镇化持续提高，另一方面乡村转移人口收入也在增加，两者同时提高可以让转移到城镇的人口在正式成为市民后享受到更好的公共服务，这也会增加城镇的消费能力，消费结构也会继续升级并得到优化，消费潜力得到最大限度的释放，同时还能带来各方面巨大的投资需求，比如城市基础设施、公共服务设施和住宅建设等方面，这能为经济发展提供源源不断的动力。

（3）城镇化是优化升级的主攻方向。目前中国服务业增量值不足50%，仅占GDP比值的46.1%，而发达国家平均水平为74%，中等收入国家平均水平为53%，中国现在目前的情况不仅与发达国家相距甚远，而且距离中等收入国家也有不小的差距。城镇化发展离不开服务业支撑，服务业吸收劳动力的潜能空间之巨大，为中国的就业做出了巨大的贡献。城镇化过程会带来各方面需求的上升，比如出现的人口集聚、生活方式的改变、生活水平的提升等会带来生活方面物质及精神方面需求的上升；城镇化过程同样会增大人们对生产方面各种服务的需求，比如出现的生产要素的优化配置、三次产业互动发展、社会分工的细化等。城镇化过程带来众多产物，创新要素集聚和知识传播扩散会伴随其发生，这些产物均有利于让整个社会的创新鲜活起来，从而推动传统产业升级和新兴产业发展。

（4）城镇化是解决"三农"问题的重要途径。一直以来，中国农村人口占据了全国人数的大部分，而农业所需水土资源量庞大，加上近年来的盲目开发，征用土地导致水土资源变得紧缺，在城乡二元体制下，无法实现土地规模化治理，改变传统的生产方式也变得举步维艰，"三农"问题频频爆发的根源在于此。到2014年底，中国人均耕地拥有量仅为0.1公顷，农村村民每户平均土地分配量大约为0.6公顷，远远达不到土地规模化经营的条件。随着农村人口流向城镇，农村人均资源占有量会有一定程度的增加，可以慢慢让农业生产规模化和机械化走入农村生产中，让农业进入现代化，其水平也会慢慢提高，农民的生活水平也能上升一个台阶。一般来讲，城镇化对于土地的有效利用能够提供一定支持，它能为现代农业腾出发展空间。城镇经济实力提升，可以为实现以工业促进农业，以城镇带动乡村提供可能，农村经济社会发展步伐也能因此加快。

（5）城镇化是为区域协调发展提供强有力的支撑。中国东部沿海地区自改革开放以来，都具有先发优势，国家一开始就鼓励东部地区率先发展，也正因为如此，使得这些地区逐渐形成了颇具规模的城市群，最鲜明的体现是京津冀、长三角、珠三角城市群，东部地区凭借这些优势迅速发展，如今已成为国民经济不可或缺的增长极。但与此同时，中西部区域发展落后很多，究其原因是城镇化发展在各个地区的速度和程度都是有差异的，中西部城市明显发育不良。目前东部地区常住人口城镇化水平远远高于中西部地区，两者之间的差距达到了14%，其城镇化率已经高达62.2%，而中部地区、西部地区不足50%，分别只有48.5%、44.8%，东部与中西部差距且有越来越大的趋势。鉴于此，国家相继提出西部大开发、中部崛起、加速东部沿海地区产业转移到中西部具有较强资源环境城镇承载力地区等提案并大力贯彻实施，同时也明确提出地方要培育新的增长极，这些举措促进了经济发展，大大释放了市场空间，目前已形成自东向西、从南往北层级式发展，根据人口分布形成了各自趋于合理的经济布局，使得区域的发展与当地资源环境相适应。

（6）城镇化是社会全面进步的必然选择。人类文明进步过程必然伴随很多产物的产生，城镇化是其一，城镇化在提高区域生产活动效率、富裕农民生活、造福百姓方面起着不可替代的作用，它能使广大人民的生活水平提高。城镇化过程伴随着城镇经济更加繁荣，城镇功能更加完善，公共服务水平上升一个台阶以及生态环境质量得到显著提升，人民生活越来越富裕、越来越满足，精神生活会更加丰富多彩；随着城乡二元体制逐渐被消除，城市内部二元结构矛盾也会迎刃而解，现代文明果实人人都能享有。在解决这些矛盾后，能更好地维护社会公平正义，消除城乡累积的矛盾，促进人的全面健康发展和社会和谐稳定。

3. 中国城镇化建设现存问题

研究表明，大量人口涌入北上广成渝等特大城市的主要原因在于城市规模达到了应有的状态，即城区人口达到了200万以上。此时城市便有较强的集聚和辐射带动能力，更有获得合理税费的能力，能给市民提供更好的公共服务。要做好城镇建设也离不开人民的力量。但是，当城区人口大于1 600万人次时，城市将会引发更加严重的病症；当20万米范围内城市群的人口高于5 000万时，城市群的健康也会出现问题，特别是因城市废弃物很难就近处理而引发的一系列环境问题、住房问题以及交通问题等均会凸显。

综观中国的城镇化建设过程，当前存在的一系列问题，具体表现在：

（1）城乡二元体制的矛盾日益凸显。大批从乡下转移到城镇的人口，难以与城镇生活相融，人口城镇化进程变得缓慢。乡村人口成为补充产业发展的主力军，但是受到城乡分割的户籍体制影响，据统计，城镇人口中农民工及其随迁家眷大约有两亿多，这部分人口并未能够在教育、工作、医疗卫生、养老保障、保障性居所等方面享受到与拥有户籍的城镇居民一样的待遇，产与城的融合并不紧密，产业集聚与人口集聚也未能同步一致，工业化快于城镇化等都是如今的矛盾体现。与此同时，新的二元矛盾开始出现，留守儿童、空巢老人等频频出现，给经济社会的发展埋下了诸多危机、隐患。

（2）土地城镇化的速度快于人口城镇化。粗放式的土地建设行为，挥霍了大批土地资源，未能将其充分利用。一些城市"摊大饼"式的扩张，过分在乎道路是否宽阔、城市规模是否大、城市人口是否多，GDP 是否为官员的政绩做出贡献，这是一种简单粗暴式发展，1996~2012 年间，全国建设用地、城镇建设用地分别年均增长 724 万亩、357 万亩；2010~2012 年间，全国用于建设的土地、城镇用于建设的土地年均增长分别为 9.53×10^6 亩、5.15×10^6 亩，较之前有显著提升。21 世纪初到 2011 年间，在城镇人口增长 50.5% 的情况下，城镇已建成区的面积增加了 76.4%，明显的两者步伐失调，前者滞后于后者；农村人口减小 1.33×10^9 人，农村居民点用地却增加了 3.045×10^7 亩。某些地方的城镇建设过分依靠卖地租地收入和土地质押抵押融资推动，加重了土地耗费负担，使得大量土地资源遭到浪费和破坏，国家粮食供应遭受伤害，生态安全也得不到保障，同时也加大了地方因无限制发债而导致的财政金融风险。

（3）城镇空间布局和规模构建不适当，与资源环境承载实力不吻合。一方面东部某些城镇聚集区域资源环境约束趋紧，另一方面又存在中西部资源环境承载实力较强地区的城镇化有待发掘；城市群结构不尽合理，城市群内部分工协作不和谐、集群效用优势并未获得凸显；个别特大城市主要城区人口集聚过多，面临巨大的人口压力，综合承载能力远远超过了自身能够负荷的极限，矛盾凸显；中小城市却不能够汇聚到充足的人口和产业，后劲不足；小城镇数目多、范围小、办事效率差，无疑加重了经济社会和生态环境成本。

（4）城市管理服务无序，"城市病"问题纷至沓来。根据全球城市发展规律，当城镇化率抵达 40%~60% 区间时，标志着城市步入发展关键期，"城市病"进入高发期和暴发期。部分都市出现空间开发无序、人口汇聚过度，只重视经济发展而忽视环境保护，城市建设与管理服务难以统筹，交通拥堵现象日趋严重，公共安全事件高频暴发，城市污水和垃圾处理过于随意，大气、水、土壤等环境污染接踵而至，城市治理运行无效率，公共服务供给能力不足，外来人口汇聚区居住环境较差等问题。

（5）自然历史文化遗产保卫不力，城乡建设无特点可言。一些城市景观布局与所处地域的自然地理特性不符合，某些城市贪大图多、如法炮制，与现实脱轨，建设国际大都市，"建设性"损坏持续延伸，城市的自然和文化个性被破坏。一些乡村区域盲目拆迁和建设，新农村建设照搬照抄城市小区形式，摒弃自身拥有的田园风景和乡村民居特色，致使乡土特色和民风文明流失严重。

（6）城镇化健康发展遭到阻碍，体制机制均不完善。目前中国户籍管理、土地管理、社会保障体制、财税金融、行政管理等方面城市和农村是完全不同的政策和措施，城乡居民的福利制度迥异，这些都限制着从农业中转移出来的人口真正融入城市生活，使得很大一部分转移人口无法成为真正的市民，阻碍着城乡发展一体化。

1.1.2 新型城镇化的概念与目标内容

1. 新型城镇化概念的提出

改革开放三十多年来，中国城镇化发展获得了引人注目的成绩，常住人口城镇化率从中共十一届三中全会当年的 17.9% 上升到 2015 年的 56.1%。这么明显的变化意味着人们的生活方式、生产方式和价值观念得到了极大的改变和改观。但总体来看，中国城市化水平还较低。2015 年中国户籍城镇化率只有 30% 多，不但比世界平均水平 50% 低，而且连中等收入国家平均水平 48.5% 都未达到。根据《国家新型城镇化规划（2014~2020 年）》预测，户籍人口城镇化率务必每 1 年提升 1.3%，转户 1 600 多万人次，才能达成到 2020 年户籍人口城镇化率抵达 45% 左右的规划目标。目前来看，还有很长的一段路要走。同时，我国城镇化的质量也不高，城乡"双二元结构"矛盾突出。

因此，从邓小平最初提出"两个文明"建设，即物质文明、精神文明开始，到党的十六大接着提出经济、政治、文化建设"三位一体"目标，随后而来的科学发展观与和谐社会的理念提出后，改善民生的社会建设被列上重要日程。之后党的十七大提出经济、政治、文化、社会"四位一体"建设，在科学发展观指导下，党的十八大提出经济、政治、文化、社会、生态文明五个方面的"五位一体"布局，强调全面均衡、可持续发展，深化以人为本思想，一切从人民的利益出发，这是对中国的总体布局，充分展现了生态和民生问题引起的关注度。其中，党的十八大报告中共计 6 次提及"城镇化质量"、"新型城镇化"、"城乡"等概念，报告在总结过去经验时重点提出，中国"城镇化水平明显提高，城乡发展协调性增强"。新型城镇化的概念提出以及发展过程，见表 1-2。

表 1-2 新型城镇化进程中的会议及文件

概念提出	内容
1987 年世界环境与发展委员会报告《我们共同的未来》	可持续发展定义是我们既要满足现有这代人需求，也不能削弱未来一代人满足本身发展需求的能力。
1992 年 6 月，联合国环境与发展大会《21 世纪议程》	这是可持续发展从理论走向实际的开端。
1993 年，《关于加强小城镇建设的若干意见》	肯定了小城镇建设政策重点，确定了 21 世纪末中国小城镇建设和发展问题。
1997 年 6 月 10 日，《小城镇户籍管理制度改革试点方案》、《关于完善农村户籍管理制度意见》	户籍管理制度改革势在必行，实施满足一定前提的农村人口在小城镇办理城镇常住户口举措，借此鼓励农村剩余劳动力向周边较近的小城镇转移，确保小城镇和农村的健康发展。农村新生婴儿可以随母或者随父登记常住户口。
1998 年 10 月，《中共中央关于农业和农村工作若干重大问题的决定》	带动农村经济和社会发展离不开小城镇，认识到发展小城镇的重要性。
2000 年 5 月，《关于推进小城镇户籍管理制度改革的意见》	县级市市区、县人民政府驻地镇和其他建制镇着手改革户籍制度。
2000 年 7 月，《关于促进小城镇健康发展的若干意见》	在时机和条件已经成熟的情况下，把握机会，推进小城镇发展，应该成为当前和今后较长一段时期农村改革与发展的一项重要任务。
2003 年 10 月党的十六大	提出"走中国特色城镇化道路"。
2003 年 11 月，山东威海召开"可持续发展城市化战略国际会议"	中国掀起城镇化可持续发展浪潮。
2005 年中共十六届五中全会，《中共中央关于制定国民经济和社会发展第十一个五年规划的建议》	工业化、城镇化、市场化、国际化首次被提出。郑重提出新型城镇化，新型城镇化上升到国家战略层面并由此确立其地位。
2005 年 10 月，召开"走向可持续城市化"国际学术研讨会	严格遵守城市化的发展要求，走可持续发展道路并保持不变。
2007 年 10 月，中共十七大	将四化增加到五化，并以科学发展观指导新型城镇化的建设。
2010 年，中央经济工作会议	扩大内需、提高城镇化质量、因势利导、趋利避害、积极引导城镇化健康发展。
2011 年，"十二五"规划	一切以城镇化能够健康发展为重。
2012 年 10 月，党的十八大	中国的新型工业化、信息化、城镇化、农业现代化要走出自己的特色，协调好四化之间的内部关系，确保四化同步发展。
2013 年中央经济工作会议	未来的任务是提高城镇化质量。
党的十八大报告	科学发展观要求以人的全面发展作为落脚点，提出经济、政治、文化、社会、生态"五位一体"总布局。

续表

概念提出	内容
《中共中央关于制定国民经济和社会发展第十二个五年规划的建议》	对城镇化的未来发展方向做了具体的指明，要求区域要协调发展，为建设"两型社会"打下良好基础。
2013 年 11 月，十八届三中全会	形成以工促农、以城带乡、工农互惠、城乡一体的新型工农城乡关系。
2014 年 3 月，《国家新型城镇化规划（2014 ~ 2020 年）》	充分利用现有交通网络、信息技术网络打破城镇化建设过程中遇到的瓶颈。

资料来源：作者整理。

新型城镇化之所以"新"是相较之前的城镇化和国外城市化而言的，其科学含义是以科学发展观为指导方针，发展集约化和生态化模式，提升多元的城镇功效，构建适宜的城镇体系，最终达成城乡一体化发展的目标。

2. 新型城镇化的内涵

在早期，中国城镇化重速度轻质量，导致城镇化超过了其城市承载力，让城乡二元矛盾越来越突出。为了解决城市化过程中产生的问题，使城镇化能获得既快又好的发展，新型城镇化需要以科学发展观为指导原则，坚持以人为本，以构建和谐社会为目标，以发展节约型经济为手段，最终实现城市规划合理、规模适度、产业结构合理、充分就业，环境优化等城乡一体的城镇化（彭红碧和杨峰，2010；王千和赵俊俊，2013；吴江，2009）。具体来说，新型城镇化包含人口、经济、空间、社会、生态环境、生活方式六个方面的城镇化以及城乡统筹发展和城镇的创新与研发等内容。

在人口城镇化下，农村人口不断向城市聚集是城镇化的最典型的现象，不仅表现为城镇人口规模的增大，也表现为第二、第三产业从业人数的增加、城镇人口素质的提升。新型城镇化最重要的是人的城镇化（王千和赵俊俊，2013），即新型城镇化的关注点是人而非物，是围绕人的生存环境、人的生存与发展需要等重要问题而规划的发展举措。人的积极性在城镇化建设过程中发挥着举足轻重的作用，而新型城镇化就是要将人的积极性调动起来，人作为生产生活的主体，运用好人的作用，充分发挥其参与性，将取得事半功倍的效果。这些变化都需要体现人的主体地位，需要调动所有人的积极性，体现所有人的平等地位。因此，"以人为本"的新型城镇化思想是对追求物质城镇化、土地城镇化等传统城市化的否定与颠覆。

经济城镇化是指人都是以追求自身利益最大化为目标的个体，由人主导的经济活动则会造成企业、行业自发地向城市汇聚，经济总量必然得到提升，经济结构也会渐渐发生变化，农业逐渐向非农业转变，第三产业比重在现有基础上提高，产业体系也会发生蜕变，服务业和现代工业渐渐取代传统农业和制造业，依赖当代交通通信网络技术，形成具有合理空间结构的各种规模的城镇（杨重光，2009），这归根于分工、专业化、减少交易成本的推动，直接结果就是工业化水平不断提高，产业结构得到升级，人口城镇化得到实现。

从空间城镇化层面看，城镇化是用地性质从农业转变为非农业，是一个地域的概念，意味着城镇人口用地用途的改变，土地覆盖度、人均城镇化地域、人均城镇道路等都属于该范畴。

从社会城镇化层面来看，城镇化发展已触及自身的瓶颈，日趋严重的社会问题成为约束城镇化进一步推进的障碍，2013 年 6 月《国务院关于城镇化建设工作情况的报告》中提到中国目前的户籍制度改革方向是从城镇规模小的城市开始逐渐向大城市扩展，全面放开小城镇的落户限制，这就使得大量农村居民可以顺利进入城镇并成为城镇永久居民，使得公共服务均等化，城乡居民可以平等地享受社会资源和经济发展带来的好处，使得农村居民转移到城镇化后能够真正融入城镇中。

生态城镇化，顾名思义，要从生态问题考虑，一个系统要保持健康运行，必须是可循环可持续的，经济体系要满足生态发展要求，社会系统运行也要以可持续为基本守则，要实现城镇的经济效益最大化、生态效益最大化、社会效益最大化。落实到实际行动中是指坚持一切以人的生产发展为根本，以生态产业化为目标，以就地取材、优势互补、统筹兼顾、相得益彰为准绳，以生态文明建设为主体，辅助形成生态化、集群化、现代化的大中小城市和农村小城镇，全面提高城镇化的质量和水平，走科学发展、高效集约、功能完备、环境友善、社会融洽、个性鲜亮、城乡一体、大中小城市和小城镇协调发展的生态城镇之路（杨重光，2009；张占仓，2010；梁前广，2012；周冲和吴玲，2014）。

生活方式城镇化，每个城镇都有其特有的生活方式，这是城市文明和城市意识影响和作用的结果，城镇化也是城市生活方式普及的过程。城乡一体化，城镇是相对于农村的存在，城镇化并不是要城镇完全替代农村，让农村彻底消失，而是使得农村现代化，实现农村用地集约化，加强城乡联系可以促进城乡经济、文化、社会的交流，提高农民生活质量，让他们变得富裕，也会让城乡之间的关系更加和谐。

新型城镇化要求创新与研发，创新是一个民族进步的灵魂，未来发展要靠创新驱动，要以新型工业化、信息化为发展动力，以统筹兼顾为原则，推动城市现代化、城市集群化、农村城镇化（梁前广，2012）。创新需要人才，而人才主要来源于高等院校和研究所，高等院校和研究所集中在城市。

3. 新型城镇化的建设目标

新中国成立以来，中国城镇化道路已经迈出了很重要的一步。改革开放之后尤其是近十年来，中国城市化速度日益加快，城市扩张趋势明显，污染、拥挤、PM2.5 雾霾等严重危害人们身体健康的各类社会问题不断出现，出现了"见物不见人"的城市化。康巴什新城、鄂尔多斯、吐鲁番、威海等"鬼城""空城"的出现正是粗放式建设楼房、扩大城区建设带来的直接结果。在传统城镇化带来这诸多问题的关键时期，迫切需要改变现有困境。《国家新型城镇化规划（2014～2020）》中明确提出，新型城镇化建设应按照以下发展方针。

（1）城镇化水平和质量稳步提升。城镇化发展要健康，不能盲目扩张城区面积，有序合理发展城镇化，城镇常住人口比例要突破现有水平，力图跨越 60% 关卡，拥有户籍的城镇人口比例要抵达 45% 且要继续提高，让户籍人口与常住人口保持平稳上升并逐渐缩小两者差距，让两者能够协同发展，近期目标是实现 1 亿转移人口获得城镇户口。

（2）城镇化格局更加优化。陆桥、长江通道作为城镇化发展的横轴，沿海、京哈、京广、包昆通道作为城镇化发展的纵轴，提高城市群对人口和经济的集聚能力，东部地区城市群要将目光放到国际层面，提高自身的国际竞争力和国际地位，中西部地区城市群在区域内要实现协调发展，努力成为新的关键增长极。城市规模布局更为完美，中心城市更好地发挥其辐射作用，中小城市在量上有所增加，小城镇服务功能得到巩固。

（3）城市发展模式科学合理。我们需要的模式是集约节约紧凑型，俗话说无规矩不成方圆，那么我们需要在各方面设定严格的界定标准和衡量指标，人均城市建设用地的标准线是在 100m^2 以下，建成区人口密度要提升。城市经济生活的主流是绿色模式，不仅有绿色生产还有绿色消费，节能节水、再生利用和绿色建筑随处可见，力求绿色产品全覆盖。城市地下管网覆盖率显著上升。

（4）城市生活和谐宜人。我们的生活主题无非就是教育、就业、医疗、养老、居住，要让人民生活得更好，必须从这些方面入手，城镇人口需要享受义务教育，获得公平就业机会，安享幸福晚年，拥有稳定住所，完成我们自古以来的美好愿景，老有所养，幼有所教，病残者有所依靠，基础设施、公共服务设施、消费环境、生态环境、空气质量、饮用水安全等均需得到保障。自然景观和文化特色得到有效保护，城市发展个性鲜明，摆脱"千篇一律"的楼面建设，城市管理要人性化，结合现代信息技术建设智慧型城市。

（5）城镇化体制机制不断完善。一国的体制机制包含户口、土地、社会保障、财政、金融、行政体系、生态文明等众多方面，而城镇化的健康发展需要自身机制足够完善，因此未来的任务就是要对这些方面进行改革，力图消除阻碍城镇化发展的不利因素。

4. 新型城镇化与产业发展

2014 年，政府工作报告提出"三个一亿人"目标，即：促进约 1 亿农业转移人口和其他常住人口落户城镇；革新约 1 亿人栖身的城镇棚户区和城中村；指导约 1 亿农业转移人口在中西部区域就近城镇化。为实现这三个目标，政府提出要对外来人口采取灵活的户籍制度，使得更多的人享受到城市的服务，也要稳步实施棚户区、城中村的改造，使得驻扎在这些地域的人群获得更好的栖身环境，也要更为关心当地城镇，有计划地指导占有市场优势的劳动密集型企业落户中西部，吸纳别处返乡的就近转移农民工，以便减少异地就业给家庭带来的诸多不便和引发的众多社会问题。因此，新型城镇化不再单一的要求人口的城镇化，而是更加注重人作为生命体本身的需求，更加注重人的生存和发展，体现以人为本的宗旨（吴江，2010）。

（1）新型城镇化更加注重统筹。要对农村和乡镇给予更多的关注，一方面要求城市推动城乡资源禀赋平等交易和公共资源均衡分配，兼顾城乡基础设施建设，加速基础设施向农村伸展，让广大农民都参与到现代化进程中来，共同分享现代文明成果；另一方面要求农村转变现今发展模式，发展现代农业，用机械作业代替人工作业，提升农村的市场竞争实力。正如胡际权（2005）所说，新型城镇化要实现城镇规模协调、城镇布局协调、城镇功能协调、城镇产业协调、城镇环境协调、城镇社会协调、区域发展协调，这是对统筹发展的诠释（吴江，2010）。

（2）新型城镇化更加注重质量。新型城镇化不只是体现在城镇化率数字的增加，更重要的是体现在城镇化质量的提升（常益飞，2010；喻新安，2012）。同时新型城镇化也是可持续发展的城镇化，新型城镇化、新型工业化、新型农业化、信息化要同步协调发展，良性互动，相辅相成。新型城镇化也要注重对文化遗产方面的保护，发展特色文化传承，在经济发展的同时不忘保护文化。新型城镇化也是有保证的城镇化，不只有修路造房，另有基础设施和公共服务体系的建设，医疗、教育、文化娱乐方面的设施的完善，还有居民收入的提高。

（3）新型城镇化更加注重产业支撑。新型城镇化要以产业为支撑，摆脱过去附加值低、环境污染严重等传统产业的困境，强调战略性新兴产业的带动作用。实体经济和虚拟经济两者只有共同发展，经济才能实现真正的发展。

要实现中国经济增长，关键是发展战略性新兴产业，这种新兴的产业将节约、节能、低耗、环保、清洁一类字眼体现得淋漓尽致，很显然节能环保、新一代信息技术、生物、高端设备制造、新能源、新材料和新能源汽车等产业正是其代表。新兴战略产业拥有众多的好品质：知识技术密集、物质资源消耗少、成长潜力大和综合效益好等（何立春，2015），虚拟经济能与之牢固连接，它能够作为金融等虚拟经济的根蒂，使得虚拟经济不至于脱离实体而畸形发展，推动中国经济可持续发展，共创美好局面。

与此同时，战略性新兴产业能够带领产业转型升级，传统产业雷同现象严重、同质性竞争加剧、结构不合理、高级化程度低等特质都能被战略性新兴产业所弥补，战略性新兴产业符合低碳经济的要求，节能减排，以高效节能配备、先进环保产业作为发展的先锋，能够抢夺下一轮产业调整的制高点，同时战略性新兴产业能够释放巨大的内需潜能，满足居民的消费需求，能够成为中国经济的重要推手。

总而言之，推动新型城市建设，主要方向在于绿色城市、智慧城市、人文城市三个方面，在城市建设中融入生态文明理念，摒弃高能耗、高污染、高排放的工业企业，加速建立可再生能源体系，充分利用新能源。当今社会是互联网时代，科学技术是第一生产力，科技创新才能推动经济持续发展，让科技成为经济发展永恒动力，推动物联网、云计算、大数据之类新一代信息技术创新应用，实现与城市经济社会发展的深度融合。文化是一个国度的珍贵财富，对历史文化遗产维护，对民族文化传承和对传统风貌衔接，在此基础上，挖掘城市文化资源，深化文化传承创新，把城市打造成为具有历史底蕴、时代特色的充满魅力的人类居住空间。

1.1.3 新型城镇化的规划策略

1. 《国家新型城镇化规划（2014～2020 年）》（以下简称《规划》）的要求

《国家新型城镇化规划（2014～2020 年）》以中国共产党第十八次全国代表大会报告、《中共中央关于全面深化改革若干重大问题的决定》、中央城镇化工作会议精神、《中华人民共和国国民经济和社会发展第十二个五年规划纲要》和《全国主体功能区规划》为依据编制而成，声明中国必须走自己具有特色的城镇化道路，跳出过去重数量轻质量的格局，新型的城镇化必须重视质量的提高，同时也明确了将来中国的城镇化发展路径、战略要务和重要目标。《规划》中注明了新型城镇化建设要遵循以下原则：

（1）以人为本，公平共享。人的城镇化是焦点，合理疏导人口流向，有序推动农业转移人口市民化，让城镇常住人口公平享有基本公共服务，加强人口素质，让人民可以实现全面发展，整个社会充满公平与正义，全体居民都能享受到现代化建设的果实。

（2）四化同步，统筹城乡。促使四化内部之间的深度融合、良性互动，城镇发展要考虑具体产业作为支撑，实现就业公平，有目的地引导人口集聚，让城乡资源要素能够自由流转实现公平交易，公共资源能够实现分配合理，形成以工业促进农业、以城市带动乡村、工业农业互相支持、城乡一体的新型工农城乡关系。

（3）优化布局，集约高效。城镇化布局要考虑其环境城镇综合实力，不能盲目开发建设和扩张延伸，正确使用城市综合交通和信息网络，城市群规划要合理，城镇建设用地标准严格按规定执行，不能阳奉阴违，永久性基本农田底线不可触碰，城镇建设边界不能打破，城市内部空间结构要优化，城市发展要紧凑紧密，国土空间利用要实现其应有价值。

（4）生态文明，绿色低碳。自生态文明提出以来，各行各业都围绕生态做出努力，城镇化建设自然也不能绕开生态文明不谈，未来的城镇化是绿色环保的城镇化，绿色、循环、低碳式发展，因为过去土地资源浪费严重，水资源污染范围广，能源使用不加节制，导致如今现有耕地量减少，饮用水紧缺，能源供应不可持续，因此中国未来的发展需要合理利用这些资源，增强对环境的保护力度，提升生态的修复能力，减小对自然界的破坏，鼓励形成绿色低碳的生产生活方式。

（5）文化传承，彰显特色。不同地区拥有不同自然历史文化传承，我们要尊重区域存在的差异性，维护各种形态的文化文明，防止各大城市雷同发展，鼓励发展彰显历史文化特色的美丽城镇，形成符合实际个性鲜明的城镇化模式。

（6）市场主导，政府引导。政府和市场作为两个主体，一直以来各个国家对于两者的关系始终各执己见，也选择的是不同的策略，中国的城镇化在未来需要充分尊重市场规律，资源配置方面政府需要放权，把主导权交给市场，政府作为行政职能机关，切实履行政府职责，制定计划政策、提供公共服务和营造制度环境是其职能体现，让城镇化可以实现市场主导、政府辅助、自然发展、科学发展。

（7）统筹规划，分类引导。中央政府负责全盘谋划，整体布局，制定战略和做出相应的制度安排；地方政府根据地方特性和现实状况提出符合实际的政策和方针，让各个层面的部署落到实处；勉励基层进行创新，保护创新精神，鼓励大家进行创新，找出相关试点优先发展，荟萃各界智慧，稳步推进城镇化。

2.《国家新型城镇化规划（2014～2020年）》的规划策略

《规划》中详述了新型城镇的现状、目标、规划等，并针对有关问题提出了规划对策。

（1）在推进农业转移人口市民化方面。

第一，各类城镇要重视农村转移人口的落户问题。在制定农业转移人口落户基准时，要结合他们的工作年数、居住年限、城镇社会保险参保年限等，依照各地具体情况施行相应的准则，并向全社会公布，指导从农业转移出来的人口在城镇落户的选择，以至于城市不会超出它的综合承载能力，实施差别落户政策，利用社保年限、积分制等合理规划大城市的落户政策，使转移人口最大化地融入城市生活，享受平等待遇。

第二，各类城镇要做到基本公共服务大家共享。建立健全整个国家中小学生学籍信息管理系统，保证农民工随迁子女可以享有受正常教育的权利，还要加强农民工职业技能培训，提升自身的能力。同时社保方面也要完善，不仅让农民工能够获得基本医疗服务，也要减轻他们的负担，多提供一些廉租住房，改善农民工居住条件。

第三，建立健全农业转移人口市民化推进机制。建立健全由政府、企业、个人联合参与的农业迁移人口市民化成本共担机制，各级政府承当相应的财政支出职守，昭示各级政府职责，推进农民工及其随迁子女融入社会、学校、社区等社交群，建设宽容性城市，完善农业转移人口社会参与体制。

（2）在城镇化布局方面。

第一，东部城市群必须加快经济结构调整和升级、空间结构优化，不仅要使资源能够永续利用还要让环境质量得到提升，释放京津冀、长三角、珠三角城市群潜能，打造世界级城市群，制度方面进行创新，产业结构不断升级，重视绿色发展，加速形成国际竞争新优势，努力参与高水平的国际合作，东部地区其余城市群，要根据地域优势和现实情况作出定位，一方面要壮大先进制造业、战略性新兴产业和现代服务业，另一方面要考虑优化结构、提高效益、降低消耗、保护环境，推进海洋经济发展。

第二，培育发展中西部地区城市群。中西部区域不仅要培育新的城市群，且要注重保护生态环境，为吸纳发达地区返乡和就近转移的农民工，中西部可以适当接纳沿海地区转移过来的市场前景好、容量大、效益高的劳动密集型产业；打造引领区域经济增长的重要城市群，譬如培育成渝、中原、长江中游、哈长等城市群；中部地域作为产粮区，西部地域作为水源和生态区，在培育各自地区城市群时，必须严格保护耕地、水资源，控制城市边界让其变得有序健康，对污染物排放要设定标准并严格执行。

第三，创建城市群发展调和机制。提前明确城市群的发展，不论是发展方向还是最终目标都要做好规划，中间的细节也要不断完善，要让城市群的发展按照一定路线实施,在这一过程中还要形成有利的空间布局,对于开发问题,要先考虑的就是土地利用问题,对于土地的使用要秉承谨慎、合理的原则,以最小的代价换取最大的收益,避免滥用权力胡乱开发,更要看清各个城市的发展潜力和所处的地位,做好战略定位也是不可缺少的工作,对于完善城市交通建设,组织信息规划需要全盘统筹,不得随心所欲,加速推动城市群一体化进程;创立完备的跨区域城市发展协调体制,凭借城市群,推动跨地域城市间产业分工、基础设施、环境治理等协调联合发展。

第四,促进各类城市协调发展。沿海城市重点推进产业转型升级,加速提高国际化程度和国际竞争力。内地城市重点是扩大外陆城市的交流与沟通,打造以先进制造业、战略性新兴产业、现代服务业为主的产业体系,形成一定的规模,使其能够发挥规模效应和带动效应。加紧完善区域重要节点城市自身的功能,提升自有的经济实力,打造经济强市,同时也要加紧与其他城市的合作,加强与其他城市的交流和沟通,对接各项项目,认清自身的优势并加以利用,发现对手的比较优势,利用好相互之间的优势互补功能。加快转移规模特大的城市的劳动密集型产业,与城市周边城镇共享基础设施和公共服务,使得交通时间在1小时内的区域都能享受到特大城市功能辐射作用的好处,巩固中心城市辐射带头功能;加速发展中小城市,加大产业和公共服务资源布局疏导,提高质量,增加数量。

3. 新型城镇化下的典型事例——长江中游城市群

2015年4月第一个跨区域城市群规划——《长江中游城市群发展规划》出炉,这是为了响应中部地区崛起战略,充分证明了支持鼓励中部地区发展不是口号而是确确实实要延续的国家战略,同时也为了加快将长江流域打造成中国经济新支撑带的步伐。长江中游城市群是一个特大型城市群,囊括武汉城市圈、环长株潭城市群、环鄱阳湖城市群三大重点城市群,规划范围包括湖北省、湖南省、江西省三大省份共31个城市,分别涵盖湖北13个城市、湖南8个城市、江西10个城市,即武汉市、黄石市、鄂州市、黄冈市、孝感市、咸宁市、仙桃市、潜江市、天门市、襄阳市、宜昌市、荆州市、荆门市,长沙市、株洲市、湘潭市、岳阳市、益阳市、常德市、衡阳市、娄底市,南昌市、九江市、景德镇市、鹰潭市、新余市、宜春市、萍乡市、上饶市及抚州市、吉安市的部分县(区)(见图1-2、图1-3和图1-4)。

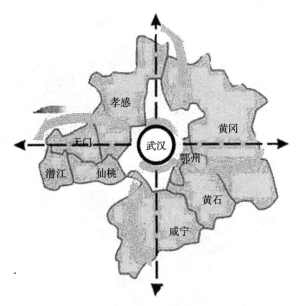

图1-2 武汉城市群

资料来源：作者绘制。

图1-3 环长株潭城市群

资料来源：作者绘制。

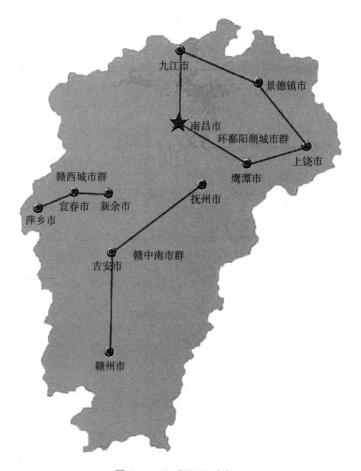

图1-4 环鄱阳湖城市群

资料来源：作者绘制。

长江中游城市群覆盖范围广，贯穿东西南北四个方位，它不仅是长江经济带的重要构成部分，同时也是促进中部地区崛起、全面深化改革、深化对外开放的重要区域，也是推进新型城镇化的中心带，在中国区域发展布局中占着举足轻重的地位，其战略目标如下：

（1）中国经济新增长极。为了实现这个目标，长江中游城市群要改变经济增长形式、施行创新启动发展战略，制造业、服务业、战略性新兴产业、现代农业要同时抓，扎实根基，稳打稳扎，以打造具备全球影响力的当代产业基地和全国重要创新基地为使命，不仅要提升自身的整体实力，也要带领中西部区域快速发展。

（2）中西部新型城镇化先行区。城市群融合、集约节约发展、优化空间结构是大的发展方向，城镇的发展离不开产业，转移到城市的人口需要就业，因此产、城、人要找到一个平衡点，融合发展才是关键。

（3）内陆开放合作示范区。以长江关键水道和处于核心位置的交通通道为纽带，依靠中心城市和产业驻地，畅通区域内外联系，强化与长三角、珠三角、成渝等地区协作互动，构建同一开放的市场体系和高品质的对外开放平台。

（4）"两型"社会建设引领区。资源节约型与环境友好型当代社会建设的必然要求，资源的拥有量和环境的清洁程度体现了一个国家的先进程度和发展能力，当一个又一个环境问题引发人类疾病的蔓延和扩散的时候，这是自然界对人类敲响的警钟，引发人类对环境保护和生态修复能力的深思。当下，利用清洁能源生产环保产品已经成为各个国家的呼吁和重心，绿色低碳不仅是对工业的要求，也是生活的格调，是对品质的追求，中国的城镇化也要跟随世界主流，打造低碳生活方式，城市建设管理也要遵从绿色管理，跨区域跨城市联合采取措施实施绿色工程，扩大绿色生存空间，以打造生态型城市群为根本目的，以便为建设全国"两型一生态"社会积攒新经验，同时也要树立良好典范形象。

明确长江中游城市群的战略目标，旨在提高长江中游城市群的整体实力，增强国际竞争力，归根结底就是要提高人们的生活水平，生活质量不断提升，实现以人为本的梦想。

1.2 新型城镇化可持续发展路径

1.2.1 新型城镇化的路径选择

路径可以说是道路，也可以是一种选择，那么在新型城镇化的建设中我们应该做出何种选择呢？又该选择什么样的道路呢？新型城镇化是人的城镇化，因此做出的一切决定都应该围绕"人"这个主题展开，一切以人的生存和发展为出发点和落脚点，探索出适合人类发展，有利于提高人们生活质量的路径。

1. 美国、日本、德国的城镇化路径

国外美国、日本、德国等几个具有典型意义的发达国家，其城镇化所选择的路径具有如下特征。

（1）工业化推动城镇化。美国的城镇化由东西北向中西部依次展开有赖于完善的工业化和交通网络体系，先消费品工业后重工业作为其产业选择，整体经济实力也因此提高；而日本的工业分布最初是在环太平洋一带，引进外资和技术、给工业部门提供优惠措施是后面才实施的政策，国内工业在城镇化过程中获得了快速发展，工业化也由大中城市扩散到周边地区再到农村地区，由此推动城镇化进程；德国的工业革命引起的工业化和交通事业发展同时推动其城镇化。

（2）城镇化走高度集中路线，大城市集聚效应凸显。美国的乡村人口向城市集中，催生出了纽约及美国东北部经济核心区；日本因城市吸纳了大量的农村剩余劳动力使得大城市急剧膨胀，东京是典型代表。

（3）重新规划大城市，打造大都市圈。美国在城市化水平超过50%后，城镇化变得迟缓，城市向外低密度延伸，诞生了以多中心为主的大都市区。日本的城镇化用大带小，并数次制定都市圈规划，构成了如今的以东京、大阪、名古屋为焦点的"东京—大阪—名古屋"大都市圈，典型的先齐集后分散；德国的城市集中度不高，中小城市占主要部分，城镇之间呈分散状，但也不乏人口最聚集的城市圈。

（4）以产业弥补城市发展不平衡。美国东北部城镇化率远高于其他地区，工业化不平衡导致城镇化不平衡，进入20世纪美国的经济中心逐步西移；日本重视发展小都市，但都是综合经济体，三次产业更是包含在内；德国崇尚小而美，一直以发展小城镇为自身发展目标，各个中小城市打造属于自己的优势产业，避免了城市走向空心化。

（5）完善交通网络化以便推进城镇化。美国集运河、公路、铁路为一体，构成了美国的交通网络，促进了人口和产业的均匀分布；日本的电气化、地铁化，开辟了新线路，增加了输送能力，解决了交通拥挤问题；德国大力建设公路交通网络，构建了城乡的公交系统，打破了彼此之间的封闭状态，便利了人口和资源的流动。

（6）加快农业现代化以此推动城镇化。农业现代化能够提高农业生产效率，释放劳动力，美国的"农业革命"使得农业得到了大发展，提高了人均粮食产量；日本颁布了《农业基本法》调整了农业生产规模，培育了大规模农场，促进农业现代化。

（7）发挥政府在城镇化中的作用。日本政府通过对国土进行合理规划，提高了土地的利用效率，同时大力发展公共交通；对町（镇）村进行合并，制定并完善了住房保障、城市规划、环境保护、遗产保护、土地开发等法律法规，解决了环境遭到破坏、人口越来越拥挤、居所代价高昂、交通拥堵瘫痪等城市化过程中引发的一系列问题；德国对城镇规划、乡村基础设施、公共服务设施等方面做出了明确规定，并设立了团结税和对行政区进行了合并以此解决区域发展不平衡问题。

（8）降低迁移障碍，破除流动不自由。日本不存在户籍制度障碍，人们可以自由迁移，不仅是政府，企业同样对劳动者提供保障，建立了大量经济适用房、公营住宅，放宽土地流转限制，加大教育投资，提高劳动者素质，德国同样如此，这些都推进了城镇化。

2. 中国新型城镇化的路径选择

中国目前的城镇化无外乎是发达地区城市群打造、大城市城镇化水平提高、中小城市集聚功能完善、小城镇建设，中国的城镇化建设必须考虑这四个方面，根据具体国情，做出自己的路径选择。

（1）就地取材，用大带小，使大城市汇聚效用鲜明。中国的区域特征明显，东、中、西部发展不平衡，经济、资源、人口等方面差别明显，我们要根据不同地区做出不同的规划，以适应当地的城镇化水平，东部地区可以向城镇化与工业化同步发展看起，而中西部则要用工业化带动城镇化。控制大城市、发展小城市一直是中国的发展方针，国外也是经历了先集中后分散的过程，在中国目前现状下，还是有必要合理的发展大城市，借以形成以大带小，发挥大城市的中心辐射带动作用。

（2）整体布局，点面结合，打造优势城市群。在一定区域内，以中心城市为点，围绕这些中心城市的中小城市为面，优势互补，点面结合，形成城市群和城市圈，建设基础设施和公共设施，优化城市布局，调整行政区域，形成合理的大中城市结构。

（3）以产业为支撑逐步推进城镇化。借鉴美国、日本的梯度推进策略，中国也应该逐步推进，让东部好的产业向中西部辐射，挖掘中西部本地资源，与产业相结合，依赖产业促进城镇化，可以防止空心化。

（4）政府与市场双管齐下。由于历史原因，中国还存在着严重的二元结构，城乡居民待遇不平等，要素流动差，结构失衡，这需要自上而下同时发挥作用，政府必须发挥引导作用，但是不能独断专行，需要结合市场规律，发挥市场机制的主导作用。

（5）城乡一体化，打造智慧城市。城乡需要统筹发展，农业是基础，工业是动力，两者缺一不可，农业释放的劳动力可以为工业发展供血，同时也要注意节能减排，集约节约资源，改善居住环境，建设低碳城市，结合信息化、生态化。

1.2.2 新型城镇化建设的阶段性产业需求

1. 中国城镇化的阶段划分

在中国，城镇化早在新中国成立之初就已经提上了日程，到现在经过了快70年的时间，期间不仅经历了快速发展和稳定发展，同时也经历了倒退时期，那对于城镇化的阶段划分到底是如何的，不同的学者提出了不同的看法，常见的有"二阶段划分法"、"三阶段划分法"、"四阶段划分法"、"五阶段划分法"、"六阶段划分法"，下面进行简单的回顾。

（1）二阶段划分法。其实只在于将城镇化分为传统的城镇化和新型城镇化，这是两个本质不同的阶段，这种划分比较粗略，比如于明旭（2014）就将中国的城镇化划分为两个阶段，即1979年改革开放以来直到2006年的传统城镇化阶段，张荣寰（2007）在《中国复兴的前提是什么》中首次提出新型城镇化为起点开始的新型城镇化阶段。

（2）三阶段划分法：根据三阶段划分法将新中国成立以来的城镇化分为三个阶段，即1949~1957年的起步阶段，这期间完成了社会主义改造，整顿了社会秩序，使得城市得到初步恢复和发展；1958~1978年，这期间经历了"大跃进"、"文化大革命"、"上山下乡"以及人民公社，这期间不但未能使得城市化更进一步发展，反而出现了倒退的迹象；1979年以后，从改革开放到市场经济到产业转型升级，国家制定了一系列促进城镇化发展的方针和政策，城镇化获得加速发展，潜藏的问题也爆发出来（姚士谋，2014；朱文明，2003；唐子来，2005），邹德慈（2004）将城镇化分为三个阶段，但是起点不同，他划分的第一阶段是1953~1958年，后面的分法一致。

也有学者将改革开放以来中国的城镇化分为三个阶段（龚关，2012），第一阶段为1978~1992年，这个阶段主要是从农村改革为起点，全面改革为目的，在1984年，农村部分人口开始脱离农业生产，为了维持生计，脱离农业生产的农民进入城镇务工，城镇化率也从17.9%提升至27.5%；第二阶段为1992~2002年，这个阶段主要是工业化带动城镇化，将土地纳入市场交易，解决城市缺乏建设资金和容纳就业能力低的阻滞，城镇化率直接从27.5%升高到39.1%；第三阶段为2002~2012年，该阶段开始考虑产业升级的问题，政府参与土地经营，发展多元化的城镇，城镇化率从39.1%上升到51.3%。那么从2013年至今算是城镇化的第四阶段了，在这个阶段竭力打造新型城市，产业结构调整是一条主线，土地要合理利用，生态文明理念融入城镇化建设，打造中国特色的新型城镇化。

此外，根据中科院 2014 年报告中列示，城镇化根据不同的划分依据所划分的阶段是不同的，谢文蕙和邓卫在《城市经济学》一书中根据城市化率将城镇化分为初期、中期和后期，在初期城市化水平低于 30%，在中期城市化水平为 30% ~ 70%，城市化水平高于 70% 位城市化后期，按照这个标准，中国的城镇化属于城市化中期阶段，在这个阶段城市化速度非常快。

（3）四阶段划分法。较多学者将新中国成立以来城镇化按四阶段划分，武力（2002）就认为 1949 ~ 1977 的改革开放前的阶段，1978 ~ 1984 年是第二阶段，重点在农村经济改革，主要在于恢复城镇化，因为"文革"期间出现了倒退现象，第三阶段是 1985 ~ 1991 年，以发展新城为主，第四阶段是 1992 ~ 2000 年，这是城镇化全面建设阶段，小城镇、经济开发区等迅速发展。

叶嘉安等（2006）也认为城镇化经历了四个阶段，即 1949 ~ 1978 年、1978 年到 20 世纪 80 年代末、1990 ~ 2000 年、2000 年至今，第一阶段的城镇化水平较低，低于 20%，第二阶段城镇化水平低于工业化水平，第三阶段经济得到了一定发展，居民收入也有所提高，资金也得到了积累，第四阶段城镇化水平明显大幅提高。顾朝林（2008）将 20 世纪 50 年代作为中国城镇化发展的第一阶段，这个时候开始发展国家工业化，苏联援助的 156 个项目也开始纳入范畴，各个地区开始创建的自己的工业体系，城镇人口快速增多；第二阶段为 20 世纪 60 ~ 70 年代，城市人口自然增长，国民经济并没有取得太大发展，1980 ~ 1996 年是第三阶段，由于改革开放政策的支持，城镇化快速发展，1996 年至今，城镇化进程再次加快。

个别学者对改革开放以来的城镇化建设进行划分。如陈峰（2009）将中国的城镇化分为四个阶段，即 1978 ~ 1984 年、1984 ~ 1992 年、1992 ~ 2003 年、2003 ~ 2008 年，在第一阶段进行了农村经济改革，出现了较多的小城镇，在第二阶段国家将经济改革重点转移到城市上来，第三阶段进行了市场化改革和体制改革，房地产制度和土地制度慢慢推进，第四阶段提出了中国特色的城镇化道路。

（4）五阶段划分法。蒋永清（2001）认为可以将 1949 ~ 1957 年列为第一阶段，此时中国城镇化开始崛起，第二阶段则是 1958 ~ 1962 年，是中国城镇化腾飞阶段，1962 ~ 1965 年步入第三阶段，该阶段出现"逆城镇化"现象，1966 ~ 1978 年处于第四阶段，在此期间中国的城镇化却不进反退，停滞不前，1978 年之后是第五阶段，城镇化开始复苏并有发展的兆头。类似地，金花（2011）将 1949 ~ 1957 年划分为城镇化起步期，这一阶段表现在城镇数量增加和人口数量增加上；1958 ~ 1969 年阶段的波动期，这一阶段经历了高速发展期和三年困难期，直接导致了城市人口回流农村，城市数量减少；1966 ~ 1977 年之间的停滞期，期间的"文革"和一系列重大决策失误直接给城镇化予以重击，导致城镇化进入停滞发展阶段；1978～1992 年是复苏期，这一时期表现为城市人口增加，企业异军突起，出现"工业化地区"；1993～2002 年是稳步增长期，开发区不断建设，建设大城市为主；2003 年至今是高速发展期，直接表现为城镇数量的增加，城市人口的增加。

古杰等（2015）通过测定异速生长系数大小将城镇化分为五个阶段，他认为1949～1957 是第一阶段想，该阶段城镇化过程稳步发展，实施了首次的五年计划和苏联援助的 156 项目，着重发展重工业；第二阶段是 1958～1963 年，中国的城镇化波动发展，期间实施第二个五年计划，提出了一些不切实际的方针，比如"大跃进"、"赶英超美"；第三阶段是 1964～1978 年，经历了"文化大革命"，并受到"左"倾思想影响，城镇化停滞不前；第四阶段是 1979～1995 年，知青开始返回城市，南方谈话促进市场经济发展，城镇化进入快速发展期；第五阶段是 1996 年至今，这期间城镇人口显著增多，城镇数量和规模也发生了显著变化，城镇化进入极速发展阶段。

（5）六阶段划分法。《2012 中国新型城市化报告》认为，新中国的城市化发展历程到目前为止大致经历了六个阶段，分别是新中国成立到 1957 年间的城市化起步阶段，1958～1965 年间的城市化经历的曲折性发作阶段，1966～1978 年间的城市化发展趋于停滞阶段，1979～1984 年间城市化结束停滞发展步入复苏期阶段，1985～1991 年间的城市化经历稳步发展阶段，从南方谈话当年至今城市一直处于快速发展的阶段。许学强等（2009）也将中国的城镇化划分为六个阶段，他们认为 1953～1957 年是一阶段，此时城镇化仅仅得到了短暂发展，如"昙花一现"，1958～1965 年是二阶段，在此期间城镇化发展并不稳定，如振波，形态是震荡性的，1966～1976 年是第三阶段，在此期间城镇化基本处于停滞阶段，1977～1981 年是第五阶段，该阶段城镇化度过了停滞期，慢慢开始恢复，1982～1991 年城镇化将重心放在乡村，将乡村变为城镇是该阶段的主调，1992 年之后是第六阶段，城镇化加速发展。

在以上学者的不同分法中，有一个很明显的共同点，就是 1978 年是一个重要的分水岭，中共十一届三中全会可以说是整个中国经济的新生，在这之后，经济开始全面复苏，城镇化也快速发展，很明显中国现在处于加速阶段，离成熟阶段还有一段路要走，根据"城市病"阶段论①，现在中国处于"城市病"集中爆

---

① "城市病"发病的"四阶段"理论，城镇化水平介于 10%～30% 属于"城市病"的隐性阶段，城镇化处在健康状态，城镇化水平介于 30%～50% 属于"城市病"的显性阶段，城镇化处在亚健康状态；50%～70% "城市病"开始发作，城镇化处在非健康状态；城镇化水平在 70% 以上是"城市病"的康复阶段，城镇化逐步从不健康状态走向健康状态。

发阶段。

　　本书采用龚关等（2012）的三阶段划分法，真正意义上来说中国经济的腾飞要追溯到中共十一届三中全会后提出的改革开放政策，直到这时候，中国的城镇化才算进入了快速发展阶段，而龚关恰好将 1978 年作为起始点，他将 1978~1992 列为第一阶段，将 1992~2002 列为第二阶段，将 2002~2012 列为第三阶段，从 2013 年开始至今可以认为是城镇化的第四阶段，这也是新型城镇化全面展开的阶段。事实上，新型城镇化从提出到现在也经历了好几波的变化，具体见表 1-3。

表 1-3　　　　　　　　　　　　　　新型城镇化历程

阶段	内容描述
第一阶段：党的十六大	"走中国特色城镇化道路"的字眼开始出现在公众视野，主调是大中城市与小城镇的协调发展。
第二阶段：第十六届中央委员会第五次全体会议	"新四化"明确倡导新型城镇化，新型城镇化上升到了国家战略的层面，以此奠定了新型城镇化的地位。
第三阶段：党的十七大	提出"新五化"具体内容，涵盖新型城镇化，提出用科学发展观推进新型城镇化，全国新城镇建设进入全新阶段。
第四阶段："十二五"规划	城镇化发展规划的制定要具备科学性，城镇化需要健康发展，在新型城镇化的指导下进行全国城乡建设。
第五阶段：党的十八大	新型城镇化的发展路径为坚持走中国特色新型工业化、信息化、城镇化、农业现代化道路。
第六阶段：中共十八届三中全会	促进新型工农城乡关系的形成，用工业带动农业，以城市带动乡村，工业农业互惠互利，发展城乡一体化。
第七阶段：《国家新型城镇化规划（2014~2020 年）》	实现"3 个 1 亿人"计划，明确发展规划和要求，为城镇化发展指明了道路。

资料来源：作者整理。

2. 未来城镇化的产业需求

　　从城镇化的发展历程可知，城镇化脱离产业发展是不现实的，比如拉美国家农村人口爆炸式涌入城市，但由于相当大一部分城市并没有发展起自身的主导产业，没有形成与之配套的产业格局，无法实现产业协调发展。没有强大的实体产业作为支撑，提供的就业岗位则不足以承受庞大的待业人群，转移到城市的农村人口因各种原因长期处于无工作状态，在城市被边缘化。离开了产业支撑的城镇化是不健全的，属于残疾性城镇化，这样的城镇化并不能够推动城镇化进程，因此，有产业支撑的新型城镇化应运而生。

　　新型城镇化的发展要依赖于产业支撑，借助产城一体，结合产业、城市、生态三种功能，城镇化需要培育自己的主导产业，结合生产服务、生活及配套设施，提升城镇化质量。因此，产城一体是必由之路，新型城镇化可以借助新兴的工业和以高科技为基础的第三产业作为建设的支撑点。现在的互联网经济是结合计算机衍生出来的经济体，让产业智能化发展可以使得城市化深化发展，智能城市建设，新能源采用，智能、能源管理系统采用，包括人们开始对可持续发展这种追求，所带来的节能环保产业等都是满足新型城镇化建设要求的产业。

同时，一个地区的产业或企业发展，要跟本地的资源禀赋、其他的劳动要素知识度相吻合，地方可以凭借当地的高校培育更多更高层次的人才，高新技术发展良好自然教育资源也会更加丰厚，这就使得提供更多的人才成为了可能；地方还需依靠自己的资源禀赋，国家不能"一刀切"指令，适当分工，合理产业布局；沿海地区在发展高新技术产业的同时，中部地区也要全力为传统产业升级做出努力，西部地区则可以发展军事方面的产业，因地制宜，分层构建空间布局才是可取之道。因此，中国未来城镇化的产业需求必须遵循以下规律。

（1）在产业体系方面。中国必须坚定不移地走中国特色新型工业化之路，与市场需求相适应，凭借科学技术的进步，利用好各地产业的比较优势，踊跃构建现代产业体系，突出城镇经济特点、结构优化、安全清洁、高附加值、高就业吸纳能力。一是突出工业发展的重要性，城镇要实现就业离不开工业发展，既要重视改造提升传统产业，又要适应"新工业革命"浪潮，培育发展具有环保、清洁、节能特性的战略性新兴产业；二是深化服务业作用，服务业革命以及服务业时代的来临，都将为城镇化建设提供良好契机，为实现就业提供良好支撑，我们要将城镇化发展与服务业繁荣结合起来；三是强化农业现代化的作用，农业现代化在提供农产品和工业原料、劳动力和土地要素、消费市场等方面对城镇化起着支撑作用。

（2）在产业空间布局方面。对于产业的空间布局要根据主体功能进行定位，不盲目跟风，妄自尊大，定位时要充分考虑自身的能源资源拥有量以及环境对于自身发展的容纳能力，对土地这类不可再生能源高效利用，用最少的地实现最大的收益。重视环保在整个国民生计中发挥的至关重要的作用，一是在大中小城市、小城镇等合理布局产业，使不同规模的城镇之间能够协调发展；二是在城镇、园区集中发展工业，借以汇聚一批企业；三是形成城乡合理分工的产业发展格局，鼓励劳动密集型产业、农产品加工业向县城和中心镇集中，以便为农业转移人口实现就近择业就业提供可能。

（3）在产业政策方面，要出台和完善相关的法律法规，产业结构政策可以规定和指导产业结构构成，避免产业结构失衡；产业组织政策可以规范化管理各行各业产业组织，通过规范产业组织对行业进行有效监督和指导；产业技术政策，要明文规定保护和规范技术创新和技术扩散，通过惩罚避免技术的滥用；产业布局政策，国家通过宏观调控和全局规划，对全国范围进行产业布局，避免城市和地区之间重复建设和恶性竞争。

总之，城镇化想要健康发展就要与产业相结合，既要发展新兴产业，同时也不能完全放弃基础产业发展，能源、运输、交通和原材料等基础产业能够对其他产业的发展起着制约和决定性作用；扶持地方主导产业要切实考虑资源禀赋、产业关联、地区竞争优势以及居民就业等内部因素，也要适当保护弱势产业和萌芽期产业；技术更新换代，成本大幅降低，对于跟不上社会步伐的衰退产业要进行针对性调整，努力打造产城融合的新型城镇化。

1.3　国内外城镇化建设概况

1.3.1　发达国家城镇化发展模式

1. 全球城镇化简述

城市化是由西班牙工程师阿尔达方索·塞达于1860～1861年提出的概念，距离现在已有将近一个半世纪的历史，这虽然是城市化概念的首次正式提出，但并不意味着城市化是从那时才开始。事实上城市化开始起步远早于此，其过程早在西方国家工业革命时期就已经开始。工业革命发明的蒸汽机逐渐代替了纯粹手工劳作，这也是一次产业领域的革命，城镇化受到工业化的影响，获得了巨大的发展，世界各国的城镇化随着历史不断演进，城镇化水平也成为衡量各国社会经济发展水平的重要指标。联合国2010年发布的《世界城市化展望2009年修正报告》指出，18世纪初全球的城镇化水平仅5.1%，一百年后的19世纪初达到13%，2009年全球城镇化水平初次突破50%；全球居住在城镇的人数为34.2亿，人类社会首次步入了城市社会。工业革命以来200多年间全球城镇化经历了四次浪潮，并在空间上呈现出洲际扩散的特征。

第一波城镇化浪潮源于西欧的工业革命时代，鉴于英国的各种创造发明能力，它的工业化水平得到了极大的提高，英国不只是工业化开始最早的国家，同时也是城镇化最早的国家，并以它为中心，向法国、德国、荷兰等欧洲大陆国家扩散（王秀玲，2006），工业革命成为其发生、发展的重要推动力。出现了工业化吸纳大量农村廉价劳动力进城就业和大资本剥夺农民耕地的现象。到1950年进入城镇化稳定阶段。

第二波城镇化浪潮是第一波的延续，此次城镇化是对上波浪潮的空间转移，在这一波浪潮下，崛起了美国、加拿大、澳大利亚等资本主义国家，同时也伴随着殖民扩张和新的工业生产技术更替与扩散，工业获得了巨大的发展，贸易服务业也随之兴起。北美的城镇化体现出跨洲际的人口大规模转移特征，其城镇化到20世纪中叶趋于稳定。

第三波是第二次世界大战后，战后各国生产恢复带动人口向城镇聚集的浪潮，主要集中在东欧、南美和东亚等国家地区。受到欧美等先发国家的工业生产转移影响，这些地区在全球贸易体系中迅速成为新的增长节点，由此带动了大规模人口的城镇化。发展到21世纪初叶，这些国家的城镇化水平已经普遍超过了70%进入城镇化成熟阶段。该波城镇化浪潮波及范围极广，涉及人口数量众多，但城镇化的发展质量却与之前大相径庭。以日本、韩国、新加坡为代表的国家做到了工业化与城镇化的同步发展；但同时巴西、墨西哥等拉美国家出现了工业化水平高于城镇化质量的现象，造成大量失地农民进城和贫民窟林立等现象。

第四波是以亚洲国家为主体的城镇化，在全球化贸易分工体系进一步分化进程中，中国、印度、南亚、西亚等国家开始了工业化和城镇化进程。这些地区的特点在于全球化体系融入了历史文明古国和农业大国，城镇化进程中的问题更具复杂性，这一过程尚在进行之中，预计到2030～2050年间才能基本完成城镇化。

事实上，从发起城市化以来，欧美发达国家经历了四个不同形式的城市化，即中心集中型城市化、郊区扩散型城市化、逆向发展城市化和再次城市化。

中心集中型城市化仅仅表现为人口的单向流动，他们向中心城市靠拢，生产方式由半机械化到机械化，政府职能不明晰甚至不健全，工厂也汇聚在中心城市，引发了环境污染、住房昂贵、食品供不应求等问题，最终结果是社会矛盾激化。

郊区扩散型城市化表现为大量人口向中心城市迁移，部分中心城市的人向郊区转移同时进行，在这一阶段，社会不同阶层呈现出空间分化格局，受凯恩斯理论影响，西欧国家普遍采用政府干预调控经济，此时，大批工厂由中心城市搬迁到郊区，而服务业却是集中在中心城市，政府也在城市基础设施和社会福利设施进行投资，有计划地开发和建设卫星城镇，完成了空间集聚型的城镇化过程。

逆向城市化是中心城市里的人向乡镇和农村流动，相应的生产方式进入后工业化时代，中心城市人口数量下降，城市中心区和工业区出现房屋闲置，房屋被搁置而无人居住时需要政府投入大量精力和财力对其进行维护和改造，面对因各种原因造成的自愿和非自愿失业人口，政府又不得不提供救助金和社会保险对他们的生活进行支助以保证他们的日常生活得以维持，因此激发了社会矛盾，社会问题也越来越多。

再次城市化人口不再是单向流动，这阶段最显著的特征是人口的双向流动，而这种双向流动主要是工作地和居住地分别在城市和农村而产生的通勤活动，城市带来的规模经济效应也变得不显著，相反开始慢慢表现为规模不经济，交通、住房、环境成本相应提高，生活和心理压力也变大，随之而来人们的生活质量水平下降，人们的收入水平高了后会倾向于追求高品质的生活，信息技术革命给人们带来了互联网，改变了人们的生活和娱乐方式，大大方便了人们的出行和享受，人们向往田园式的生活但是又离不开中心城市，因此进入再城镇化阶段（王学峰，2011）。

2. 国外几种典型城镇化模式

从工业革命至今，国外的城镇化经历了相当长的一段时间，各个国家根据自己国内的国情找寻适合自己的发展模式，因此也形成了世界主流国家各具特色的城镇化模式，以下是比较有代表性的特色城镇化模式。

（1）英国：乡村特色的小城镇。英国的工业革命开始于 18 世纪中后期，当时发明了各类农业机械，它们均以蒸汽机为动力，由此推动了农业技术化，圈地运动使得农业生产组织方式发生了改变，大农场的建立、农业生产规模化都是其直接结果，这释放了大量剩余劳动力，促使这些闲置劳动力大量转移到城市，为毛纺织业提供了劳动力来源，英国的城市人口比例渐渐提高，发展一百年后成为世界上第一个高度城市化国家。

英国的城镇化是建立在乡村工业基础上的，英国具有特色的小城镇，它的自身魅力体现在居住环境的优美，对历史文化的保护，还有城乡居民共居，城乡居民待遇身份无差异，英国的小城镇形成离不开产业的支撑和政策驱动以及规划引导，当然还有非常有远见的一点是重视对环境的保护（邵全慧，2012）。

（2）美国：发展中小城镇模式。美国的城市化起步于 19 世纪 30 年代，到 20 世纪 20 年代城市化水平已经超出了 50%，后来，因为汽车的普及使用，使得许多城市人口纷纷转移到郊区，城市空间结构发生了重大变化，由原来的聚集城市发展为向周边扩散，这降低了城市与郊区、乡村之间的差距。

美国将发展中小城镇作为其重点，城市最初是主要集中在东部地区，其后的西部大开发计划、重点发展小城镇策略，致使形成了大城市的辐射，小城镇的依附模式，美国中小城镇发展迅速。美国经历了由城镇化到城郊化，美国的城市小而多，集聚程度高，交通十分发达，这仰仗于科学合理的规划布局、重视教育和培养人才、大城市规模的控制和小城市群的发展（邵全慧，2012）。

（3）日本："一村一品"特色城镇。日本一向作为亚洲地区的代言人，日本因为人多地少，自然资源极度匮乏，高效开发乡村资源，通过"造村运动"着力培育乡村的特色产业，形成"一村一品"特色很快被很多国家效仿，生成了一大批具有特色的产业基地，焕发了乡村的独特魅力。

（4）拉丁美洲：过度城市化。拉丁美洲国家城市化的快速发展始于20世纪50年代。拉丁美洲国家曾经一度被殖民，被动采用殖民地时期殖民国的城市化模式，又受国际"进口替代战略"的影响，城镇化飞速起步，目前，其城镇化水平位于世界第二，仅次于北美洲。

然而，拉丁美洲国家的城镇化明显的"超前"和"过度"特点，因为在农村，虽然农业资本主义的发展提高了土地和资本的集中度，但是国家对农村和农业的投入明显不足，造成农村部门衰退和农村生活环境恶化，使得农村人口大量涌入城市，但城市缺乏产业支撑，城乡空间布局严重失衡，无法吸纳庞大的城市人口，城乡及城市内二元结构严重，从而衍生出"拉美陷阱"问题，严重影响该地区经济可持续发展和居民生活水平的提高。

（5）法国：美丽小城镇。法国作为欧洲国家的代表，倡导建设美丽小城镇，真正地融合了生态文明元素，注重乡村环境与古迹的保护，坚持生态环保理念，居民参与乡村规划，做到人人是乡村的规划师，激发主人翁意识，保持乡村的独特性，打造休闲农业、观光农业。

（6）韩国："新村运动"下的城镇化。作为亚洲"四小龙"之一的韩国，它以改善农民生活条件为出发点发起"新村运动"，改进农业技术，提高农业生产水平，发展乡村工业和手工业，培养农民自立自强、开拓进取的精神，从而诞生了一大批高素质的城市居民，首都圈为核心、大城市主导型的城镇化由此形成，发挥了城市规模集聚经济效应，并针对后期发展不均衡等现象进行了4次国土综合规划和2次首都圈整顿计划，积极地引导人口、产业和机构向别处扩散，首都圈的过度集聚得以规避。

（7）亚洲新兴工业化国家：城乡交错发展。20世纪50年代以后，"出口导向"成为东南亚某些国家的发展战略，其工业化和城镇化进程得以迅速推进，大城市和周边地区获得了巨大的发展并进入高速增长期，形成了以此为基本特征的社会发展模式，生产技术取得了巨大的进步，经济也进入腾飞阶段，而亚洲新兴国家典型的人口数量多土地资源拥有量少，故而出现人口慢慢集中生活在大城市，这些国家面临着诸多不利因素，比如巨大的人口压力，在国际产业分工中处于不利地位，它们凭借庞大的人力资源优势实施以出口为导向的战略，对劳动需求量大的加工制造业向大城市周围区域延伸，但是也伴随出现了众多城不像城、乡不似乡的灰色地带。

3. 政府与市场在城镇化中相对地位

在城镇化发展过程中，各个国家关于处理政府与市场的关系方面有不同的选择，总体来看，主要存在以下两种类型：

（1）市场自主型。以英、德为代表的西欧国家，在城镇化发展过程中，市场和政府并重，市场占主导作用，政府进行宏观调控，德国建设遵循"小的即是美的"原则，英国政府也制定相应法律法规，引导规范城镇化有序发展，从而规避了无序扩张给经济和社会带来的负面影响，这是全球城镇化的一种模式，即市场为主，政府为辅。

在这种政府调控下的市场主导模式下，主要代表国家是西欧各国。市场机制为主导，政府利用行政、法律等手段作为辅助调节市场失灵状态，城市化与工业化总体上是一种比较协调的互动关系，是同步型城市化。如美国开发西部和小城镇，主张市场应自由发展，反对政府调控，尊重市场的选择，但是因为市场的放任，没有政府的有效引导，还有资本的趋利性造成了生态环境遭到破坏，空间和社会结构问题突出。这类自由放任的城市化发展模式，城市化的发展相对自由，并没有人为的强制干预，政府的行政职能发挥比较薄弱。

（2）政府主导型。日本的城镇化是作为在政府调控作用下实现高度紧凑的大城市和农村城市化同步发展典型代表，完善了农村的基础设施建设，创办发展新型农村工业，先后实施五次全国综合开发规划，针对城市化过程中经济过密与过疏的矛盾和问题，通过加强都市圈交通系统建设和环境综合管理，并建设一批既与中心城市有一定联系又自成体系的卫星都市，实现了人口、产业和功能积极疏散，以及资源在空间的均衡分配。

苏联在"十月革命"后开始了计划经济下的工业化，随后的国民经济发展五年计划，推动重工业发展，大量农村劳动力和转移人口的就业问题得到了解决，第二次世界大战后城市化更是取得了显著进展，在 20 世纪 70 年代后城市化水平就已经达到了 60% 以上，这个过程都是在政府主导下进行的，经过从上至下的政策实现城镇化，致使城乡"二元结构"特征明显。

1.3.2　中国城镇化发展情况

1. 中国城镇化主要模式

中国的城镇化发展无外乎存在小城镇发展、中小城镇发展、大城市发展三个方面，它们代表的是三种发展模式。

（1）小城镇发展模式。有计划地发展小城镇命题源于中共十一届四中全会《中共中央关于加快农业发展若干问题的决定》，这是根据中国具体国情提出的发展目标，以乡镇企业为发展导向的小城镇模式，这种模式可以解决大批农村剩余劳动力就业问题。发展小城镇具有自身的优越性，但也不否认其也有局限性，比如，第一，这种模式并不能从根本质上处理农村改革与发展的问题；第二，大、中小城市的辐射带动作用被忽视；第三，中国各地的发展差异问题被忽略；第四，资源浪费引发严重环境问题。

（2）大城市发展模式。发展中国家城市化过程当中的一个显著特征就是大城市增长迅速，这是因为，第一，大城市作为区域经济的核心在国家发展中发挥着不可或缺的作用；第二，中国正处于经济的高速发展时期，城市化急需从加速阶段向成熟阶段转化；第三，中国是一个人口基数大、人均资源匮乏的国度，长远打算，中国的城市化必须走效益型的道路。因此，虽然政府强调抑制大城市规模，但是在实际中大城市的发展速度却是最快的，且诞生了北上广这类特大的一线城市，并在这些城市聚集了众多人口，全国各个地区的劳动力纷纷奔向这些城市，大量的人才和技术资源也集中在一线城市。

（3）中小城市发展模式。这种城镇化模式介于"小城镇"和"大城市"之间，能够最大程度规避"城市病"和"农村病"，它们依托县城而发展成为中小城市，把条件成熟的中等规模城市发展成为能承载百万人口发展的大城市，把小城镇进行适当的改制并保留。

近年来，中国各地城市前后进行过各种新型城镇化的变革尝试，具体有以下几种模式。

成都模式。以大城市带大郊区发展是成都模式的显著特点，确定土地的使用权和拥有权，让土地拥有者可以自由出让土地，建立农村土地产权交易流转市场，建设用地增减指标也要明文规定。将较好的区域选择出来作为起步点，同时确立该区域具有比较优势的产业，将产业集群交给市场决定，充分发挥市场的功能性作用。为了提高农民生活水平，需要大力推进公共服务和基础设施建设。

天津模式。天津施行的是"以宅基地换房"，天津的小城镇发展包括整体推进型、都市扩散型、开发拓展型和"三集中"型四种子类型。它的主要做法是乡镇政府主导"以宅基地换房"工作，首先要解决搬迁农民的居所问题，其次再利用对征用土地获得的增值收益发展地方产业，解决农村地区居民的就业问题。

广东模式。该模式要求通过产业集中效应吸引人口集中，它包含珠三角模式和山区模式，一个依附中心镇发展，另一个则发展专业镇，珠三角模式之所以依附中心镇发展，是因为它将乡镇企业和民营企业聚集起来，实现了城市周边区域的快速崛起，而山区模式必须围绕县城发展其专业镇。

苏南模式。组织资源工作由乡镇政府完成，不仅如此，对于土地的规划使用、资本的组织投入、劳动力的有序引导、企业资金的援助和补充、企业高层管理人员的安排与分配均是由政府参与并实施完成。农民凭借自身力量发展起当地的经济，选择所有制经济结构以集体经济为主，而政府起着指南针作用，为地区经济发展导航。

温州模式。温州个体企业众多，这些个体企业成为温州发展的中坚力量，家庭工业构成了非农产业的主体，由此形成了小商品、大市场的发展格局。经济形式家庭化、经营方式专业化、专业生产系列化、生产要素市场化、服务环节社会化是其基本特征。正是源于家庭经济以及商品市场的发展，使得剩余劳动力转向家庭生产专业市场的经营，从而促使人口向小城镇聚集，小城镇规模得到扩大，农村城镇化也得到发展。

总体而言，中国城镇化发展要吸取国外的经验，城镇化发展要靠政府和市场同时推动，但是多以政府为主，政府不论是在土地支配、户籍制度还是在整体规划方面都起着统筹作用，下级政府只是在执行，因此，在面临土地资源少、耕地面积少、人口众多的基本国情下，中国应该逐渐放开政府这只"有形的手"，让经济来推动城镇化，要认清城镇化和农业的关系，正确处理城镇化与农业的发展，根据自身国家的经济发展状况、文化传统、价值观念等走出自己特色的道路，不能照搬国外的模式，盲目执行某种模式，我们要科学统筹、合理制定，走可持续发展之路。

2. 中国城镇化建设政策的演变

中国的城镇化事实上是由农村建设开始的，不管是土地改革还是"返乡运动"都体现出国家对农村的支持，后来在提出建设小城镇的同时也不忘对农村的支援。从中共十一届四中全会开始到现在，国家颁布了各种文件来支持城镇化建设，表1-4简单列示了部分文件。

表1-4　　　　　　　　中国城镇化建设主要政策文件列表

会议	时间	文件名	核心观点
中共十一届四中共中全会	1979年9月28日	《中共中央关于加快农业发展若干问题的决定》	支持农村发展，加强小城镇建设，使得农村和小城镇逐步实现工业、交通业、商业服务业、教育、科学文化卫生事业现代化。
全国城市规划工作会议	1980年		分别对大城市、中等城市、小城市的建设提出了指导性要求。

续表

会议	时间	文件名	核心观点
第八个五年计划	1990 年		在建设小城镇的过程中密切注意农村产业结构的形成与调整并不断优化。
	1993 年	《中共中央关于建立社会主义市场经济体制若干问题的决定》	以乡镇企业集中为目的，打造全新小城镇格局。
	1994 年 9 月	《关于加强小城镇建设的若干意见》	政府开始引导小城镇发展，是第一个有关于此的指导性文件。
中共十七届三中全会	2008 年	《中共中央关于推进农村改革发展若干重大问题的决定》	允许农民进行各种形式的土地流转。
中央一号文件	2013 年 1 月 31 日	《中共中央国务院关于加快发展现代农业进一步增强农村发展活力的若干意见》	建立产权明晰的农村集体产权制度，保障农民的土地使用权、宅基地使用权、集体收益分配权。
	2014 年 3 月	《国家新型城镇化规划（2014～2020 年)》	培育发展各具特色的城市产业体系、改造提升传统产业、壮大新兴产业。
中央一号文件	2015 年	《中共中央国务院关于进一步深化农村改革加快推进农业现代化的若干意见》	增强农村生产力，强化农业科技，让农业工业化，打造强盛、富裕、美丽的农村。
	2016 年	《国务院关于深入推进新型城镇化建设的若干意见》	提出中国未来的城镇化道路走向与要求。

资料来源：作者整理。

可见，城镇化是一个演进的过程。随着城镇化的不断加深，政府在不断发现问题，也在不断解决问题。国家从宏观层面做出调控，相应的政策文件作为支撑，给我们的城镇化指引着方向，引导城镇化发展。

3. 中国城镇化现状及对策

中国的城镇化从提出到现在，发展之迅速、取得的成就有目共睹（见图 1-5），《2012 中国新型城市化报告》指出，中国城市化率突破 50%，意味着中国城镇化进入关键阶段。

虽然城镇化水平已经超过了 50%，但并不代表中国的城镇化就步入中等水平，里面爆发了各种各样的问题，社会矛盾凸显，很多问题亟待解决。其中，由于中国的城镇化长期以来缺乏产业支撑，导致出现了发展不平衡、分布不合理的诸多问题，主要体现在：

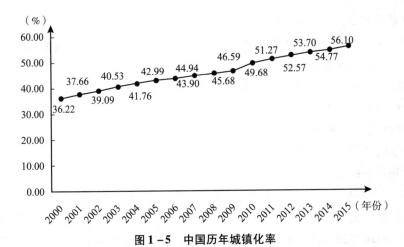

图1-5 中国历年城镇化率

资料来源：作者根据历年中国统计年鉴有关数据计算所得。

（1）区域发展不平衡。城镇化落后于工业化和非农业化，呈现出东北地区大于东部地区，东部地区大于全国平均，全国平均大于中部地区，中部地区大于西部地区的不平衡特点，但是城镇规模等级结构呈现出基本合理的格局，形成了以大城市为核心、中小城市为主干、小城镇为基础的多层级城镇系统，城镇化的地域差别比较显著，推进速度而言是中、西部地区快于东部地区和东北地区，人口流入城市较为集中，大部分都聚集到全国前十强城市，比如广东、北京、上海、浙江、福建等省市（刘新卫，2007）。

（2）城镇化水平不高。城镇化水平依然落后，用人均国内生产总值（GDP）对应的城镇化率远低于世界大多数国家，工业化率对应的城镇化率明显不协调，经济越发达的地区城镇化率越高，中国环渤海、珠三角、长三角的表现突出，城镇化发展速度缓慢，很多省份的城镇化提高速度都小于1%（龚关，2012）。针对区域发展不平衡和城镇化发展缓慢，我们可以借鉴美国、日本等国家的经验，可以通过工业化引导农村劳动力向服务业转移，人口和产业集聚可以形成产业支撑，优化产业布局，促进产业升级，同时加上信息化的推动以及政策的支持，从劳动密集型产业到资本密集型产业过渡。

（3）生态环境遭到破坏。非农产业和环境保护之间存在矛盾，工业的发展导致污水废水和固体废弃物排放量增加，汽车尾气和家用电器产生的大量对大气产生污染的有害气体，制造工业落后和废弃物处理的草率与装置有限导致污染的加重，都是对城镇化的挑战（杜怡萱，2014）。

（4）城镇化要求和农村耕地之间的矛盾。土地是农民赖以生存的物质基础来源，城镇建设对耕地需求越来越大，征地面积和数量也随之增加，这会使得农村的耕地资源减少，慢慢演变成农民务农无土地、进城务工无适合岗位、养老也无保障的格局，这会形成个人和集体之间的利益冲突，尽管有一些补助措施，但是杯水车薪，让农民生活难以为继。这是城镇化的又一挑战。面对如此问题，土地补偿制度是一种有效方式，提高现有的补偿标准，确定针对性的地价，使农民享有土地增值部分，考虑农民的利益，采取措施促进农民就业，对进城农民进行技术能力的培训，使得他们能够获得一技之长，能够适应一些岗位，对于征地农民可以让他们获得一定股权享受收益，同时也要保留部分土地给农民，提供就业保障和优先就业机会。

（5）城镇化与农村政策制度之间的不协调。中国的户籍制度与社会福利和社会保障息息相关，进城农民并没有享受到与城镇原住人口同等的福利待遇和保障措施，使得转移到城镇的农民难以融入城镇，征用土地的价格低，但是，转出去时价格高，使得房价居高不下，城镇中的农民很难在城里获得一席之地，矛盾进一步激化。

（6）城乡二元结构矛盾。户籍是老生常谈的问题，可以学习江苏常熟的取消户籍制度，使得城镇人口和农村人口无差异，享受同等待遇，这是一个漫长的过程，但是不得不多考虑城乡问题带来的局限性和解决二元体制的迫切性。在对未来的规划建设方面需要有洞察性和远见性，对于不同的区域要实行差异化和多样化，不能千篇一律和照搬照抄，对于沿海地区来说主要以中小城市和县级城市为主，中西部地区发展水平低，重点就是要加快其发展的步伐，发展小城镇。

中国农业经济分散且传统、与第二、第三产业脱节、农村剩余劳动力数量庞大且整体素质较低、行业结构不合理、发展质量不高、行业集中度低、第三产业贡献率低，因此我们需要规划好城镇化体系，引导农民合理流动与转移，不断深化农村经济体制改革，大力推进第二产业发展，第三产业具有门槛低、门类广、就业容量大等特征，需要通过政策引导和市场孕育，推进第三产业的健康发展（杨利娟，2010）。

（7）劳动力资源丰富，自然资源和资本资源相对短缺。资源型省份因现有主导产业由于资源贫乏而衰败，替代产业又发展不足，从而出现产业断层现象，一些老工业地区，原有产业由于内部原因和外部环境的变动不能够适应市场需求的变化，逐渐丧失市场竞争力而陷入停滞甚至是萎缩的状态，出现产业衰退。在不放弃发展劳动密集型产业的前提下，要充分利用中国是人口大国的优势，发挥比较优势，释放劳动密集型产业的潜力，鉴于第三产业对就业的强大吸纳能力和巨大就业潜力，我们要增加对第三产业的投入，大力发展第三产业，中小企业和非公有制企业也能创造大量就业机会，数量大、涉及面广、低进入壁垒、可塑性强等无不是中小企业的优势，我们需要利用这些优势扩大就业能力，解决就业问题。

（8）产业结构的不协调。合理的产业结构应是市场为主体，企业主追求利润最大化，在理性人假设下，每个人都会使个人利益最大化，这自然而然会推动其发展，而我们在计划经济时代，国家过渡干预使得产业发展偏离了正常轨道，长期以来的重工业轻农业和服务业使得产业与国家的城镇化发展发生了背离。产业结构非均衡演进、城市化与工业化的背离是城镇化的产物。改革开放以前，优先发展重工业，抑制农业及轻工业发展，占用了大量经济资源，却并没有发挥我们是劳动力大国的优势，重工业对就业人口的容纳量并没有想象中那么高，在重工业上的投入却远远高于轻工业，中国正处于工业化的中期阶段，大力调整第二产业内部结构是根本，第三产业是未来发展引擎（耿海清和谷树忠，2007）。

此外，还有沿海地区忽视内源性需求，凭借地理优势大势承接国际产业转移，大力发展对外贸易活动，先期阶段确实取得了不错的成绩，但是这种经济难以对抗系统性风险，一旦发生金融危机，则会严重影响其发展，出现产业发展失衡的状态；中国中部、西部一些省份和地区产业发展程度低，经济总量不足，不能提供足量的工作岗位，导致当地的劳动力流向别处，背井离乡，出现产业低量；还有一些地区因为政绩的考核而忽视了污染产业所带来的负面影响，致使环境变得恶劣，生态遭到破坏，出现产业低质现象。

针对上述问题，中国政府需要出台配套的产业结构政策、产业组织政策、产业技术政策、产业布局政策，优先发展能源、运输、交通和原材料等基础产业，其他产业的发展受到这些产业的制约和阻碍，在发展主导产业的时候考虑地区资源禀赋、产业关联、地区竞争力和居民实现就业等内部因素，也要对不具优势的弱质产业加以保护，同时也要通过产业转移、产业资本流动、产业融合与技术创新积极调整衰退产业。

1.3.3 广东省新型城镇化建设概况及存在问题

1. 广东省政府在政策方面对于城镇化发展的规划

在城镇化浪潮中，广东省对于城镇化建设也极为重视，各个城市都积极推进城镇化建设，也颁布了相应政策支持其建设。比如2004年颁布的《广东省城镇化发展纲要》当中明确提出广东省应将发展珠三角城镇群、东西两翼城镇密集区、粤北城镇点轴发展区作为重点发展项目，城镇汇聚与辐射带动能力是我们要关注的重要方面，促使形成中心聚集、轴线拓展的集约发展态势（谢虹，2007）。因此在推动农村城镇化的进程中，要把小城镇作为城市体系的有机组成部分进行建设，使其作为城市单元参加城市分工。此外，广东省城镇化发展"十二五"规划对未来广东省城镇化做出了重要部署（见表1-5）。

表1-5 广东省"十二五"城镇化发展重点工程

工程名称	工程内容
绿道网建设工程	1. 珠三角地区，加紧完竣省立绿色通道的绿化工作和配套服务设施，全面开发绿道网络综合功能，打造各自别具一格的绿道品牌，快速完善省立绿道，继续推动城市绿道建设。 2. 粤东西北地区，根据各地的具体情况采取适宜的办法，开展省立绿道建设，逐渐构建广东省互联互通的绿道网。
珠三角城际轨道交通沿线土地综合开发工程	推进珠三角城际轨道交通沿线土地综合开发工程，打造一批型综关节型综合服务中心、新型"城市综合体"。
环珠江口宜居湾区建设工程	开展环珠江口湾区岸线保护行动和合作创新区建设，推进中新广州知识城、广州南沙新区粤港澳全面合作示范区、深圳前海深港现代服务业合作区、深圳坪山新区、珠海横琴新区、汕头海湾新区、中山翠亨新区等建设。
城市步行和自行车交通系统建设工程	结合绿色、宜居、绿道网建设以及滨水地区、城镇中心区改造，城区的步行和自行车交通网络要全覆盖。规划步行道、自行车道建设，设置商业步行街、商业建筑体二层连廊等空间设施，建立慢行交通系统标识，完善慢行交通设施与公共交通设施的衔接。
"魅力水岸"示范建设工程	实施海岸线生态、美化和城市江、湖、海连通工程，强化海岸、海湾及近海湿地生态系统的综合整饬与修复，结合沿海防护林带建设，清除违规占用生态岸线的建设项目，恢复滩堤林结合的生态缓冲功能。构筑城市滨海空间体系，在城市沿海、沿江公共岸线打造兼具休闲娱乐、商务服务和旅游商业等功能的滨水带状公园。
城镇保障性住房建设工程	落实《广东省住房保障制度改革创新方案》要求，建立以公共租赁住房为主要保障形式的保障性住房供应体系，力争使城镇中等偏下和低收入家庭住房困难问题得到基本解决，新就业无房职工住房困难问题得到有效缓解，外来务工人员居住条件得到明显改善。
智慧城镇建设工程	全面推进珠三角无线城市群建设，完善粤东西北地区无线城镇群基础设施，促进政务、商务和民生等领域信息技术的广泛应用。在广州、珠海、佛山市开展智慧城市建设试点，在云浮市和其他有条件的城市开展"三网融合"建设试点，在东莞市石龙镇、顺德区乐从镇开展小城镇智能信息技术应用试点，在汕头全面铺开国家电子商务示范城市试点工作，逐步向广东省推广。
绿色低碳住区和宜居社区建设工程	制定绿色低碳住区、宜居社区建设的技术指引和认证办法，指导建设绿色低碳、环境优美怡人、安全便捷出行、生活舒适方便、文化气息浓郁、社会和谐稳定、公共服务健全、人文关怀备至的新型住区；大力发展绿色建筑，在广州市率先开展绿色建筑评选试点并逐步向广东省推广。
岭南特色历史文化街区复兴工程	在广东省建成一批彰显岭南特色和文化内涵并富有活力的街区；到2015年，广东省复兴约100处岭南特色街区。

资料来源：广东省城镇化发展"十二五"规划。

2015 年的《广东省新型城镇化"2511"试点方案》（具体试点名单见附录）提出的五点要求旨在为了解决农业转移人口难以市民化、城镇土地利用浪费严重、"城市病"频发、城镇空间布局不合理、城镇化建设资金得不到保障等问题：

（1）坚持以人为本。面对农业转移人口难以融入城市这个问题，我们既然坚持以人为本，那么首先就要在户籍制度方面做出改革，需要将转移到城市的农村人口中难以市民化的那部分人口市民化，这涉及成本，这就要强化政府、企业、个人共同承担市民化成本的意识，养老、医疗、公共服务设施、住房等问题也要积极解决，做到城镇全覆盖，共享有，共幸福，打造美丽宜居城乡。

（2）促进科学布局。城镇土地利用粗放低效一直以来是我们需要面对的大问题，在设置耕地红线后我们必须严格遵守，同时保护永久基本农田是我们的责任，城市增长要张弛有度，在科学设定的边界线内实现增长，集约高效、精明增长的模式才是我们可取的选择，大中小城市和小城镇要有合适的分工，两者的功能要实现优势互补，从而达到协同发展，在考虑资源承载力的前提下确定城镇发展规模，着重发展创新产业，优化城市产业布局，科学建设卫星城辐射带动周边地区，引导人口流动走向合理，完成城镇合理布局。

（3）坚持生态文明。面对环境污染和"城市病"，我们首先要树立生态文明观，转变城市发展方式，响应党的十八大的号召，建立资源节约型和环境友好型社会，保护我们的"地球村"，实现低碳、低耗、低污染发展，增强城市公共设施、资源环境、经济对人口的承载能力，生态文明不仅需要制度约束，还需要人的配合，同时我们要积极修复已经损坏的生态系统，保护生态资源。

（4）突出传承文化。在现今社会，随着国外商品进入国内，国外文化逐渐冲击了传统文化，"崇洋媚外"这个词并不是夸大其词，事实上确实存在，我们渐渐丢失了我们自己的文化精髓，历史留下来的古迹，古色古香的楼面、乡村和文化街、建筑都是需要我们保护的，合理利用历史文化资源，建设具备显明历史文化特征、经得起考验的标志性公共建筑和建筑群，摒弃"千楼一面"的格局，彰显岭南独有的特色，传承我们富有个性的岭南文化，打造城镇区域特色。

（5）探索制度创新。让市场发挥其在资源配置中应有的作用，让资源分配趋于合理性，建立多样性且可持续发展的投资融资机制，政府和企业合作、以项目为依托、多方参与城镇化规划，树立主人翁意识，做到人人有责，放弃换一届领导变一种政策的模式，不完全以 GDP 来衡量政绩，要一直实施科学规划的蓝图，不能半途而废，换一届领导换一张蓝图是不利于城镇化科学发展的，土地管理体制、农村宅基地使用等需要慎重考虑，规划好、利用好这些土地，优化土地开发模式，不再肆意浪费土地资源。

此外，2014 年《广东省新型城镇化规划（2014～2020 年）》明确了未来广东省城镇化的任务，到 2020 年，广东省将推动 1 300 万从农业生产中转移出来的人口以及来自外地的打工人群落实户口，力争广东省常住人口城镇化率达到73% 左右，着力推进长久以来存在的户籍差异变革和基本公共服务均等化是广东新型城镇集化的首要任务。携手港澳地区，在珠三角建立世界级城市群，也要加快粤西北地区，区域协调发展，优化城镇格局，城镇基础实施和公共安全体系要加强，城镇城镇能力要改善，融入生态文明理念，城乡居住环境要改善，最后实现人与自然和谐共处，生态系统稳定清洁，社会和谐和睦，文化蓬勃发展，城乡宜住宜居，生活美满幸福，资源利用高效的新型城镇化和全面现代化。

提出在城镇空间布局方面，广东要与港澳继续深化合作，广深等中心城市要继续大力发展，大力推进南沙新区、前海自贸区、横琴新区的建设，保持珠三角作为经济发展中心的地位不变，在打造 21 世纪海上丝绸之路的基础上，力图使珠三角周边边缘城市融入中心城市，形成"广州、佛山、肇庆—清远、云浮"、"珠海、中山、江门—阳江"、"深圳、东莞、惠州—汕尾、河源"的三大组合型新型大都市圈。《广东省新型城镇化规划（2014～2020 年）》还对建设广东省东部地区、广东省西部地区城镇群和韶关都市区三大增长极提出了新要求。

在体制机制创新方面，第一，强调要全盘筹划推进重点领域和关键环节体制机制改革，包含土地管理、人口管理、财税金融、城镇住房、海域利用、生态环境等，形成有利于城镇化良性发展的制度环境。行政管理体制方面，则将试点省县二级管理行政体制和推行增强城镇简政放权。第二，关于特大城市用地指标要严格把关，相关指标要以重大项目、民生工程和基础设施为基准。严审人口 500万以上的特大型城市中心城区新增建设用地指标。对于闲置土地量大的城市要严格控制批地量。

2. 广东省城镇化的现状及特征

广东省的城镇化在全国来说处于相对前列的，不管是起步还是发展程度，广东省的城镇化在全国来说处于相对前列的。作为沿海优先发展地带，广东省获得了许多优惠政策，现在已经发展成对全国各地劳动力都有重大吸引力的地区。发展至今，广东省的城镇化率从 2005 年的 60.68% 发展到了 2015 年的 68.71%，平均每年保持 1.2% 左右的增长值，广东省城镇化率是呈逐渐增加的态势（见图1-6）。

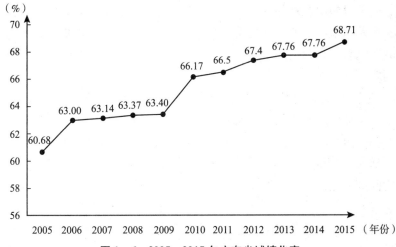

图1-6 2005~2015年广东省城镇化率

注：作者根据《广东统计年鉴》数据计算所得。

从整体来看，广东省的城镇化发展是迅速的，效果也是显著的，但是不同地区城市化的发展是不一样的。珠三角部分核心地区的城镇化率已经超过80%，数据的进一步提升会很缓慢，而其他部分地区大都处在30%~70%的加速城镇化区间（周祥胜，2012）。广东省各个城市的城镇化也有区别，广州、深圳、佛山、东莞、中山、珠海6个城市是珠三角的核心城市，属于城镇化高度发展地区，主要应由"加工经济"向"知识经济"转变，以创新为核心，实现区域经济持续快速发展。环珠三角地区的江门、肇庆（端州区、鼎湖区、高要市、四会市）、清远（英德市、清城区、清新县、佛冈县）、韶关（浈江区、武江区、曲江区）、惠州，粤西沿海的阳江、茂名、湛江，粤东沿海的潮州、揭阳、汕头、汕尾，以及山区的梅州等13个市属于城镇化快速发展地区，农业比重过大，服务业发展缓慢，第二、第三产业比重过低，因此，未来可以建设工业园区，以发展服务业为主，打造优势产业。河源、云浮、肇庆（德庆县、广宁县、怀集县、封开县）、清远（连州市、连山县、连南县、阳山县）和韶关（除城区以外的部分）属于城镇化滞缓地区，培养节点城市，促进城镇集聚规模发展正是其着手点。

区域之间的城镇化率不同，可以看出，经济发展越快的地区城镇化越快，珠江三角洲明显地比粤东、粤西、粤北城镇化率高，珠三角对于广东来说属于发达地区，而其他地区相对来说就属于不发达地区了，对于广东的不发达地区可以借鉴珠江三角洲的经验，同时发达地区也要支持不发达地区，不发达地区可以利用自身地区的自然条件发展工业，寻找适合自己发展的工业，发挥出自己的规模经济效应和集聚效应，通盘筹划城乡规划布局，实现城乡建设协作同步发展和鼓励城市良好公共设施向农村伸展，让农村条件在原有基础上变好，使得城镇体系更加合理，不发达地区所要关注的重点当然也不能忘记努力形成集约发展态势（谢虹，2007）。就广东省城镇化而言，不只是区域发展不平衡的问题，同时也面临着以下问题①：

（1）追求物的城镇化，忽视人的城镇化。过去的城镇化大都在追求规模和数量，高楼大厦如雨后春笋般拔地而起，人口大量涌入城镇，工业发展迅速，土地利用效率低，盲目开发、随意挤占土地资源现象严重，而有的土地却处于闲置状态，污染越来越严重，城乡二元结构突出，"城市病"频发，这种低质量的城镇化源于物的城镇化快于人的城镇化，而在未来就是要在解决问题的同时探索新的道路，未来要考虑"人"这个不定性因素，一切以人的发展为前提，涉及到人就要考虑到教育、医疗、养老、住房、基本生活保障等方方面面的问题，树立以人为本的城镇化观念的转变。

（2）四化不同步调，各自为政。工业化、信息化、城镇化、农业现代化是一个整体，不能分而划之，相互之间理应融合、相互促进，农业是基础，中国是农业大国，也是人口大国，要支撑起整个国家的粮食供给，需要发展农业现代化。这是补给之源，是生命之源，没有了提供身体机能必备的粮食，谈工业化、信息化、城镇化无疑是天方夜谭。发展要靠工业化推动，工业化是重要引擎，同时工业化也离不开城镇化的支撑。如今所处的时代是物联网时代，信息已经渗透到我们生活的方方面面，衣食住行无一不是充斥着信息，信息化是时代发展的加速器，离开信息将对会造成诸多不便，城镇化作为实现其他三化的载体和平台，城镇化既是农业现代化、信息化的贡献力量，同时也依赖于农业现代化、信息化，关注城镇化进程中各参与要素之间既独立又相互依赖的互动关系，至关重要。

（3）产城不协调，单向发展。目前的城镇化大多脱离产业发展，不以产业为依托，偏离产业发展轨道，使得城镇化与产业分离，出现了产业化单兵突进的"只见园区不见城市"，如前几年的萝岗新区和珠海西部新城，也存在城镇化单兵突进的"只见城市不见产业"的现象，"鬼城"、"空城"等词也相继出现，产城不融合，彼此相分离。

（4）粗放式发展，生态问题凸显。某些城镇产业结构不均衡，众多土地资源被低端产业所占用，相反公共服务设施所使用的土地却很少，城镇化水平提升遭到抑制。各种忽视生态系统的行为举措，使得珠三角区域大部分城镇面临生态用地缩减、区域生态安全维持体系虚亏、环境对经济社会发展支撑能力缺乏等问题

---

① 关于广东省城镇化存在的问题，参考了《广东省城镇化发展"十二五"规划》。

（《广东省城镇化发展"十二五"规划》）。计划经济体制制约经济发展，使市场难以发挥功能调节器的作用，弱势群体不能享受到经济发展的福利，企业缺乏责任感，只顾自己利润不顾环境的承载力，大肆排放污染物，使得城镇化不可持续。

（5）出口导向性经济，受国际环境影响大。根据测算，城镇化率每提高1%，GDP增长速度将提高0.7%，服务业的比重将提高0.2%，服务业的就业比重将提高0.8%。在过去，投资、出口、需求三大拉动经济的马车中，我们过分依赖于出口，国内的需求不足，具备很大的需求潜能，尽力释放自己的需求潜能，从主要靠出口带动经济发展转变为利用扩大国家内部需求拉动经济增长是我们未来所要走的路。

（6）城乡差距明显，分配不公平。城乡贫富差距大，资源差异大，虽然国家实力在增强，人们生活越来越好，但是不可否认，乡村不管是在教育、医疗，还是在公共服务和基础设施方面都比城镇差很多，这就导致很大一部分人没有享受到国家进步的果实，因此，民生问题被提上发展的议程，要尽可能地让乡村人口也享受到如城镇人口的待遇，做到果实共享，共同进步，这也是我们需要考虑的问题。

（7）户籍制度差异，城乡矛盾突出。长期以来，大家饱受户籍制度的伤害，教育资源的不公平分配，享受社会保障的权力效益的不平等，使得农村转移人口及其随迁子女在城镇没有固定的住所，很多小孩因为家庭经济状况而错失上学的好良机。本来进城务工的群体都是一些生存上有困难，生活比较拮据的人，而在城里让孩子上学还得缴纳高昂的赞助费和借读费，无疑是雪上加霜，这让本来就不富裕的家庭变得举步维艰，我们要在户籍制度、土地出让制度方面需要改革创新，让无地人群和进城务工人群能更好地生活。

面对如此现状，广东省需要施行差异化的城镇化策略，建设广东特色城市群，把珠三角打造成为以高端制造业与现代服务业推动经济增长的世界级城市群，粤东西北要利用自己的自然条件和比较优势，因地制宜，实现各自的发展定位、资源共享和集聚效应，推进中心城区扩容提质，增强中心城镇的承载力、辐射力、带动力。

同时要发挥政府与市场的作用，提升城镇化公共服务质量与水平，加快外来务工人员融入城市，降低落户门槛，政府要加大对住房保障、教育、医疗等的投入，积极引入社会力量，合理引导民间资本流向，推进绿色城镇发展，改善居住环境；构建现代产业体系，提升城镇产业综合竞争力，构建以珠三角为核心辐射带动粤东西北的城市产业布局，优先发展现代服务业、先进制造业、战略性新兴产业；完善城市功能，提高城市综合承载能力；完善民生，实现以人为本的城镇化，加快市民，实现城乡统筹，土地流转等制度要完善，城乡统一的社会保障体系急需建立，住房保障也要纳入计划，教育体系要均衡发展，城乡一视同仁（汪一洋，2014）。

1.4 广东省新型城镇化建设的产业发展需求

1. 广东省城镇化建设所处的发展阶段

改革开放以来，广东的城镇化大体上经历了三个阶段，即培育增长极、极化调整和区域均衡发展，目前广东正处于城镇化的成长阶段，同时也是"四化"联动建设的紧要阶段。

关于广东省的城镇化阶段的划分，不同的学者有不同的看法。比如朱竑和薛德升（2001）认为广东省的城镇化明显分为两个阶段，第一阶段是新中国成立一直到改革开放前，这个时期的城镇化发展缓慢，甚至出现部分城市倒退的现象。第二阶段是改革开放以后快速发展时期，而改革开放后广东省的城镇化明显经历了三个时期，第一时期是 1978～1990 年的工业主导型推进阶段，农村大量剩余劳动力和农村经济边际收益下降，使得人们将目光投放在工业上，加上国家政策的促进和农村改革的动力使得城镇快速发展；第二时期是 1991～1994 年的综合推动快速发展阶段，市场经济发展、土地有偿使用为城市发展注入了活力，涌现了一批城市新区、开发区，城市规模扩大，基础设施也渐渐跟上；第三时期是 1995 年以后的相对缓慢增长阶段，由于以前的粗放式发展带来了一系列问题，对城镇化提出了新的要求。朱竑等（2001）认为广东省不同的地区城镇化发展水平是不一样的，很明显珠三角的城镇化在广东省来说是最高的，其次是东翼，再次是西翼，粤北山区更次。

表 1-6 中数据显示，广东省的城镇化水平已经高达 68.71%，正是处于中后期的发展阶段，大量劳动力涌入广东地区，从第一产业向第二、第三产业转移，广东省的城镇化水平参差不齐，广东省的区域格局已逐步形成，即珠三角地区优先发展、东西两翼平稳发展、粤北地区快速发展，以及大中小城市与小城镇协调发展的城镇体系，形成珠三角地区明显快于其他地区的局面，这些差异部分源于政策上的差异化，也有源于地理位置上的差别，珠三角地区连接香港、澳门地区，以打造世界级城市群为目标，而粤东西翼的城镇化比起珠三角来说就显得弱势了，自身的劣势条件起着重要的作用。

表1-6　　　　　　　　　　广东省差异化、城镇化建设策略

地区	产业发展
珠江三角洲地区	①以广州为核心，包括佛山、南海、三水、顺德等城市的中部都市区建立城市群； ②建立北接广州，南连香港，以深圳、香港为核心，惠州和莞城为副中心及3个重要节点城市，即虎门、常平和惠阳市区，还包括3条市镇密集区主轴的东岸都市区城市群体； ③在珠江口以西银州湖以东的地区，即珠海市、中山市、江门市及新会市的部分地区，建立以珠海和澳门双城为核心，江门与中山为副中心的西岸都市区城市群。
广东东翼地区	①将汕头打造成为百万人以上的大都市； ②将揭阳、潮州、汕尾、潮阳等打造成为50万人以上的大城市； ③将普宁、澄海、陆丰、惠来、海丰发展成为中等水平城市；发展如甲子、峡山等中小城镇。
西翼城市化	①重视发展中心城市，增加大城市的数量； ②有重点地发展一批市域副中心城市； ③积极发展小城镇。

资料来源：作者自己整理。

　　尽管广东省城镇建设步伐在加快，城镇教育卫生等公共服务水平也提高了，城镇化拉动效应明显，粤东西北地区城镇化进程加快。但是仍有大量外来人口还不能享受当地的基本公共服务、城镇中外来人口收入水平依然很低、生活条件仍然很差，城镇规划建设管理水平还需进一步提高。因此，接下来的工作重点是要疏导人流量往珠三角以外的地区流动，增强它们的人口吸纳力，培育具有优势的产业群，打造一批有核心竞争力的中心城镇，辐射带动周边地区发展。

2. 广东新型城镇化建设对新型产业结构的要求

　　产城融合这个概念炙手可热，本书将在后面章节予以重点介绍。产业是城镇化的支撑，城镇化是载体和平台，两者相互依存、相互促进。在新型城镇化的构建中，我们需要构建现代产业体系，提升城镇产业综合竞争力。然而对于广东来说，珠三角与粤东西北地区的城镇化发展步伐不一致，有必要对不同区域作出不同策略选择，差异化定位选择是广东省城镇化建设的走向。

　　不仅广东省不同区域未来城镇化道路各有千秋，各个地区对于产业的选择也是别出心裁，多样性、差异性、特色性是未来城镇化的趋势。正是由于城镇化发展状态的差异性，我们需要根据它们的现状，做好战略定位，合理构建发展模式，以珠三角为核心，辐射带动东西北地区发展，珠三角地区优先发展服务业、先进制造业和战略新兴产业以及特色高新技术产业，走高端、高效、高质的前沿

路线；粤西地区重点产业带发展重化工和现代服务业，钢铁、环保、化工产业需要大力发展，粤北地区发展生态农业和生态旅游业，发展资源型产业，汽车配件等低污染产业，时刻牢记生态文明，将循环经济理念融入到粤北地区建设中，加快绿色崛起（汪洋，2014），对重大产业项目予以支持，将促进石油化工、能源、钢铁、港口业、现代物流、装备制造业等工业大项目的发展作为侧重点，培育产业集群（胡萍，2014）。

广东省曾经依赖外资建设了一批企业，为最初的城镇化提供了动力与资金，而引进外资与广东的农村工业化有着密切关系，且发展水平区域差距大，大多数分布在广佛深、东莞、江门、中山为中心的珠三角经济圈，农村工业化更是形成了传统工业与新兴工业并进、门类齐全的体系，但农产品为原料的产业发展仍有不足，珠三角与粤东、粤西和粤北形成了各自具有区域特色的各种产业集群，其中不乏以专业镇为龙头的产业产业群从珠三角向东西两翼和粤北山区延伸，已经基本形成珠三角农村的工业为主与粤东、粤西和粤北农业为主的产业分工体系（王冰，商春荣，2007）。

虽然农村的工业化推进了城镇化，为城镇化提高资金来源，成为城镇化的动力，共同孕育出以广州、深圳、香港、澳门为中心以及周围20多个中小城市的"大珠三角"城市带，然而现存"一刀切"的耕地保护制度、土地制度不完善、级差地租利益造就"二世祖"、大中小城市和小城镇齐头并进更是普遍现象，我们所要做的就是不断发现问题并解决问题，以把建设美丽新城镇、提高生活质量、打造宜居城市、幸福美丽人生作为中国梦的延续。

本 章 小 结

在回顾了众多新型城镇化研究成果后，可知中国目前面临着城乡二元结构、生态环境污染、"城市病"高频爆发等问题，城镇发展离不开产业的支撑，单向发展只会使得城镇化进入病态，不但不能提高居民生活水平，反而会引发各种社会问题，激发社会矛盾。陈斌（2014）指出，只有当产业集群—新型城镇化耦合协调发展时，产业集群才会获得新的增长空间。因此要针对各个地区的真实情况作出不同的规划，选择适合当地发展的产业，培育有地方特色的具有竞争力的产业集群。

1. 对于国家宏观层面的改革

第一，财税体制改革。里面包含从城市财政到国家财政，从户籍人口财政到常住人口财政两个方面的改革，户籍不仅仅是人们身份的代表，同样包含着各种福利待遇，户籍差别会引起公共福利差别、财政覆盖人口和覆盖水平的差别，我们可以进一步完善财权和事权相统一的分税制体制，完善地方税制，从而使得当地政府有更雄厚的资金为当地的公共设施建设提供后盾，提高城镇化质量。

第二，户籍制度改革。党的十八大报告明确提出要进行户籍制度改革，迫切需要将未市民化的那部分人口进行市民化，要让城市常住人口都能有机会享有基本公共服务，各地纷纷开始进行户籍制度方面的探索，比如广东、北京、西宁分别于2010年6月、2012年2月和2012年11月进行了试点改革，其中广东选择1~2个县进行试点，取消农业户口和非农业户口，实行统一的户籍制度。采取的是根据学历、技能、参保情况等多项指标实行积分制入户，北京则是全面推进二元户籍管理制度向一元户籍登记管理制度迈进，西宁将9个行政村32 000余人整村转户。我们可以借鉴这几个地方的户籍管理制度，在政策上要制定公开透明的落户政策，明晰落户标准，这需要花费很大很大的成本，这就要建立成本分担机制，在政府、企业、个人三者之间寻找平衡，让他们参与成本分担，以便使符合条件的转移人口都可以获得常住地的户口，还要对户籍制度改革进展较快的地区给予土地、资金方面的激励。

第三，破除垄断。中国长期以来经济发展都有政府干预，在政府的条条框框中进行建设，无疑垄断程度高。教育、公共设施、医疗卫生、交通运输等几大行业国家控制程度高，国有企业和独有企业占比很高，而要吸纳众多的农村转移人口靠国有企业和独有企业是没有办法的，我们需要大力发展具有巨大容纳能力的产业，无疑服务业是最大的突破点，不仅环保，而且能够提高软实力。

第四，金融改革。在城镇化进程当中，政府想要实施一些项目，需要资金但又没有合适的融资渠道，可以通过对金融市场进行改革、引进新的金融工具、制定一些细则，支持具有综合收益和社会效益的项目进行融资和金融服务，可以通过发起地方公债解决基础设施建设资金来源问题。即便是日本间接融资比例高，在基础设施建设中地方债务占比也在20%左右，金融改革包括价格市场化（利率市场化、人民币国际化）、渠道市场化（拓宽场内场外交易、银行券商保险等渠道）、产品市场化（股权投资、债权投资、境外直接投资、另类投资），从而解决限制新型城镇化推进的资金问题。

第五，收入分配改革。提高城乡居民收入、缩小收入分配差距、提高城乡居民生活质量是收入分配改革的重要，我们不仅可以通过完善初次分配制度，使得劳动、资本、技术、管理等要素按贡献得到应有的分配，健全以税收、社会保障、转移支付为分配方式的再次分配调节机制，让城市居民的收入和福利有一个质的飞越。

2. 对于中观层面的产业发展

第一，强调基础设施的建设。基础设施代表的是全体居民所享有的福利，可以说是公共物品，人均享有程度可以体现城市的建设情况，要增加对基础设施的投资，中西部基础设施水平要向东部靠拢，而东部需要进一步完善，高铁、轨道交通、能源、环保、电信等建设需要全力投入，为打造智慧城市做铺垫。

第二，大力发展服务业。从全国范围来看，东部地区居民收入水平明显高于中西部地区，东部地区早期也是全盘接收型，不论是环保型还是污染型企业都招商引资，起步快于中西部地区，后来意识到第二、第三产业的重要性，渐渐将目光转移到服务业上，医疗、环保、TMT、非银行金融机构等行业快速发展，形成了如今的上海、广州、深圳等具有规模和实力的大都市圈，不仅解决了劳动力的就业问题，而且污染低、效益高。

第三，创新高端设备。改造传统产业以及新技术相关的装备，东部地区需要改造传统产业，打造新型装备，中西部需要进行产业转移，进行装备制造，全球促进新兴产业发展打造新兴产业装备，这也是未来中国城镇化的产业发展方向。

第四，银行业和房地产也需要寻找新的增长点。对于房地产而言，过去的利润很大程度上来源于地产增值，基于房地产泡沫理论和全球金融危机影响，未来房地产销售速度会整体放慢，房地产需要寻找新的增长点，保障房、旧房、卫星城等是一种途径；金融自由化的呼吁渐高，这会动摇传统银行赖以生存的基础，银行想要在未来保持自己的地位，可以靠调整信贷投向结构，向新型城镇化受益倾斜，加大中西部二、三线网点布局，主动应对金融自由化，加大发展表外业务。

第 *2* 章

专业镇的产业发展功能

本章主要介绍产业集群的发展功能。第一部分介绍了产业集群和专业镇的概念以及两者之间的区别和联系；第二部分回顾了传统产业集群理论和产业集群促进区域产业发展的研究成果；第三部分介绍专业镇在国内外的发展状况和发展特征、模式，具体从产业空间布局、产业选择组合、产业结构等方面回顾了中国与发达国家产业集群的发展状况；第四部分则着重介绍广东专业镇的发展状况、存在的问题以及针对这些问题提出相应的政策建议，最后利用广东省科技厅内部统计数据分析了专业镇发展水平对地区产业结构的影响。

2.1 专业镇的内涵与外延

2.1.1 专业镇的概念

1. 产业集群的概念

1990 年，波特在其《国家竞争优势》一书中提出产业集群这一概念，并将产业集群定义为：在一个特定的经济区域内，一组在地理上靠近、业务上相互联系的企业和其他有相关机构（供应商、金融机构、服务机构）组成的群体。加索、瑞兰德（Jatho、Relond，1998）等分析了集群形成的原因和集群产生的效应，并从这两个角度将产业集群定义为：产业集群是为了从技术外溢和知识外溢中获益、降低交易成本、通过协作获得经济效益的企业、机构和客户在空间上形成的集聚体。新制度经济学派从制度的角度定义产业集群：产业集群是为了协调企业间交易和资产专用性而存在的一种中间性制度组织。王缉慈

（2004）、王敬甯（2007）的研究都沿用了波特对产业集群的定义，本书也主要采用这一定义。

2. 专业镇的概念

中国产业集群发展开始于 20 世纪 90 年代。例如 20 世纪 90 年代在全国地区兴建起来的"星火技术密集区"、浙江的"块状经济"、山东省的"特色专业乡镇"、江苏省的"小狗经济"和广东省的"簇群经济"等，是在经济发达的小镇建立以中小企业为主的产业集聚区，这些是产业集群最初的表现形式。1999 年广东省经济学界首次将这种产业集聚区称为专业镇，王珺（2000）在其《论专业镇经济的发展》一文中也提到专业镇的概念。

目前学术界对专业镇仍然没有一个统一的定义。王珺（2000）认为专业镇经济是依据一两种主导产品的专业化生产快速发展起来的乡镇经济，是一种以中小型私营企业为主体的非正式区域经济组织形式。余国扬（2003）从产业、区域布局和经济活动三个角度定义专业镇：专业镇是在某一镇域范围内，以某一产业为主导产业，其他配套产业协调发展的中小民营企业集聚区，具有专业化、体系化的生产系统。白景坤等（2003）等认为专业镇已经不只是企业在空间上的集聚区，更应该是指在镇域区域内主导产业与配套产业协调发展，形成具有国内外产业竞争优势的区域。李新春（2000）认为专业镇是企业之间形成的"创新网络"，是一种建立在地区竞争优势基础之上的生产、销售和服务网络，其经济积聚效应吸引大量中小企业围绕特定产业集聚在一起相互联系，相互协作。石忆邵（2003）将专业镇定义为具有以下特点的建制镇：经济规模大、产业集中度高、分工明确、专业化程度高、地方特色明显、以民营企业为主。部分学者还将专业镇定义为以行政镇为基本单位，产业相对集中，具有一定经济规模，专业镇内部完成产品生产、中间投入和销售环节，产品面向国内外市场销售的镇级经济组织形式。

综合学者们的观点，笔者认为产业集群专业镇是具有以下特点的镇级行政区：专业化分工，一种或两种产业占主导地位，其他产业配套生产；以产业关联的中小企业为主；拥有专业的市场，实现设计、生产、销售一体化；具有一定的经济基础，重视产业发展与和谐生态社会建设相结合，具有现代化特征的城乡一体化区域。虽然定义的角度不同，但学者们对产业集群和专业镇的定义都强调了产业的地理集聚和经济集聚，即产业的经济活动集中在特定的地理区域内，目的是为了获得一定的经济效益。

2.1.2　专业镇与产业集群

2005 年以来，学者们更倾向于将专业镇和产业集群联系起来研究，那么专业镇和产业集群之间有什么关系，两者是否等价呢？在对比专业镇和产业集群的文献后发现，关于专业镇和产业集群的关系有三种观点：第一种认为专业镇是产业集群的一种形态（林涛，2012；谷雨，2011；张丽等，2009）；第二种认为专业镇是产业集群发展的初级阶段（魏后凯，2006；曾祥效等，2010）；第三种认为专业镇是在产业集群的基础上发展起来的（余国扬，2008；肖传亮，2008；唐纯林等，2011）。

在综合以上学者们观点后，本书认为专业镇和产业集群的关系表现为：专业镇和产业集群虽然都表现为相同或相关产业在地域上的集聚，但是两者在发展程度和规模上是有区别的。

首先，从发展程度上看，专业镇是地方特色产业的集合，只是许多生产相同或相关产品企业的地理集中，企业之间缺少纵向的分工和横向的联系，而产业集群在企业和机构之间相互分工合作基础上形成的，因此可以说专业镇是产业集群发展的初期阶段。随着专业镇内企业之间竞争、合作的加强，专业镇会向产业集群转型升级。浙江省产业集群的发展过程即为专业镇向产业集群升级的过程。浙江省是最早出现中小企业空间集聚的省份，专业镇发展之初是以"块状经济"的形式存在的。20 世纪 80 年代初浙江义乌形成了以家庭手工业和个体私营经济为基础、小城镇为依托、小商品为主体的专业化生产基地，这时候只是一个村或一个镇生产相同产品的企业集聚在一起，企业之间的关联度较低且往往为竞争关系。随着经济的发展，块状经济展现的问题越来越严重：产业层次低，高新技术产业和其他新兴产业所占比重低；结构松散，缺少龙头企业带动，中小企业之间恶性竞争严重；自主创新能力弱，大企业创新意识弱和小企业创新能力弱导致区域产业低端化现象严重。2009 年，浙江省人民政府为加快区域产业发展提出了"块状经济"向现代化新型产业集群转型的发展战略，并且在 2010 年、2011 年和 2013 年都有相应的政策加快块状经济向产业集群的转型升级。

其次，从规模上看，专业镇的范围只限定在特定的镇级行政区域内，一个专业镇可以有一个或多个主导产业，也可以拥有健全的专业化市场，实现产、供、销一条龙和科、工、贸一体化。而产业集群是与某个产业或产品相关的企业在空间上形成的集聚体，随着交通和通讯的发展，这种集聚已经不单单是地理上的集聚，更多的是强调空间上的集聚。专业镇和产业集群之间并不存在单纯的谁包含谁的问题，例如一个专业镇可能拥有多个以不同产业为主导产业的产业集群，一个产业集群也可以由多个特色产业相同的专业镇构成。

最后，两者的结构主体也不同。专业镇作为区域经济和社会的统一，实质上是一个社会系统。在专业镇内镇政府不仅为产业发展提供如交通设施、水电供应设施和医疗保健体系等硬件设施，也为专业镇的发展提供了良好的投资环境、制度环境等软件设施，还会制定一定的规章制度和产业政策引导和协调集群内部和集群之间的可持续发展。因此，在一个专业镇内，政府发挥着主导作用，是专业镇的主体。而产业集群的主体是企业，只是相互关联的企业在合作和竞争中形成的空间集聚体。

2.2　产业集群促进产业发展研究回顾

2.2.1　传统的产业集群理论

产业集群作为世界范围内重要的区域经济活动现象，受到国内外学者的高度重视。本小节重点回顾古典经济学的产业集群理论。关于产业集群理论的研究最早开始于 19 世纪末，亚当·斯密首先提出了"集群"一词，但并没有确切提出"产业集群"的概念，真正对产业集群进行研究始于马歇尔。继马歇尔之后，基于古典经济学和新古典经济学的产业集群研究迅速发展。早期的产业集群研究局限于经济地理学的范围内，直到 20 世纪 90 年代，波特和克鲁格曼从国家竞争力和国际贸易的角度对产业集群进行研究，产业集群的研究才真正进入到主流经济学领域。本节重点介绍了马歇尔、韦伯、波特和克鲁格曼的产业集群理论，回顾产业集群理论的发展过程。

1. 马歇尔的外部规模经济理论

最早对产业集群进行研究的是马歇尔，马歇尔在 1890 年就注意到产业在地理上集聚这一经济现象，发现了外部规模经济与产业集群之间的密切联系，认为产业集群产生的外部规模经济是产业集聚的最主要原因。马歇尔从古典经济学的角度阐述了集聚带来的外部规模经济。首先，产业集聚会产生集群内知识和技术的外溢，相同或相关企业在特定地区内集聚会促进新技术、新思想、新知识在不同企业之间的传播和应用，进而促进整个产业技术的进步；其次，产业集群内的企业对中间产品的大量需求会降低投入产品的价格降低生产成本；最后，产业集群会给企业提供专门的人才市场，降低了企业雇佣劳动力的搜寻成本和培训成本。

反过来，集聚产生的外部规模经济的存在会吸引相关产业甚至不同产业的集聚，导致产业集群的规模不断扩大，产业链不断延伸，进一步吸引技术、人力资本和物质资本的资源，随着产业集群竞争力的扩大这种吸引力也会不断增加，形成"集群—吸引资源—集群扩张—进一步吸引—集群加速扩张"的循环积累过程，为产业的发展提供了丰富的资源促进产业快速发展。

2. 韦伯的工业区位论

1909 年韦伯建立了系统的工业区位理论，认为产业是否选择集聚在一个区域取决于集聚是否能够获得的收益，只有当企业迁移到集聚区内获得的收益大于成本时才会有产业集群的形成，因此产业集群的产生本身就说明集群能给集群内的企业带来优势，这一区位论对现实中的产业布局有非常重要的指导意义。韦伯从区位因素研究产业集群的优势，认为产业集群不仅能够为企业提供技术设备、专业的劳动力，更能够提供企业发展所需要的市场因素，大规模的原材料市场和需求市场不仅会降低企业的生产成本和销售成本，也会降低日常经营中的经常性开支。

3. 科斯的交易费用理论

科斯在其 1937 年的著作《企业的性质》中提出了交易费用理论，并用交易费用理论来解释产业集聚的原因。产业集群内企业数目众多，交易频率的增加会降低道德风险的可能性，进而降低交易成本；交易对象和交易空间范围相对稳定，企业之间的博弈由一次博弈变为多次博弈，大大降低了机会主义行为；集群内企业的地理位置接近，信息的对称性大大降低企业搜寻市场的时间和成本。威廉姆森继科斯的研究之后，将产业集群看成是处于企业和市场之间的一种中间组织形式。

4. 波特的新竞争优势理论

波特在 1998 年发表的《集群与竞争经济学》中研究了国家竞争力的决定因素，产业集群产生的集聚优势能够提高集群内企业的竞争能力和一个国家的出口能力。首先，波特构建了提升国家竞争优势的"钻石模型"，认为相关产业在地理上的集中能够使产业发展所需要的六个要素，即生产要素、需求状况、相关产业、企业策略和竞争对手、政府行为和机遇更好的结合在一起，相互作用相互协调，提高产业的竞争力；其次，产业集群形成的竞争压力促使企业在创新方面的投资，提高集群内企业的持续创新能力并且能够加快创新的扩散速度进而提高产业集群的整体创新能力；最后，产业集群能够吸引新企业的进入扩大集群自身规模，这样就能够为集群内的企业提供更多的资本、技术和劳动力资源。

5. 克鲁格曼的新经济地理学理论

20 世纪 90 年代，克鲁格曼提出了新经济地理学理论。克鲁格曼的新经济地理学认为产业之间的"前向关联"和"后向关联"是促进产业集聚的动力。由于运输成本和外部规模经济的存在，具有"前向关联"关系和"后向关联"关系的企业会选择集聚到一个特定的区域。同时克鲁格曼也是最早将产业集聚与国际贸易联系起来的经济学家，认为在国际贸易中产业集聚是国际竞争力的主要来源。

克鲁格曼提出的中心—外围模型，从经济活动的内部机制上解释产业集群的形成。中心外围模型的基本理论基础为，产业是否处于集聚状态取决于促进产业集聚的"向心力"和减弱产业集聚的"离心力"的大小，因此产业集群是由规模经济、运输成本的存在、劳动力等要素流动等促进产业地理集中的因素和外部非经济、土地等要素的不可流动性、高租金等削弱产业集中的因素相互作用产生的。

6. 熊彼特的创新产业集聚论

熊彼特将技术创新和产业集聚结合起来进行研究，发现产业集群促进产业发展是通过提高企业的创新能力实现的。首先，由于研发成本和研发投资风险的存在，企业自主创新的积极性不高，并且创新行为并不是单个企业的孤立行为，这需要企业间的协同配合，产业集群为这种合作提供了空间和地理上的条件。其次，首次创新对一个产业的创新能力至关重要，往往比以后的创新要难得多，集群内一个企业首次创新成功就会促使其他企业紧跟其后，不断创新。最后，创新能力的提高反过来又会促进集群规模的扩大和经济水平的提高。因此，产业集群与创新的关系是相互促进相互影响的。

传统产业集群理论都是从产业集聚优势出发的，阐述了产业集群能够从不同方面促进产业的发展。产业集群的发展过程是产业集群理论与实践的结合过程，产业集群发展政策的制定离不开产业集群理论的指导，在实践中以集群经济效应为切入点，探讨产业集群的区位选择、形成模式和组织形式。

2.2.2 产业集群促进区域产业发展的文献回顾

本小节介绍产业集群对区域产业发展的影响，已有的文献从不同的研究视角、不同的研究方法进行研究。本书在此重点回顾产业集群对区域产业结构升级、经济增长、劳动力流动和企业进出口的影响研究。

1. 产业集群对产业结构升级的影响

王云平（2007）认为产业集群产生的外部规模经济和内部结构一体化会降低企业的交易成本和生产成本，并且产业集群产生的竞争压力会促进企业进行技术创新，加快企业进行产品创新升级。吕丙（2009）通过浙江省嵊州市产业结构升级案例分析，发现产业集群形成的生产要素集聚效应、外向关联效应和组织结构优化效应能够提高集聚区域品牌价值，进而促进产业结构升级。因此认为政府应该制定能够提高产业集群集中度的政策，进一步发挥产业集群对产业结构升级的积极作用。孟玉静（2011）认为产业集群可以从吸纳农村剩余劳动力的角度促进产业结构升级，最先转移出来的劳动力只能从事最低级的生产性劳动，等积累到一定经验之后便有能力从事技术含量更高的生产劳动，也为下一波转移出来的劳动力转移腾出空间。这样经过不断转移，农村剩余劳动力逐渐从第一产业转移到第三产业生产活动中，为产业升级提供了充足的劳动力后备军。王占营（2012）认为产业集群形成的集群内部专业化分工使得企业在面临外部竞争时不断进行重组和调整，从而大大提高企业的劳动生产率和市场竞争力，但是，当产业集群发展到一定程度之后，过度竞争导致交易费用不断增加同时集群内部机会主义行为的增加会损害集群内部企业的利益，因此产业集群的发展过程中需要政府政策的引导，规范和引导产业集群的发展，推动产业优化升级。阮建青（2014）通过构建一个三阶段产业集群演化模型，将产业集群演化过程与产业升级理论结合起来，发现产业集群从数量扩张阶段到质量提升阶段的转变会促使企业引进新的生产技术、生产更高质量的产品，进而向价值链的高端演进，促进产业结构升级。盛世豪（2004）认为产业集群的宽度和深度都会影响区域内产业的发展，产业集群的宽度越宽，技术层次越高，集群内企业越容易进行产业转型升级。

2. 产业集群对经济增长的影响

菲利浦·马丁和奇安马可（Philippe Martin & Gianmarco，2001）在克鲁格曼新经济地理理论和罗默的内生增长理论的基础上构建了产业集群与经济增长之间的自我强化模型，证明了产业空间上的集聚会通过降低创新成本来促进经济增长，同时经济增长产生的向心力会吸引新企业在集聚区选址，从而促进产业集群的形成，验证了缪尔达尔的"循环与因果积累理论"。凯瑟琳·伯德里和皮特·斯万（Catherine Beaudry & Peter Swann，2001）利用英国产业发展数据从实证角度研究了产业集群对集群内企业绩效的影响，发现在不同产业内产业集群对企业绩效有不同的影响，在高技术含量的产业内，产业集群会对企业绩效产生非常强的正向效应。涂山峰（2005）从区域品牌价值角度分析产业集群对区域经济发展的影响，认为产业集群能够为企业提供完善的基础设施和配套服务，并且以其具有竞争优势的核心业务吸引优秀品牌入驻，形成的区域品牌效应能够促进集群内经济的可持续发展。王秀明和李非（2013）从产业分类的角度分析工业产业集聚和服务业产业集聚对经济增长的影响，发现工业集聚和服务业集聚都对经济增长有积极显著的促进作用，但是工业集聚对经济增长的影响没有明显的地域差异，而服务业集聚对经济增长的促进作用有明显的地域特征，因此认为在发展区域经济时应实施差别化策略。徐康宁（2001）从国际贸易的角度研究产业集群对一国经济的影响，发现在开放的经济环境下，产业集群形成的集群形成的专业化分工能够降低生产成本提高生产率，国内外的案例研究也表明集聚程度越高的产业竞争力越高，出口能力也越强。周兵和蒲永健（2003）在索罗（Solow）经济增长理论的基础上定量分析了产业集群与经济增长之间的关系，发现产业集聚形成的产业集群无形资产即商誉价值越大，产业集群的规模也越大，稳态时的人均资本存量和人均产出水平也越高。

3. 产业集群对企业出口的影响

朱钟棣和杨宝良（2003）认为，由于本地市场效应的存在，对一种产品的大量需求往往会导致这一产品在本地生产并且生产量大于需求，就造成产品"净出口"。杨丹萍（2009）通过实证分析认为产业聚集程度的加深会促进出口贸易的发展。周浩和吕锦莎（2013）认为，产业集群产生的出口溢出效应是产业集群内存在企业出口生产率悖论的一个原因，实证分析的结果发现，产业集群形成的劳动力流动效应和技术模仿效应对企业出口的集约边际和扩展边际都有很强的促进作用，而信息效应则只提高企业出口的扩展边际。王瑾和魏兴民（2004）认为，结构和特色产业雷同的产业集群往往会造成出口过度竞争损害集群内部企业的利益，认为政府应该调整出口结构避免集群之间过度竞争的出现。

4. 产业集群对劳动力流动的影响

孟玉静（2011）认为，产业集群能够促进农村剩余劳动力由第一、第二产业向第三产业的流动。季丹虎（2006）也认为，产业集群的发展提出了很大的用工需求，不仅促进了城镇人口的就业也吸引了大量农村劳动力，并且认为产业集群已经成为吸纳农村劳动力的有效载体。张西奎和胡蓓（2007）研究了产业集群在人才集聚方面的优势，认为人才集聚效应是产业集群竞争优势的关键所在，政府应该大力实施强化这一集聚优势的措施。周均旭（2010）运用人口迁移的推拉理论分析产业集群会对各种优秀人才产生拉力和推动人才向集群外部流出的推力，阐述了产业集群人才集聚效应的内涵，同时将生命周期理论和人才集聚效应相结合，揭示了人才集聚效应的形成过程，绘制出人才集聚曲线和人才流动曲线。詹晖和吕康银（2015）基于人口迁移中的"推拉理论"指出产业集群形成的外部经济效应和知识溢出效应等多种集群优势提高了产业链层次促进了人才集聚。产业集群为人才集聚提供了良好的环境保证了人才集聚的持续发展，进而加快了产业链的升级。胡蓓和朱朴义（2013）指出在产业集聚的过程中可能会出现人才过快、过度集聚的现象，造成人才资源的过剩与闲置，阻碍产业集群的可持续发展。认为政府应该制定政策一方面提高产业集群集聚人才的能力另一方面要避免人才集聚拥挤效应。王爱君和刘相兵（2012）分析依托农村当地的优势资源形成的农业产业集群会促使农民工从事农业生产活动获得更高的收益，认为农业产业集群能够从不同方面提高农民的收益，进而引发农民工从大城市向农村回流的现象。

综上所述，纵观学者们的研究发现，中国关于产业集群的研究尤其是产业集群对产业结构升级、区域经济增长的影响研究，都是将传统产业集群理论与具体的产业集群实践相结合，为产业集群的发展提供了一定的理论指导。然而，这些研究仍然处在对国外理论的消化和吸收阶段，缺乏针对并解决中国产业集群发展问题的系统性理论。主要表现为：第一，用国外产业集群理论解释中国产业集群现象；第二，多数研究仅仅是对某一个产业集群案例进行分析，并没有上升到具有很强解释力的一般性理论；第三，中国的产业集群发展时间较短，由于数据资料的不足，尤其是缺乏产业集群层级的统计数据，导致关于产业集群的定量研究较少，很难把握产业集群发展的一般规律和态势。

2.3 国外专业镇发展

产业集群作为一种促进区域经济发展的重要的产业组织形式，在各个国家受到广泛关注。各国政府制定并实施战略与政策引导和促进产业集群发展，提高产业集群竞争力。发达国家的产业集群发展的比较早，已经具有一定的发展水平，借鉴发达国家产业集群发展的成功经验，吸取其发展过程中的失败教训对中国产业集群的健康快速发展有重要意义。本节首先对美国、意大利、英国、德国、日本等发达国家产业集群的发展状况、形成模式进行简要介绍，然后通过对一些典型的、成功的产业集群案例分析，总结出三种类型的产业集群的形成机制：政策导向型、自发成长型和外部资源导向型。

2.3.1 国外产业集群发展情况

产业集群的发展历史可以追溯到 18 世纪。18 世纪下半叶随着英国专业化和社会分工的发展，以家庭作坊和手工业工场为主的规模较小的产业集群开始形成。20 世纪 80 年代以来，同类产业在空间上的集聚在美国、法国、德国和意大利等国家出现，产生了一批迅速发展的产业集群。到 20 世纪 90 年代，这些产业集群已经涉及各个产业领域成为各国经济财富的主要来源。例如，美国 380 个产业集群贡献了全国 60% 的生产总值，意大利 66 个产业集群的生产总值达到 200 亿美元，印度 350 个产业集群贡献了全国生产总值的 75% ~80%、制造业出口额的 60%。产业集群作为一种生产组织形式并非只在发达国家中存在，发展中国家借鉴发达国家的发展经验也大力发展产业集群，如亚洲的中国、印度、韩国、拉美的墨西哥、牙买加、北美的摩洛哥和非洲的尼日利亚等国都出现了产业集群。各国政府积极制定各种各样的政策支持和推动产业集群的发展。例如中国广东、浙江、江苏等地，经过十几年的发展，产业集群发展已经达到相当高的水平并在经济发展中起到重要的推动作用。表 2 - 1 列举了世界各国具有代表性的产业集群及其特色产业。

表 2 - 1　　　　　　　　各国代表性产业集群及其特色产业

国别	所处区域	主导产业
美国	硅谷	生物技术、微电子技术、风险资本投资
中国	北京中关村	电子信息、生物医药、能源环保、先进制造、航空航天
美国	底特律	汽车制造业
德国	法兰克福	化工、电信、多媒体
意大利	第三意大利	纺织业、食品加工业、机械
英国	伦敦	生物医药
比利时	法兰德斯	信息通讯技术、多媒体和物流
法国	索菲亚·安蒂波利斯科技园	电信、生命科技、地球科学
印度	班加罗尔	信息技术、计算机软件
中国	佛山	陶瓷业、生物制药、新能源
日本	大阪丰田城	汽车及零部件
瑞士	日内瓦	钟表业
中国台湾	新竹	生物医药、集成电路和软件
德国	鲁尔	信息、生物技术

资料来源：作者整理。

1. 美国

美国的产业集群不仅数量众多，而且发展水平非常高，创造了显著的经济和社会效益，是美国经济的重要支撑。美国境内遍布着上千个各种各样的产业集群，有的州甚至有几个不同的产业集群。美国产业集群的专业化特征明显，不同主导产业的产业集群在地域上相互分工、相互合作，共同发展。良好的工业和农业基础，再加上政府对科技创新的投入，使得不管是高新技术产业集群还是传统产业集群都得到很好的发展。

美国的产业集群在分工和布局上比较明确，各个城市都有自己的特色产业，甚至有些城市形成单一核心产业和一系列配套关联产业协调发展的专业化城市。地域布局比较典型的是加州产业集群分布，产业集群化发展是加州地区经济发展的特色。从 20 世纪 90 年代到现在，经过几十年的发展，加州的产业集群形成了四个特色经济区域：旧金山海湾经济区，主导产业为软件、多媒体和互联网服务业；南加州经济区，主导产业为航空制造、娱乐和电子通讯业；萨克拉门托经济区，主导产业为高科技制造和计算机服务业；中央流域经济区，主导产业为农业。

美国具有代表性的产业集群有底特律汽车产业集群、加州以高尔夫装备生产业为主的产业集群、加州以葡萄酒酿造业为主的产业集群、波士顿生物制药业产业集群、洛杉矶国防和航空产业集群、纽约金融业产业集群、好莱坞电影娱乐业产业集群、硅谷以微电子为主的高科技产业集群和拉斯维加斯娱乐赌博产业集群等。

2. 意大利

意大利的产业集群具有悠久的历史，例如萨斯索洛地区的陶瓷产业集群已有六七百年历史。意大利产业集群大多是在当地传统手工业的基础上形成的。20 世纪 70 年代末，受能源价格上涨的影响，一些大企业开始将精力放置到核心业务上，其他生产环节承包给下一级中小企业供应商，这些核心大企业和小企业之间的配套服务关系促使了产业集群的形成，例如都灵汽车产业集群。大量的中小企业聚集第三意大利地区，形成的产业集群集聚了意大利 70% 的制造业，创造了 30% 的就业和 40% 的出口量。据意大利国家统计局统计数据显示，目前意大利共有产业集群 199 个，其中以纺织品集群、家具制造集群和机械制造集群为主，分别为 69 个、39 个和 32 个。多数是以满足人们日常生活的传统消费品产业为主导产业。产业集群聚集了全国 40% 的制造业企业，创造就业岗位 200 万个，解决全国 39.3% 劳动力的就业问题。创造的产值占国内生产总值的近 30%，产品出口占全国同类出口的 44%，其中纺织服装、皮鞋皮具以及机械设备等产品所占份额更高，达到 50% 以上。①

意大利产业集群的特点：（1）以传统产业集群为主，例如布伦塔河岸制鞋产业集群和都灵汽车产业集群；（2）以中小私营企业为主，企业间分工明确，联系紧密，进行配套生产；（3）大量同类企业或相关企业集聚在一起，竞争激烈；（4）地域上主要分布在意大利的北部和中部地区，即著名的"第三意大利地区"。

意大利产业集群的运作模式：（1）大工厂模式。以一家负责设计、生产和销售的大型企业为核心，多数中小企业负责某个生产过程或者某个部件的生产，大企业与中小企业之间形成稳定的协作关系，像一个大工厂一样。（2）卫星群模式。一家大型企业进行核心环节生产，其他数个中小企业为其提供零部件。（3）集中销售模式。各小企业按照统一的格式和标准生产同一类产品，只要符合要求便可以贴上相同的商标，统一销售，既能够避免恶性竞争又能够形成产业集群品牌。（4）小企业集团模式。彼此之间互相依存的小企业集中起来形成一个大的集团，扩大生产规模，实现规模经济。

3. 日本

第二次世界大战前，一些传统的产业集群，如纺织和船舶业产业集群已经具有一定的发展水平。第二次世界大战后为了快速复苏经济，日本着重发展重工业，一大批重工业产业集群得到快速发展。特别是 20 世纪 50～60 年代，日本大力发展钢铁、煤炭、石油化工等产业的发展，带动了周边中小企业的发展，形成了一批以电子通讯、汽车、钢铁、造纸业、服务业为主导产业的产业集群。20世纪 70～90 年代，由于国际竞争力加剧，传统产业集群的发展受到限制，日本加大在科技创新方面的投入，致力于打造一批以高科技新兴产业如生物科技、IT、新能源等行业为主导产业的高科技产业集群。截至目前，日本已经形成了一批具有国际影响力的产业集群，如大阪丰田汽车城、九州地区的半导体和钢铁产业集群等。

4. 英国

英国是进行工业化革命最早的国家，产业集群发展的也比较早。早期的产业集群是伴随着产业的不断变革演进产生的。科技革命之后，新兴技术推动了新兴产业的产生和发展，一批高新技术产业集群和现代化服务业产业集群快速发展起

---

① 数据来源于中国驻意大利经商参处《借鉴意大利产业集群模式促进我中小企业发展》一文。

来。到目前为止，英国已经形成了传统产业集群、现代化服务业产业集群和新技术产业集群并存的格局，并且新技术产业集群发展更快，对经济的带动能力更强。英国的产业集群主要分布在伦敦、苏格兰、北爱尔兰、威尔士等 12 个地区，并且具有明显的地域特色，如东南部主要以服务业和高新技术业为主，北部地区则以传统的汽车和纺织业为主。具有代表性的产业集群有：伦敦的金融业产业集群、生物医药产业集群、伯明翰的汽车产业集群、威尔士的纺织和服装产业集群和谢菲尔德的道具制造业产业集群等。

5. 德国

德国的产业集群发展开始于 20 世纪 80 年代，只不过刚开始叫做工业园区，1995 年之后开始用集群的概念，通过制定集群政策大力扶持产业集群的发展。德国的产业集群主要集中在经济发展较好的西部和南部地区，行业涉及汽车制造、电气和信息产业等传统产业和生物制药、物流业和医疗设备等新兴产业，集群以中小企业为主。

工业是德国经济发展的重要部分，产值占全国生产总值的 1/3，吸纳了约 40% 的劳动力。其中汽车、电器工程、装备制造业和信息技术等产业是重中之重，产值约占全国总量的 1/4，多以产业集群的形式发展。代表性的产业集群有沃尔夫斯堡汽车产业集群、慕尼黑生物技术集群、斯图加特汽车产业集群、柏林 Adlershof 科技园、吕塞尔海姆汽车产业集群等。除了传统的优势产业集群，2000 年以来，以新兴产业如生物制药、物流业、航空航天业等为主导产业的产业集群也逐渐发展起来，例如德国南部乌尔姆地区的制药区和图特林根地区的医疗设备制造区的就业人数，以及销售额在短短几年之内都有很大幅度的增长，鲁尔区也从落后的工业区发展成为现代化的物流中心。

2.3.2 国外专业镇的区域产业发展特征和模式

1. 国外产业集群发展模式

借鉴 Markusen（1996）的产业集群分类方法，本书将产业集群分为三类：意大利式产业集群、卫星式产业集群和轮轴式产业集群。如表 2 - 2 所示，本书整理了三类产业集群的形成基础、运作模式、特点和各自的优缺点。

表 2-2   国外产业集群的类型简介

类别	意大利式产业集群	卫星式产业集群	轮轴式产业集群
代表	蒙特贝卢纳运动服装区；布伦塔河岸制鞋集群。	广州汽车制造业产业集群；东莞电子通讯制造业产业集群。	Sialkot外科器材产业集群；苏州IT产业集群。
形成基础	区位优势、文化底蕴和良好的工业基础；良好的社会化服务环境。	外商投资；区位优势；劳动力等要素优势；政策优势；良好的投资环境。	区位优势；劳动力、原材料等要素优势；良好的分工合作网络。
运作模式	"群星拱月式"；股份合作模式；龙头牵引模式；分产联销模式。	生产外包；跨国投资。	小企业分包核心企业比较薄弱的生产环节。
特点	中小企业占绝对地位；企业之间高度分工且紧密联系；企业间协作性强；创新能力强；专业性；竞争激烈。	中小型企业为主；产品多以出口为主；核心企业与分包商之间协作性强；企业间协同创新能力强。	大企业为中心，小企业配套生产；不仅集群内部企业联系紧密，还与集群外部供应商、客户等进行交易；等级制度明显；产业链分工合作。
优点	产品质量好；创新能力强。	创新和合作性强。	企业间交流合作频繁，创新能力强，生产成本低。
缺点	路径依赖强；面对外部冲击适应能力弱。	销售和关键要素投入对外部市场依赖性强。	市场稳定，应变能力弱；小企业之间简单模仿形成恶性竞争。

资料来源：作者整理。

2. 国外产业集群区域产业发展特征

由前述产业集群的传统理论可知，产业集群产生的外部规模经济和集群优势能够降低企业的生产成本、管理成本和交易成本，提高企业的创新能力，这些集群优势能够从根本上促进区域经济的发展。综观国外产业集群的形成动因，多是为了解决地区面临的经济困境，国内外的实践也证明了产业集群的发展确实是带动地区发展的有效措施。下面通过具体的产业集群案例分析，总结出三种类型产业集群的形成机制。

（1）政策导向型产业集群——比利时、日本和德国。与自发形成的产业集群不同，在这种形成机制中，政府扮演着重要的角色。面对经济困境，政府借鉴发达国家通过发展产业集群促进经济发展的成功经验，通过制定科学的产业集群政策对集群及其内部企业进行有效的直接干预和间接引导推动了产业结构的升级。这方面比利时、日本和德国是比较典型的例子。

第一，比利时。20世纪80年代比利时法兰德斯大区通过集群政策的应用，打破了产业结构单一的现象，加快了当地传统产业的转型升级，实现了经济的多元化发展。

背景：1960 年以前，法兰德斯大区的林堡省产业结构非常单一，以传统的煤矿和重金属产业为主，传统的产业并不能够解决产业转型升级所引起的失业等问题，为了走出经济困境，政府决定发展三类新兴产业：信息通讯技术、服务业和自动化产业。在产业集群政策的引导下，以信息通讯技术产业集群（法兰德斯多媒体科技谷）为代表的一批高新技术产业集群得以快速发展，加快了当地产业转型升级的步伐。

比利时法兰德斯产业集群政策：一是大力推动主导产业集群化发展，确定了新媒体、信息通讯技术产业、交通和物流产业等新兴产业的支柱产业地位，并将这些产业按照产业集群化发展思路培育，例如法兰德斯多媒体科技谷包含了大量的计算机设计、多平台报纸发行等公司，集聚了 110 多家信息通讯技术和多媒体产业企业，这些企业的发展也推动了法兰德斯多媒体科技谷的发展；二是积极支持中小企业发展，吸引私营企业投资，为中小企业在行业战略制定、企业管理、质量管理、出口和市场营销等方面提供支持服务，鼓励中小企业创业，对来集群内投资的私营公司扶持政策由减免税收形式改为现金补助政策；三是积极推进技术革新。对进行科技创新的企业提供必需的基础设施和设备，如政府出资建立的林堡科技园既包括高科技公司的研发部门也包括科研机构。

第二，日本。日本的产业集群也是应经济发展的需要产生的。作为一个非常善于模仿的国家，面对第二次世界大战后经济萎缩的局面，美国和英国在产业集群发展中取得的成就也促使了日本通过发展产业集群复苏经济的做法。

第二次世界大战后为了加快经济复苏，1962～1998 年间日本制定了五次全国综合开发计划，利用有限的资源，在特定的地区发展当地具有比较优势的产业，在各地形成了以化工、钢铁、汽车、机械等产业为主导产业的产业集群。20 世纪以来，面对"失去的十年"经济状况，日本在世界各国的经验基础上提出了新的促进产业与区域发展的集群政策，包括政府推出的两个计划：2002 年日本文部科学省推出的"知识集群计划"和 2003 年日本经济产业省推出"产业集群计划"。其中"产业集群计划"在 19 个省推广展开，例如在东海地区进行的"东海生物科学创新计划"和"东海制造业创新计划"，"知识产业集群计划"在 15 个地区推行，两个计划的共同推行促进区域新开发的技术转化为新兴产业，与当地已有的成熟产业结合起来推动了集群内产业结构的不断升级。

日本产业集群的政策：一是注重官、产、学协作网络的建设，鼓励大学与企业联合开展研发项目。日本的产业集群是以高科技产业为中心的，这得益于日本在发展产业集群的同时注重知识集群的发展，强调不同技术、知识和产业间的协作，如大学新的研究成果向产业的转移，促进新产品、新技术和新业务的产生，加快产业结构升级。二是日本的产业集群内企业也以中小企业为主，政府十分重视对中小企业的扶持，为了提高中小企业整体竞争力，制定了一系列有利于其发展的融资政策、税收政策和鼓励其技术创新的政策，宽松的政策环境为中小企业的发展提供了良好的发展环境。例如，日本东京大田区的机械业产业集群，20人以下的小企业超过80%，但正是这些小企业运用高精度的加工技术和快速反应的特点为大企业生产加工和研究开发做出了贡献，支撑了日本整个经济的发展。三是为产业集群的建立制定一套科学的程序。日本在选定产业集群项目时，先由政府针对地区特殊制订集群方案，再由日本文部科学省对方案进行评估选出最好的集群方案，最后由地方机构具体执行。这样一套严格的制订方案既避免了产业集群间过度竞争现象的出现，也有利于产业结构的合理安排，避免资源浪费，这对于中国解决产业集群间过度竞争问题具有重要的借鉴意义。

第三，德国。德国鲁尔区的发展过程是德国通过发展新型产业集群推动产业转型升级的一个典型例子。

背景：20世纪70年代以后，新型能源的开发与利用使得煤炭的能源地位下降，而鲁尔区经济发展以传统钢铁和煤炭行业为主，产业结构单一，地区面临产业转型升级的压力。借鉴英美等国的发展经验，鲁尔区采取一系列措施进行产业结构调整，积极推动新型产业集群的发展，将鲁尔区发展成一个传统钢铁煤炭产业与信息、生物技术等新兴产业结合协调发展的新型经济区。

德国产业集群政策：一是加大人力、物力和财力投入，大力扶持新型产业集群的发展，通过增量调整优化产业结构。政府通过对新兴产业投资企业实行资金补助的形式吸引大量新兴产业企业落户，优惠的政策加上强有力的扶植政策，鲁尔地区成功吸引到了一批信息、生物技术等新产业在鲁尔地区蓬勃发展，优化了鲁尔当地的产业结构。新兴产业与科研机构以及其他一些配套服务产业在鲁尔地区集聚发展，形成了具有集聚竞争力的新兴产业集群。二是清理传统产业。在积极发展新兴产业的同时，鲁尔地区也对传统产业进行优化调整，关掉机械化水平低和盈利水平低的矿井，购进新设备引入新技术，提高产品的技术含量。三是推动产业的多样化发展，依托地区的区位优势发展相应的优势产业避免产业结构的同质化，形成特殊的优势产业格局。例如，多特蒙德地区依托毗邻高校和科研机构的区位优势发展软件产业，杜伊斯堡依托港口优势发展贸易。

（2）自发成长型——意大利布伦塔河岸制鞋产业集群和英国伦敦金融城。

意大利的产业集群主要集中在具有传统优势的产业上, 多是在传统手工业的发展基础上自发形成的, 布伦塔河岸的制鞋产业集群是其中具有代表性的一个。布伦塔河岸制鞋业至今已有六七百年的历史, 13 世纪 70 年代成立制鞋业协会, 19 世纪 90 年代拥有先进的机械制鞋技术, 建立专门的制鞋学校, 为制鞋业发展培养专业的人才。在第二次世界大战后就形成了大规模的产业集群。悠久的发展历史使得布伦塔河岸的制鞋业拥有自身的特色资源和传统优势技术, 这种在长期历史传承中形成的集群富有地方特色, 具有很强的独特性和不可模仿性。

英国伦敦的金融服务业集群也是在其深厚的历史底蕴上形成的。作为世界性的金融中心, 伦敦密集着数量最多、实力最强的金融机构, 外汇交易量和资金管理量均居全球首位。早在 17 世纪伦敦就成为闻名世界的商业中心, 19 世纪随着英国经济实力的增强和对外经济贸易的繁荣, 伦敦的金融中心地位得到进一步巩固。1914 年, 伦敦金融业发展达到鼎盛。在此基础上形成的伦敦现代金融服务业集群具有深厚的历史底蕴。

(3) 外部资源导向型——法国索菲亚科技园区 (Sophia Antipolis)。这类产业集群与自发成长型产业集群不同, 其形成完全是依靠外部资源, 集群本身没有任何资源上的优势。法国东南部里维埃拉 (Riviera) 地区的索菲亚科技园 (Sophia Antipolis, SASP) 是在一个没有任何产业基础和其他研发资源的旅游区的基础上形成的产业集群, 其在成立初期主要依靠外部资源。

首先, 凭借其优越的地理环境和人文自然环境吸引到跨国企业研发机构和高科技企业入驻。1960 年 IBM 率先在尼斯附近建立研发实验室, 另外入驻的还有德州仪器的研发中心和巴黎矿业学院的若干实验室。其次, 政府的参与使得SASP 迅速获得了国内外优秀的科技资源。例如在法国政府的干预下, 法国航空、法国电信、国家科学研究院等本土大型企业和科研机构也相继落户到科技城, 并且政府的参与也为 SASP 的发展解决了经费问题。最后, 凭借 SASP 创始人拉斐特 (Laffitte) 教授的影响力吸引了一大批科研机构在 SASP 区的集聚。例如, 多家高校和著名研究机构在科技城设立了研发中心或实验室, 包括法国国家科学研究院、法国国立农业研究院、巴黎高科国立高等矿业学校研究中心, 为 SASP 的发展提供了技术支持。

到 2011 年为止, 索菲亚·安蒂波利斯科技园已经成为一个以电子信息、生物技术产业为主导产业的产业集群, 拥有企业数达 399 家, 解决就业人口 11 790万, 实现营业收入 20.3 亿欧元。

2.4 国内专业镇发展概况

2.4.1 国内专业镇发展过程

刘世锦（2009）在研究产业集群的发展轨迹时，将产业集群的发展阶段按主要推动力的演变分为四个阶段：自然条件促成阶段、市场需求拉动阶段、外商投资推动阶段和产业转移升级阶段。

1. 自然条件促成阶段：20 世纪 80 年代初至 90 年代初

这一阶段产业集群的形成主要是由于改革开放之后生产力获得了解放，得天独厚的自然条件成为这个阶段产业集群发展的主要动力。20 世纪 80 年代初，浙江、广东等地的村、镇依托当地的自然资源优势和地域优势，建造了一批产业属于集体所有的乡镇企业，这样的乡镇企业集聚在一起，形成了最初的产业集群。此时的产业集群以东南沿海的村、镇为单位，以乡镇企业和私营企业为主体，以日用百货、小商品、小家电生产为主，企业之间联系程度低，完整的市场机制还没有形成，产业集群发展程度比较低。

2. 市场需求拉动阶段：20 世纪 90 年代初至 90 年代后期

20 世纪 90 年代初中国开始实行市场经济，再加上居民收入水平的提高和出口贸易的快速发展使得国内外市场需求得到空前的释放，国内和国际需求的增加为产业集群的发展注入了动力。这一阶段的产业集群在数量和规模上有很大提高，产业集群的优势也逐渐凸显出来，大量的外来同类企业进入集群，集群内部开始出现分工，竞争关系呈现多元化特征，部分产业集群进入成熟阶段。产业集群的地域分布也从东南沿海地区向整个东部扩张，形成了从珠三角到长三角再到环渤海地区的产业集群带。

3. 外商投资推动阶段：20 世纪 90 年代后期至 21 世纪初

20 世纪 90 年代中后期，得益于劳动力成本优势，越来越多的跨国企业将其生产车间设在广东、浙江等东南沿海地区，外商大规模投资使得这个时期的产业集群快速发展。根据国际产业梯度转移规律，90 年代中后期的外商投资主要集中在制造业、服装业机电工业和化学原料等发达国家日趋没落的产业，投资形式有直接资本投资也有技术和设备投资。外商投资带来的先进生产技术和管理经验吸引企业在地理上集聚形成产业集群。

4. 产业转移升级阶段：21 世纪初至现在

随着东部产业集群发展的成熟，原先具备的优势也在逐渐消失。首先，人口红利消失对于劳动力密集型的产业是一个非常严峻的考验，2014 年中国 16～59 岁阶段的劳动力数量减少了 371 万人，相比 2013 年的 244 万人增加了 52.05%，2014 年劳动力的月平均工资为 4 696.7 元，劳动力成本的下降加上人口老龄化带来的消费动力不足，更加剧了传统制造业发展的困难。其次，受产业结构调整和地区产业空间容量的限制，传统产业发展面临的限制越来越多，企业也意识到发展传统产业所能带来的效益越来越小。面对这些问题，产业不得不进行转移和升级。

这一阶段产业集群的发展特点是：一方面加快内部传统产业向外转移，例如广东省和浙江省等地推行的"腾笼换鸟"政策，将高能耗、高污染、低产出和高劳动力需求型的低附加值产业向中西部地区转移；另一方面提高内部新兴产业技术创新能力、改善集群内部环境，实现集群内部企业的转型升级，提高集群竞争力。

2.4.2 国内专业镇发展概况

1. 全国概况

根据工信部对中国 29 个省市专业镇发展情况的不完全统计，全国产业集群数目多达上千个，涉及电子、信息、医药、服装、纺织、汽车配件、电器制造等多个行业。到 2014 年，年销售收入超过 20 亿元的产业集群专业镇已经达到 2 530 个，超过 100 亿元的有 1 198 个，超过 500 亿元的有 161 个，超过千亿元的有 61 个，拥有企业 94.68 万户，吸收就业 5 257.56 万人，销售收入 48.26 万亿元，实现利润 2.69 万亿元。产业集群专业镇对区域经济的促进作用日益明显，成为稳增长促就业的重要力量。

2. 区域发展情况

总体来看，全国产业集群在地域分布上呈现不均匀的特征，经济实力更强、市场更完善的地区更容易形成产业集群。区位优势、资源优势和良好的经济基础使得沿海地区率先在产业集群发展中取得丰硕成果。1978 年以来，珠三角地区凭借其毗邻港澳台的区位优势，产业集群得以快速发展。随着经济发展格局的变化，产业集群的发展范围由珠江三角洲到长江三角洲再到环渤海地区，一路北上遍布全国。近年来，广大中西部省市开始借鉴沿海地区的先进经验发展产业集群，产业集群发展的区域特征表现为从沿海向内地不断扩展的态势。

（1）珠三角地区。发展状况：珠三角地区产业集群以广州、深圳、珠海和东莞为中心，是中国产业集群发展较早的地区。从广东省专业镇的发展情况来看①，珠三角地区是广东省专业镇发展规模最大、经济发展最好的地区。2014 年，珠三角地区拥有专业镇数目达 156 个，生产总值达 18 616.59 亿元，特色行业涉及制造业、农林渔牧业、信息技术服务业、交通运输业等多个行业。产业集群的产业结构在不断优化，高新技术企业的总产值占地区工业总产值的 19.83%。产业集群的创新能力也在不断提高，2014 年珠三角地区专业镇对自主创新科技投入的金额达到 315.87 亿元，专利申请量和授权量分别为 92 456 件和 61 562 件。有代表性的产业集群为惠州电子信息产业集群、中山古镇镇的灯饰产业集群、广州汽车产业集群、东莞虎门镇的服装产业集群、佛山顺德镇的家电产业集群和深圳 IT 产业集群等。

发展模式：20 世纪 80 年代，香港地区的劳动力和土地密集型产业由于土地价格和劳动力价格上涨不得不进行产业转移。珠三角地区依托其区位优势、政策优势、劳动力成本优势吸引外来直接投资建立外向型加工制造基地，成为香港地区产业转移的首选地，产业集群也因此形成。因此，珠三角产业集群的发展模式"嵌入型"的发展模式。

存在的问题：首先，专业镇的产业结构不高。高新技术产业在专业镇发展中的比重虽然有所提高，但专业镇的产业仍以第一、第二传统产业为主，增长方式也仍以高能耗、高污染、粗放式的发展方式为主。其次，专业镇的自主创新能力不高，大部分企业一味追求低成本低价格获得短期利益，没有设立创新研发机构进行自主研发，企业的生产只是简单的模仿，缺乏自主创新意识。最后，专业镇以中小企业为主，龙头企业对小微企业的带动和引导作用不强，小微企业之间出现重复生产的恶性竞争，稀缺土地资源和公共技术资源没有得到合理利用，产业集群的集聚效应没有得以充分发挥。

（2）长三角地区产业集群的发展。发展状况：长三角地区是中国产业集群发展较为活跃的地区之一，拥有一批具有国际竞争力的产业集群，产业集群的发展也成为长三角地区经济发展的动力源泉。长三角地区以上海为中心，包括上海、江苏的 13 个城市（南京、苏州等）、浙江的 11 个城市（杭州、宁波等）和安徽的 5 个城市（安徽、马鞍山等）在内的 30 个城市。目前已经形成

---

① 由于广东省产业集群的发展都是以专业镇的形式进行的，因而此处使用专业镇的概念。

以汽车、石化、纺织、服装、钢铁等 8 个产业的产业集群。代表性的产业集群有：杭州装备制造产业集群、宁波服装产业集群、金华汽车和零部件产业集群、南通市船舶产业集群、无锡工业设计园创意产业集群、上海松江品牌服装制造产业集群等。

发展模式：与珠三角地区"嵌入型"的发展模式不同，长三角地区的产业集群是在当地具有传统优势产业的发展基础上形成的，结合当地的要素禀赋优势以专业化分工为基础、专业化市场为依托，是一种"原生型"的产业集群。

产业分布：长三角地区是中国重要的制造业基地，工业门类齐全涉及钢铁、汽车、航空航天、轻工业、纺织、机电、医药、石化等行业。长三角地区的两省一市都具有各自的支柱产业，其中上海市以汽车、通信、钢铁制造业、石油化工、家用电器为主，浙江省以轻纺、电子通信、机械、医药为主，江苏省则是以机械、电子通信和汽车制造业为主。

存在的问题：长三角地区的产业集群呈现"规模小、分布散、效率低"的特点，如浙江省的产业集群大多是在传统家庭式的手工业作坊发展来的，产业集群的规模扩张和技术改进受到限制，导致长三角地区产业集群整体水平和效率都不高；另外产业集群内企业之间的技术联系和业务联系不紧密，产业间分工不明确导致产业结构趋同现象严重；产业集群与大学、研究院等科研机构的互动机制不完善，集群内专业技术和管理人才缺乏。

（3）环渤海地区产业集群的发展。发展状况："环渤海地区"又称"环渤海经济圈"，狭义上是指京津冀、辽东半岛、山东半岛环渤海滨海经济带，同时延伸辐射到山西、辽宁、山东以及内蒙古中东部。区域以北京、天津为核心城市，向周边城市如邯郸、保定、石家庄、沈阳、太原、济南、青岛等城市辐射。环渤海地区具有代表性的产业集群有家电产业集群和船舶产业集群。

代表性产业集群：第一，家电产业集群。环渤海地区家电产业集群萌芽于20 世纪 90 年代，产业集群模式为大企业为核心企业，小企业配套生产。以享誉世界的大品牌海尔、海信、澳柯玛等为核心企业，其他小企业为其生产零部件和提供原材料。仅海尔的配套生产企业就达到 700 多家，其中包括 60 家的世界 500强企业，如三样压缩机、艾默生电机等，这些企业的加入使得环渤海地区家电产业集群的技术处于领先地位，也会提高其零部件配套能力，优化环渤海地区家电产业集群的产业链。第二，船舶制造业集群：环渤海拥有狭长的海岸线，沿线20 多个城市分布大大小小 60 多个港口，包括天津、大连青岛等大型商贸港口，从晚清开始就是中国的船舶制造业基地。

产业分布：河北地区资源丰富，钢铁、石油化工业发展迅速，为主导产业，例如石家庄化工产业集群、承德县冶金产业集群和武安钢铁产业集群等；山东地区的海洋化工、机械制造、电子和家电制造等产业基础较好。具有代表性的产业集群有济南市高新区计算机软件产业集群、滕州中小机床产业集群和滨海经济开发区盐化工产业集群等；东三省作为中国的重工业区，拥有一定的机械制造、造船和化工产业基础，再加上自身的资源优势，形成了以煤炭、机械制造业和旅游业为主导产业的产业集群，例如大东汽车及零部件产业集群、长兴岛石油化工产业集群、锦州光伏产业集群和黑龙江安达石油化工产业集群等；山西省的主导产业为煤化工业、材料工业和旅游业；天津地区的主导产业为电子信息产业、石化工业和汽车制造业；北京地区作为全国的政治经济中心，高新技术产业、汽车产业和装备制造业都有很好的发展，例如北京中关村则是以高新技术产业为主导产业的产业集群。

3. 各省市发展情况

（1）浙江省。浙江省是中国最早发展产业集群的省市。浙江省的产业集群发展初期是以"块状经济"的形式存在。2008 年为了应对金融危机，调整和优化产业结构推动产业转型升级，政府提出了由"块状经济"向产业集群转型升级的重大战略，并设立了 42 个产业集群示范区。到 2014 年，对浙江省的 88 个县市区进行调查，浙江省已经具有上千个专业镇，其中超过 1/2 的专业镇年产值超过亿元，占浙江省工业产值的 1/2。集群内企业数达 23.7 万家，吸收劳动就业380.1 万人，其中工业产值超过 5 亿元的产业集群将近 500 个，涉及纺织、服装、机械制造、家电制造等多个行业。

（2）江苏省。2011 年江苏省为推动中小企业转型升级开展了特色产业集群工作，批准了第一批 30 个特色产业集群，到 2014 年 7 月，江苏省已经先后设立了四批共 120 个特色产业集群。特色产业集群已经成为引导企业走新型工业化道路、促进区域经济发展、调整和优化区域经济结构、提升区域竞争力、实现区域经济转型升级的重要抓手。2014 年江苏省为加快转型升级，继续强化产业优势，打造了一批战略新兴产业集群，前三季度，战略新兴产业产值达到 3.3 万亿元，其中战略新兴产业集群贡献了 60% 以上的战略新兴产业产值。

江苏省产业集群类型主要有：自发成长型（吴江盛泽镇的丝绸产业集群、宜兴陶瓷产业集群和东海县的水晶制品产业集群）、企业扩张型（江阴的精纺呢绒产业集群）、市场带动型（常熟城郊的服装产业集群）、技术驱动型（南京的软件和生物产业集群）和外资带动型（昆山的电子信息产业集群）。

（3）安徽省。到 2014 年 12 月底，安徽省专业镇数目达到 149 个，专业镇生产总值总量达到 5 633.12 亿元，同比增长 2.61%，注册企业达到 24 770 家，规模以上企业达到 3 719 家，吸收就业人数达到 137.15 万人。特色产业涉及家电制造、金属冶炼、仪器仪表、电子电器、汽车零部件和机械制造等产业。专业镇的形成具有典型的资源和地域特征，其中皖北地区以农副产品加工业为主，皖中地区以农副产品加工和装备制造为主，皖南地区以装备制造业为主，呈现了从北到南产业承接过度的态势。从地域分布情况来看，安徽省的专业镇分布还算比较均衡，皖中分布着 56 个，皖南 49 个，皖北 44 个。从经济总量来看，皖中专业镇生产总值最多为 2 379 亿元，同比增长 5.27%，占安徽省专业镇生产总值总量的 42.25%，皖南地区次之为 1 828.48 亿元，占广东省总量的 32.36%，皖北地区最少为 1 424.78 亿元，占广东省总量的 25.29%。从发展水平来看，营业收入达百亿的专业镇有 21 个，10 亿~50 亿元的有 75 个，10 亿元以下的有 40 个，10亿元以上水平的有 96 个，占总数的 64.43%，可以看出安徽省产业集群专业镇的发展水平已经非常高了。2015 年 6 月安徽省展开了第四批安徽省产业集群专业镇的认定工作，又增加了庐江县泥河镇等 40 个专业镇，增幅是 2014 年的 26.85%，可见安徽省专业镇的发展速度之快。

（4）河南省。河南省作为农业大省，工业基础薄弱、人均收入水平低、地区之间经济发展不平衡的现象严重。为了实现经济发展，河南省借鉴广东、浙江等地经济发展经验，2008 年开始大力发展产业集群。到 2014 年河南省已经 322 个产业集群，其中产值达百亿级的有 120 个，拥有以郑州航空港智能终端、漯河食品加工、郑汴汽车及零部件加工等有较大影响力的产业集群。产业涉及装备制造、食品加工、汽车及其零部件、服装生产等多个行业，从数量上看食品加工、装备制造和服装加工行业集群数目较多分别为 128 个、32 个和 25 个。从地区分布来看，以郑州为中心向周围各个地级市较均匀的展开，郑州有 28 个，洛阳 26个，驻马店和鹤壁 25 个，漯河 23 个，南阳 20 个，许昌 19 个，焦作、周口 18个，商丘 16 个，平顶山、开封 14 个，濮阳 13 个，安阳 12 个，新乡 11 个，三门峡 8 个，形成了以郑州、洛阳等为代表的第一方阵、南阳、许昌等为代表的第二方阵和平顶山、开封为代表的第三方阵的产业集群格局。从产业分布上看，除了周口和驻马店以传统的农产品加工业为主外，其他地区依据自身工业实力发展农业和工业相结合的产业集群。

河南产业集群发展中也存在着一系列的问题：一是在发展初期过度追求规模扩张并没有充分发挥本土资源和产业优势，导致了产业集群之间同质性强，存在着产业集群间过度竞争的问题，这种现象不仅存在于传统产业转型升级项目中也存在于新型产业转型升级过程中，引发了产业转型升级过程中产能过剩问题；二是产业集群发展初期注重"大项目"、"大块头企业"忽略"小体格的配套企业"导致集群内产业链不完整，龙头企业与小企业联系松散不紧密造成本地配套率低的现象；三是高新技术产业在产业结构中所占比重较低自主创新能力弱，集群的发展仍然是仅仅依靠资源投入的粗放式发展，高投入、高能耗、高污染和低收益的特点仍然存在。

（5）山东省。2014 年山东省生产总值超过百亿元的创新型产业集群近百个，其中青岛数字家电、潍坊汽车零部件等产值已经超过千亿元。主导产业除了传统的家电制造、煤炭、钢铁等行业还有新材料、电子信息、先进制造、生物医药等战略性新兴产业。山东省现有的产业集群虽然发展到一定程度，但仍然存在一些问题：规模不大，研发和创新能力都比较弱；集群内产业链不完整，生产多处于产业链的底端，附加值比较低；产业集群的辐射作用发挥不充分，产业集群优势没有完全发挥，集群整体竞争优势不明显；产业集群发展需要的人力资本和硬件、软件设施还有待加强。

（6）江西省。江西省产业集群的形成大多依赖于当地的农业和矿场资源上，由于起步较晚，产业集群的发展还处于起步阶段。2014 年江西省 60 个重点工业产业集群主营业务收入达到 9 098.3 亿元，同比增长 24.3%，几乎占全省工业总产值的 1/3。但是由于产业集群多是由江西省传统产业发展而来，多以中小企业为主，有较强支撑力的大企业不多，因此整体发展水平还比较低，2014 年产业集群平均营业收入只有 150 亿元。主营业务收入超过 100 亿元的产业集群数目达到 35 个，只占总数的不到 6 成，超过 200 亿元达 11 个，更有南康家具和新余钢铁产业集群营业收入超过 600 亿元。代表性的产业集群有南昌的小蓝经济开发区、吉安电子信息产业集群以及赣州市南康区的家具产业集群。

2.4.3　国内专业镇的区域产业发展特征和模式

国内产业集群发展较早、取得明显成效的是广东、浙江、江苏、和山东等沿海省市，本节重点介绍浙江省的"块状经济"和广东省的专业镇的发展特征，结合各地政府出台的有关政策具体阐述产业集群的区域产业发展特征和具体模式。

1. 浙江省"块状经济"的区域产业发展特征和模式

"块状经济"是浙江省产业集群发展初期的一种形式，是指一定地区内形成的一种产业高度集中、专业化程度高、地方特色明显的区域性经济组织形式。最早是在 20 世纪 80 年代中期由费孝通教授提出，是浙江省经济发展的一个重要标志，也是浙江省产业集群发展初期的表现形式。"块状经济"遍布浙江省的各个地方，具有代表性的有萧山纺织、镇海石化和新材料、宁波电子通信、嘉兴皮革和诸暨袜业等，产业涉及 31 个制造业中除了石油加工、炼焦及核燃料加工业和烟草制品业外的其他 28 个制造行业，不仅包括食品加工、纺织服装、化学原料和化学制品业等一些传统产业，也包括诸如设备制造业和信息通讯技术等高科技产业。"块状经济"已经成为浙江省经济发展的重要支柱，"块状经济"发达的产业和地区也多是浙江省的代表性产业和地区。

"块状经济"有两个重要的特征：在空间上集聚和产业上关联。主要表现在以下四个方面：

（1）小企业大协作。从载体上看，"块状经济"主要以中小企业为主，并且很大一部分是从家庭手工业作坊发展来的。从主导产业来看，"块状经济"主要是依靠当地的特色产业发展起来的。大量生产同类产品的企业集聚起来形成了"块状经济"，企业之间分工协作、配套生产，形成一条完整的生产链，产业集群优势得以充分的发挥。作为一种产业组织模式，"块状经济"能够很好地组织产业发展，再结合特色产业的优势，实现了资源和经济组织形式的最优组合。

（2）小商品大市场。从空间结构来看，是小商品和大市场的结合。小商品表现在每个"块状经济"区生产的产品很小，例如袜子、打火机等，但是却很新颖，无论从产品质量、造型和制造工艺上都比全国同类产品高很多。大市场表现在，浙江省生产的产品不仅在有国内市场，更多的是出口至欧美、非洲、中东地区等国际市场，2014 年浙江省出口总额达到 2 782.41 亿美元，其中服装、纺织物、鞋、箱包等小商品出口额占比 38.02%。2014 年全年义乌小商品市场外贸出口总额达到 1 456.4 亿元，相比 2013 年增长 28.8%。

（3）小资本大集聚。小企业由于规模小，资金实力不足，发展往往会受到限制，但是许许多多的小资本集聚在一起形成的大资本能够为地方经济发展产生不可估量的作用。可以说集中中小资本是浙江省经济可持续发展的关键动力。纵观浙江省"块状经济"的发展历程，资本集聚形成的大资本不仅为当地经济发展提供了基础设施和先进的技术设备，更营造了良好的社会服务环境和投资环境，为吸引更多的优质企业提供了基础。

（4）小产业大规模。"块状经济"发展到今天已经形成了规模庞大的产业组织形式，不仅表现在企业数量和占地面积上，还表现在在广东省的分布范围和涉及的产业数量上，更表现在区域内经济的发展水平、企业间的协同创新能力和产品的质量上。数十万个中小企业集聚在"块状经济"区域内，在大企业的带领下形成了以特色产品为龙头、专业化分工为纽带的地方生产体系以及为之提供配套服务的社会服务体系。1982 年建造的义乌小商品市场，经过 20 多年的发展，拥有营业面积 260 多万平方米，商位 50 000 多个，创造就业岗位 20 万个，日客流量达到 20 多万人次，营业额达 683.02 亿元，是浙江省"块状经济"的典型代表。

2. 广东省"专业镇"的区域产业发展特征和具体模式

（1）产业分布情况。由2014广东省专业镇产业分布情况（见表2-3）可知，2014年广东省专业镇数目达到380个，产业涉及第一、第二、第三产业。其中，第一产业包括农、林、牧、渔业，第二产业包括采矿业、制造业和建筑业，第三产业包括批发和零售业、交通运输和邮政业、住宿和餐饮业、信息技术服务业、租赁和商务服务业、科学研究和技术服务业、水利环境和公共设施、居民服务修理和其他服务业。以第一产业为主导产业的专业镇有116个，占广东省专业镇总量的30.53%，生产总值为1 771.28亿元，仅占总量的7.29%。以第二产业为主导产业的专业镇个数为236个，占总量的62.11%，生产总值为21 231.44亿元，占总量的87.43%，其中以制造业为主导产业的专业镇数目和生产总值最多。以第三产业为主导产业的专业镇数目为28个，生产总值为1 394.99万元，占专业镇生产总值的5.72%。总体来看，广东省专业镇的数目和生产总值虽然在总量上已经达到一定的水平，但是产业构成仍然比较低，专业镇产业仍以第二产业为主，第三产业的贡献率较低，说明广东省专业镇产业转型升级仍面临巨大压力。

表2-3　　　　　　　　2014年广东省省专业镇产业分布情况

	行业	数目（个）	生产总值（万元）	生产总值占比（%）
第一产业	农、林、牧、渔业	116	17 712 805	7.29
第二产业	采矿业	3	326 616	87.43
	制造业	232	211 833 731	
	建筑业	1	154 090	
第三产业	批发和零售业	4	2 680 467	5.72
	交通运输、仓储和邮政业	3	1 423 732	
	住宿和餐饮业	7	1 859 640	
	信息传输、软件信息技术服务业	1	1 262 091	
	租赁和商务服务业	5	802 410	
	科学研究和技术服务业	1	547 118	
	水利、环境和公共设施	5	3 314 705	
	居民服务、修理和其他服务业	2	17 712 805	

资料来源：广东省科技厅内部统计数据。

（2）战略新兴产业发展情况。战略新兴产业是一种创新性强、成长性高的产业，广东省目前正处在转型升级的关键时期，必须要抓住全球新一轮技术变革的机遇，大力发展战略新兴产业打破处于价值链低端的枷锁，形成产业发展的长期竞争优势。然而，目前广东省专业镇的发展仍然是以传统产业为主，以传统产业为主导产业的专业镇数目几乎占广东省专业镇的 94.72%。近几年来，新兴产业的发展越来越受到政府的重视，越来越多的专业镇与高端电子信息、LED、生物制药等新兴产业联系起来。2011 年广东省政府办公厅出台《关于贯彻落实国务院部署加快培育和发展战略性新兴产业的意见》（以下简称《意见》），鼓励各级政府扩大对专业镇的人力、物力和财力投入，大力扶持新兴产业的发展。2012年 3 月政府发布《广东省战略新兴产业发展"十二五"规划》进一步确定了新型高端电子信息产业、新能源汽车、LED 产业、生物产业、高端装备制造产业、节能环保产业、新能源产业和新材料产业等一批重点发展的新兴产业。2014 年，广东省重点培育了一批以广州明珞汽车装备有限公司等为代表的战略新兴产业（智能制造）骨干企业，以期带动新兴产业的发展，充分发挥其在广东省经济发展中的作用。如何抓住战略性新兴产业发展的机遇，积极引进培育自身的优势产业，是专业镇发展跟上广东省产业转型升级步伐的重要举措。

第一，新兴产业空间布局。《意见》同时对产业的空间布局进行作出了指导，根据产业空间布局现状及未来发展趋势，结合区域产业发展阶段特征，规划建设"广深研发创新轴"、"珠三角主体产业带"、"东西北特色产业带"，即"一轴两带"的空间发展布局。"广深研发创新轴"是指依托广州和深圳的创新能力构建"广佛创新圈"和"深港创新圈"，结合东莞、佛山等地的创新资源，以新技术带动新兴产业的发展。"珠三角主体产业带"是指依托珠三角产业集群的优势，构建高端化、集约化、自主化的主体产业区，集约发展新兴产业。广东省非珠三角地区即东西北部地区经济发展缓慢但是具有各自的优势（东西翼具有狭长的海岸线，北部山区具有丰富的自然资源），"东西北特色产业带"是指充分发挥东西北部的自然资源优势和地理优势，重点发展要素禀赋型和区位指向型的产业，形成特色产业带。

第二，重点新兴产业布局。2014 年广东省战略新兴产业主要涉及高端新型电子信息、半导体照明（LED）、新能源汽车、太阳能光伏、核电装备、风电、生物医药、新材料、节能环保、航空航天、海洋等 11 个领域。广东省政府对重点新兴产业的布局如下。

高端新兴电子信息产业布局：重点分布在深圳、广州和佛山等珠三角地区，如广州的液晶显示平板产业基地和深圳的传感网、嵌入式技术应用产业基地，以及珠三角地区的软件产业集群和集成电路产业集群。

新能源汽车产业布局：广东省投入大量资金在珠三角城市大力扶持新能源汽车产业的发展。例如，在广州、深圳建设国家级的新能源汽车研发与生产基地，珠海、佛山、中山、梅州市建设广东省省级电动汽车生产基地，同时在周边城市建设新能源汽车配套产业基地，例如东莞的锂离子电池生产基地和中山的电机驱动产业基地等。

LED 产业布局：构建广州、深圳等地围绕 LED 设计、生产环节外包等新型业态，佛山、东莞等地围绕 LED 生产、封装、销售等传统环节的配套产业基地。充分发挥各地的市场优势和产业优势，将 LED 产业向其他产业渗透，推进 LED 产业结构的调整和升级。

生物产业布局：建设以广州和深圳国家生物产业基地为核心，中山国家健康科技产业基地、珠海三灶生物医药产业园等为主的生物科技产业集聚区，同时依托东西翼和北部地区的资源优势，建设生物医药生产基地。

高端装备制造业的布局：加强西部沿海、中部和东部沿海的航空装备制造业的产业集聚，大力扶持江门、广州花都的轨道交通装备制造业的发展，广州、珠海和中山的海洋工程装备制造业以及广州、佛山等地的智能装备制造业的发展。

节能环保产业的布局：加快广州、佛山、珠海的节能家电业和深圳、佛山等地节能建筑材料业的发展，以及广州、佛山、中山等地的污水处理设备制造业的发展和肇庆、韶关等地污染废物处理基地的建设。

新能源产业的布局：重点建设南沙核电设备成套制造供应基地和发展以深圳、佛山为中心辐射中山、珠海、江门等广东省各地的太阳能光伏相关产业以及实现珠三角地区风电相关产业的集聚发展。

新材料产业的布局：在广州、深圳、珠海等地建设各种新型材料的生产基地。

3. 广东省专业镇发展的具体模式

广东省专业镇发展模式一般分为外资主导型、专业分工型、政府政策扶持型和自主创新发展型。

（1）外资主导型发展模式。这种类型的专业镇是依靠外商投资建立起来的。20 世纪 90 年代中后期，在国际产业转移和分工的大背景下，广东省凭借毗邻港澳台地区的优越区位优势、宽松的市场环境、良好的投资环境和劳动力成本优势吸引了大批外商投资，外商投资带来的先进的生产技术和管理经验，吸引了一大批优质企业进驻专业镇。这类产业集群的代表是东莞的"三来一补"经济。

（2）专业分工型发展模式。这种模式的专业镇是在产业集聚达到一定程度下才能实现的，当专业镇产业集聚发展到一定程度，一些大的企业会将精力集中在主要生产环节上，而其他生产环节承包给中小企业，这样的分工导致进一步的专业化，最终形成以一种主导产品及其配套生产的上下游产业链，这一产品也成为专业镇的主导产业。

（3）政府政策扶持型发展模式。这种类型的专业镇是依靠当地的地理位置优势、资源优势和特色产业而形成的。仅仅依靠市场的自发调节作用并不能引导专业镇良好的发展，甚至可能造成企业之间重复建设和恶性竞争，政府的介入是非常必要和迫切的。专业镇在形成之初，政府出资扶持某一产业的发展建立大规模的专业市场，通过优惠的投资政策和良好的基础建设服务招商引资吸引优质厂商进驻生产，进而吸引产业链上下游的企业，形成完善的产业布局，为专业镇的可持续发展打下良好的基础。

（4）自主创新型发展型模式。随着第三产业的发展，以传统产业为主导产业的专业镇面临着转型升级的压力，创新是专业镇转型升级的关键推动力。广东省专业镇以中小企业为主，大多数企业由于规模较小而资金不足，创新的动力和能力都不够。在这种情况下，以政府为主导，联合企业与高校、科研机构相结合的产学研自主创新型发展模式成为一种新兴的专业镇发展模式。据不完全统计，2014 年广东省专业镇产学研合作项目达到 1 950 个。

2.5 广东省专业镇对区域产业发展的作用

2.5.1 广东省专业镇产业发展状况

1. 经济发展情况

广东省专业镇萌芽于 20 世纪 80 年代初，发展于 90 年代末，尤其是 2000 年以来专业镇的数目呈现快速增长的态势，截至 2014 年广东省专业镇的个数已经达到 380 个。专业镇生产总值占广东省生产总值的比值由 2001 年的 3.7% 上升至 2014 年的 35.98%，直接带动就业 4 127 万人，对地区经济的带动作用也不断增强，广东省 20 个地级市中，专业镇生产总值在地区经济总量中占比超过 40% 的有 10 个。2001～2014 年广东省专业镇发展情况如图 2-1 所示。可见，广东省专业镇从数量上和经济总量上都呈持续上升的态势，并且增长速度非常快。

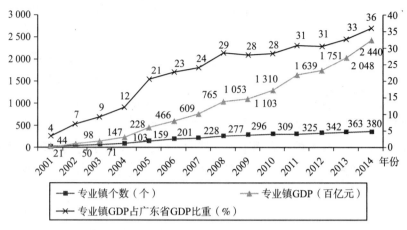

图 2 - 1　2001 ~ 2014 年广东省专业镇发展情况

资料来源：广东省科技厅内部统计数据。

（1）区域分布。珠三角地区专业镇数目最多为 156 个占广东省专业镇数目的
41.05%，东翼、西翼和山区专业镇数目分别为 74、47 和 103 个，分别占广东省总
数的 19.47%、12.37% 和 27.89%；从发展规模来看，珠三角地区的专业镇发展规
模最大，东西翼和山区发展规模相对较小；从经济总量来看，珠三角地区 156 个专
业镇 GDP 总量为 18 616.6 亿元，占广东省专业镇 GDP 总量的 76.30%，东翼地区 74
个专业镇 GDP 总量为 3 153.0 亿元，占广东省专业镇 GDP 总量的 12.92%，西翼地区
47 个专业镇 GDP 总量为 1 286.3 亿元，占广东省专业镇 GDP 总量的 5.27%，山区地
区 106 个专业镇 GDP 总量为 1 341.9 亿元，占广东省专业镇 GDP 总量的 5.50%。2014
年广东省专业镇各区域数目、生产总值和出口总额的情况如图 2 - 2 所示。

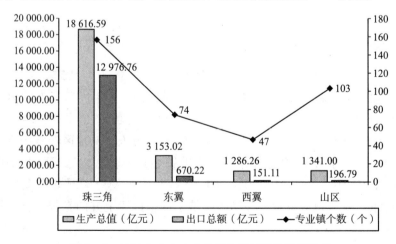

图 2 - 2　2014 年广东省专业镇各区域经济发展情况

资料来源：广东省科技厅内部统计数据。

（2）城市分布。专业镇的分布情况为：佛山（41个）、梅州（38个）、东莞（30个）汕头（27个）、云浮（25个）等。从经济总量看，佛山市专业镇GDP总量为7 670亿元，占广东省专业镇GDP总值的31.44%，专业镇数目最多且平均生产总值也最高。东莞市专业镇GDP总值为5 210亿元，占专业镇GDP总值的21.35%，其镇平均生产总值较佛山市稍低。梅州虽然专业镇数目较多，但是专业镇平均生产总值却几乎广东省最低，说明专业镇的发展质量仍有待提高。2014年广东省主要城市专业镇数目、生产总值和镇平均生产总值如图2-3所示。

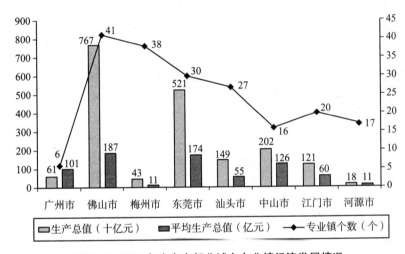

图2-3　2014年广东省部分城市专业镇经济发展情况

资料来源：广东省科技厅内部统计数据。

（3）行业分布。广东省专业镇的特色产业涉及农林牧渔业、制造业、服务业等多个行业，主要集中在制造业、农林牧渔业。其中，制造业专业镇数目最多为232个，占专业镇总数的61.05%，其次为农林渔牧业，共有116个占总数的30.53%。从数据来看，信息传输、软件和信息技术行业等产业的专业镇数量虽少，但其生产总值比住宿餐饮业、服务业等行业的专业镇的生产总值都多，说明高科技产业专业镇的发展水平较高，政府应该大力提高专业镇的科技含量。

（4）公共创新服务平台。广东省380个专业镇里有332个专业镇都建有公共创新服务平台，占总数的87.37%。拥有公共创新服务平台的专业镇的平均生产总值（63.28亿元）是没有公共创新服务平台的5.2倍，说明设立公共创新服务对专业镇的经济发展具有重要的作用；从公共创新服务平台性质来看，建有非营利性公共创新服务平台的专业镇数目最多为170个，占总数的44.73%。但是，从服务平台发挥的作用来看，建有非营利公共创新服务平台的专业镇平均生产总值最低，为42.47亿元。私营企业性质的公共创新服务平台虽然数目最少，但是其服务的专业镇平均生产总值却最大为110.60亿元。表2-4显示了建设有不同性质的公共创新服务平台的专业镇的经济发展情况。

表2-4 不同性质的公共创新服务平台的专业镇的经济发展情况

公共创新服务平台性质	总计个数（个）	地区生产总值（万元）	专业镇平均生产总值（万元）
总计	380	243 977 203	642 045
A. 国有企业	7	6 325 983	903 712
B. 事业单位	63	46 700 280	741 274
C. 集体企业	26	15 557 219	598 355
D. 私营企业	32	35 390 653	1 105 958
E. 非营利机构	170	90 833 201	534 313
F. 虚拟机构（组织）	39	16 564 745	424 737
未选	43	32 605 122	758 259

资料来源：广东省科技厅内部统计数据。

（5）专业镇类别。工业专业镇约占广东省专业镇总数的2/3，农业专业镇约占1/3。从数据能够看出工业专业镇的经济发展水平更高，平均生产总值为893 893万元，是农业专业镇平均生产总值的6倍。可知，广东省农业专业镇数目虽然不少，但是发展水平很低，依托广东省的农业优势延伸农业产业链、提升农产品附加值、实现农业产业结构升级是实现农业专业镇发展的关键。

2. 产业发展情况

从地区分布来看珠三角地区专业镇企业数量和特色经济企业数量最多，东翼地区次之，西翼地区和山区地区相差不大。2014年珠三角地区专业镇全部企业数目为576 894个，特色经济企业数目占全部企业数目的20.27%，东翼地区专业镇全部企业数量为60 246个，特色经济企业数目占41.42%，西翼地区全部企业数为58 595个，特色经济企业占10.74%，山区地区全部企业数目为34 730个，特色经济企业占23.59%。2014年广东省专业镇各区域工业发展情况如表2-5所示。

表2-5 2014年广东省专业镇各区域工业发展情况

区域	全部企业数量（个）	工业生产总值（亿元）	工业利润总额（亿元）
珠三角	423 323	47 072.78	2 419.14
东翼	60 246	6 067.49	351.47
西翼	58 595	1 829.15	112.20
山区	34 730	2 148.40	169.33

资料来源：广东省科技厅内部统计数据。

从经济总量上看，各地区特色产业生产总值占各地区总产值的比重都比较高，分别为珠三角地区占 43.13%、东翼地区占 44.13%、西翼地区占 50.34% 和山区地区占 54.23%。各地区特色经济企业利润总额占工业利润总额的比重也相当高，分别为珠三角地区占 47.37%、东翼地区占 57.18%、西翼地区占 87.59% 和山区地区的 65.75%，可以看出特色产业对当地经济的贡献非常大，尤其是西翼地区接近 90%。以上数据也反映了东翼、西翼和山区地区的专业化程度在逐渐提高，特色经济产业对地方经济的贡献越来越大。2014 年广东省专业镇区域特色产业发展情况，如表 2-6 所示。

表 2-6 　　　　　　2014 年广东省专业镇各区域特色产业发展情况

区域	特色经济企业数（个）	特色产业总产值（亿元）	特色经济企业利润总额（亿元）	特色经济企业数占比	特色产业总产值占比	特色经济企业利润占比
珠三角	85 793	20 301.94	1 145.95	20.27%	43.13%	47.37%
东翼	24 952	2 677.69	200.97	41.42%	44.13%	57.18%
西翼	6 296	920.88	98.28	10.74%	50.34%	87.59%
山区	8 193	1 165.06	111.34	23.59%	54.23%	65.76%

数据来源：广东省科技厅内部统计数据。

3. 科技发展情况

高新技术企业数量一定程度上能说明专业镇科技发展情况。2014 年广东省专业镇高新技术企业的数目为 2 078 家，比 2013 年 1 940 年相比增长 7.11%，生产总值达到 11 327.14 亿元。从区域分布情况来看，珠三角地区的高科技企业最多为 1 812 个，约占总数的 87.20%，生产总值也最多为 10 191.35 亿元。西翼地区和山区地区数量差不多。从平均水平上看，西翼地区的高新技术企业虽然数目最少，但是平均生产值却是最大的为 106 262.16 万元。广东省各区域专业镇科技发展情况，如表 2-7 所示。

表 2-7 　　　　　　广东省各区域高新技术企业分布情况

区域	高新技术企业数（个）	高新技术企业产值（亿元）	高新技术企业平均产值（万元）
珠三角	1 812	10 191.35	56 243.68
东翼	158	450.62	28 520.22
西翼	44	467.55	106 262.16
山区	64	217.61	34 001.22

资料来源：广东省科技厅内部统计数据。

从行业来看，以制造业为主导产业的专业镇拥有的高新技术企业数目最多，采矿业几乎没有。虽然以制造业为主导产业的专业镇拥有的高新技术企业总数最多，但是镇平均水平却不是最高的（8.125 个），而以信息传输、软件和信息技术服务业为主导产业的专业镇数量虽然较少，但却拥有较多的高新技术企业。此外，建有公共创新服务平台的专业镇拥有的高新技术企业数目更多，并且高新技术企业的平均生产总值也更高。

4. 创新发展情况

（1）自主创新科技投入。从地区来看，广东省各个区域专业镇自主创新科技投入强度差别很大。珠三角地区镇全社会科技投入 3 158 662 万元，是东翼地区专业镇自主创新科技投入的 15 倍，是西翼地区投入的 48 倍，山区地区投入的 42 倍。镇政府对专业镇自主创新科技投入也是珠三角地区最多。在产学研合作研究项目上，珠三角地区 1 675 个，占总数的 85.90%，是东翼地区和西翼地区的 16 倍，山区地区的 17 倍，这些数据都说明了广东省专业镇自主创新科技投入分布的不均衡，并且与往年数据比较，这一不均衡态势是在不断扩大的。2014 年广东省专业镇各区域自主创新科技投入情况如图 2-4 所示。

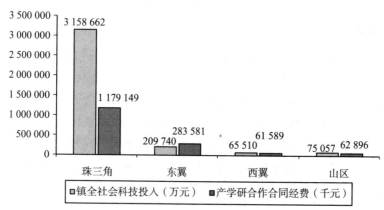

图 2-4 2014 年广东省各区域自主创新科技投入情况

资料来源：广东省科技厅内部统计数据。

从行业来看，以信息传输、软件和信息技术服务业为特色产业的专业镇平均自主创新科技投入最多，其次为制造业，这也与其经济发展水平较高相符合；从是否建有公共创新服务平台来看，建有公共创新服务平台的专业镇自主创新科技投入更高，是没有公共创新服务平台的 8 倍。2014 年广东省各行业自主创新科技投入情况如图 2-5 所示。

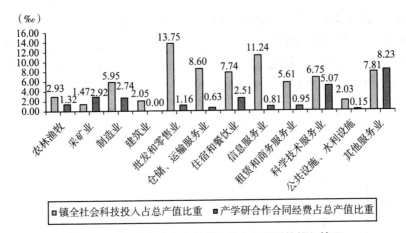

图2－5　2014年广东省各行业自主创新科技投入情况

数据来源：广东省科技厅内部统计数据。

（2）创新科研机构。除了在自主创新科技资金投入的不均衡，地区之间创新
机构数量差别也很大。其中，佛山和东莞两市设有研发机构的规模企业数目仍然
独占鳌头，分别占广东省总数的33%和32.66%；从区域分布来看，珠三角地区
设有研发机构的规模企业数目为2 405个，占总数的87.14%，是东翼地区的
13.7倍，西翼地区的47.2倍和山区地区的47.2倍；从行业来看，以信息传输、
软件和信息技术服务业为特色产业的专业镇设有研发机构的规模企业平均数目最
多为72个，是制造业的7倍，农林渔牧业的144倍。2014年广东省各区域设有
创新机构情况如图2－6所示。

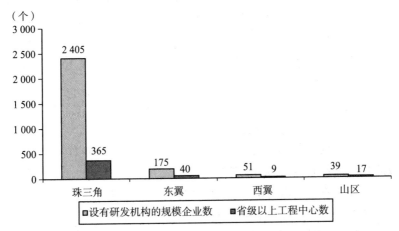

图2－6　2014年广东省各区域专业镇创新机构情况

数据来源：广东省科技厅内部统计数据。

（3）创新服务机构。广东省各区域创新服务机构的分布也不均衡。珠三角地区仍然拥有最大数量的创新服务机构，东翼和山区地区次之且差别不大，西翼地区最少。全镇与大学、科研院所共建科研机构的分布也是如此，珠三角地区最多为413个，约占总数的50%，东翼地区次之为198个，西翼地区最少有96个，山区地区111个。2014年广东省区域创新服务机构的发展情况如图2-7所示。

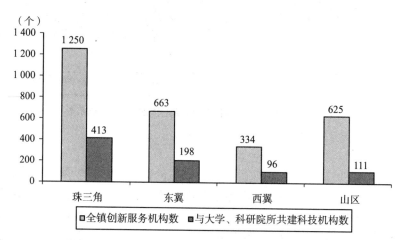

图2-7 2014年广东省区域创新服务机构的发展情况

数据来源：广东省科技厅内部统计数据。

从行业来看，以制造业为特色产业的专业镇拥有的创新服务机构最多，而以交通运输、仓储和邮政业为特色产业的专业镇没有设置创新服务机构。从专业镇的类型来看，工业专业镇比农业专业镇拥有更多的创新服务机构。除了创新服务机构、与大学共建科研机构，还有专业镇特色网站、特色产业相关的会展机构、服务与特色产业的检验检测机构等也都呈现分布不平衡的现象，并且也都在地域上倾向于珠三角地区，在产业上倾向于制造业，在专业镇类型上倾向于工业专业镇。

（4）科技创新产出能力。本书用专利申请量和专利授权量来衡量专业镇科技创新产出能力，从数据上看，珠三角地区科技创新产出能力比较强，不论是从专利申请量还是专利授权量都是最多的（数量上分别为92 456件和61 562件，分别占总数的85.75%和85.86%），东翼地区次之。在珠三角地区，发明型专利占专利申请量的20.89%，占专利授权量的6.07%，东翼地区分别为58.71%和4.02%，西翼地区分别为15.26%和15.21%，山区地区分别为18.27%和19.02%。从行业看科技创新产出能力，以软件和信息技术服务业为主导产业的专业镇科技创新产出能力最强，虽然专业镇数目最少，但是镇平均专利申请数量和授权数量却最多。从是否设有公共创新平台来看，设有公共创新平台的专业镇的专利申请量和专利授权量都比没有设有公共创新平台的专业镇多，分别有 9 倍和 7 倍的差距。2014 年广东省各区域专业镇科技创新产出能力情况如图 2－8 所示。

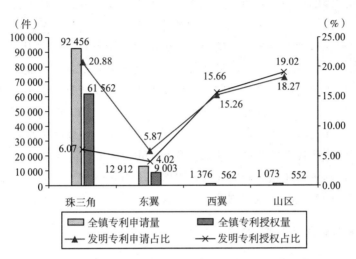

图 2－8　2014 年广东省各区域专业镇科技产出能力情况

数据来源：广东省科技厅内部统计数据。

2.5.2　广东省专业镇发展的成就与不足

2001～2014 年间，广东省专业镇发展取得了巨大的成就，不仅表现在专业镇的数量上，也表现在专业镇的经济总量上。专业镇数目从 2001 年的 21 个，增加到 2014 年的 380 个，生产总值从 440.69 亿元到 2014 年的 24 397.7 亿元，占广东省生产总值的比重也从 2001 年的 3.66% 上升到 2014 年的 35.99%。特色产业也从传统产业逐渐向新兴产业转型，企业的创新能力不断增强。区域品牌建设也取得了很大的成效，区域品牌竞争力和影响力在不断提高，2014 年广东省专业镇拥有中国驰名商标数为 386 个，省级及以上著名商标数为 1 532 个。专业镇的发展已经成为带动广东省经济发展的主要动力。但是随着经济的发展，劳动力、土地、能源和环境等要素约束成为专业镇发展的困难和挑战。

1. 专业镇产业结构亟须提高

虽然专业镇对广东省经济的贡献逐渐增大，但是，产业构成仍不合理，主要以传统产业为主，部分产业仍然是以高能耗、高污染、粗放式的发展方式为主。主导产业以第一、第二产业等传统产业为主，该类专业镇数目达到 366 个，以第三产业为主导产业的专业镇数只有 14 个；只占总数的 3.68%。从专业镇类型来看，农业专业镇有 116 个，工业专业镇数目为 50 个，以服务业等第三产业为主导产业的专业镇只有 14 个。

农业专业镇的产品大多属于传统产品，加工程度不深，附加值低。工业专业镇以劳动力密集型产业为主，并且生产环节多处于产业链的低端，产品的技术含量和附加值都比较低。这些产业的发展对劳动力、能源的依赖性很强。随着中国人口红利的消失，这些产业的发展面临着很大的困难，专业镇产业结构的调整任重而道远。以东莞为例，东莞的服装、电子产业行业的产业集群多只进行贴牌生产和来料加工，而产业设计和销售环节主要依靠国际市场，低的生产环节附加值导致企业只能通过增加人力投入来增加产量获得利润。再比如一部苹果手机的生产，负责组装生产环节的中国只能拿到 3.6% 的附加值，而负责零部件生产的日本、德国、韩国各自能从中获得 34%、17%、13% 的价值。还有用 8 亿衬衫换 1 架飞机的例子，都说明了我国制造业科技含量不高，仍处于价值链的最低端。

2. 自主创新意识薄弱，创新能力不强

专业镇虽然意识到培养企业自主创新能力的重要性，但是对这方面的研发投入还比较少，2014 年广东省专业镇企业数目达到 576 894 家，研发人员只有 294 718 人，平均每家企业只有 0.51 人/年。380 个专业镇全社会科技总投入 3 508 969 万元，平均每个专业镇 9 243.13 万元，占专业镇平均生产总值的 1.44%。部分专业镇企业也过多追求低成本和低价格带来的短期利益，只进行模仿、生产，而不注重自主创新，大部分的企业没有设立创新研发机构，缺乏专业的研发队伍。自主创新能力的缺乏，导致广东省专业镇在国际市场上很难拥有真正强势的区域品牌。

3. 专业镇龙头企业缺乏，产业规模效应不明显

专业镇内龙头企业对中小企业的发展有很强的带动作用，龙头企业与中小型企业的联合能够充分发挥产业集群的集聚优势。广东省专业镇普遍以中小企业为主，多数企业的年生产总值在数十万元到几百万元之间，年产值达十亿百亿的龙头企业极少，行业过度分散。中山市古镇以灯饰产业为主，全镇 6 000 家生产灯饰，4 000 家企业生产配套产品，99% 的企业都是小微企业，全镇全年的生产总值只有 200 亿元。

缺乏龙头企业的引导，小微企业往往生产相同的产品或者处于相同的价值链环节很容易进行重复生产，稀缺的土地资源和公共技术资源配置效率低下，同时也会导致企业之间的恶性竞争，产业集聚优势很难体现出来。仍以中山市为例，中山市的小榄镇、横栏镇由于没有正确的引导都跟着古镇生产灯饰，出现了重复

生产，镇与镇之间甚至存在内耗式的同质化竞争。

4. 中小型企业融资困难

广东省专业镇多以中小型企业为主，中小型企业由于管理混乱、信用等级不佳等问题很难找到企业愿意为其贷款进行担保，再加上设备陈旧很难作为抵押资产向银行贷款，导致了中小企业融资难的问题。而资金对于中小企业购买设备、进行技术研发、扩大生产规模显得尤为重要，中小企业要想发展壮大离不开强大资金链的支撑。中小企业融资现状调查数据显示，全国约有 70% 的中小企业有融资需求，并且有 85% 的企业通过银行贷款进行融资。广东省中小企业融资情况调查显示，广东省 66% 的中小企业贷款申请被拒，并且贷款利率普遍在 12%～15%，远远高于银行的存款利率。解决中小企业融资难的问题需要专业镇政府进行有效的资金引导。

2.5.3 广东省专业镇对区域产业转型升级的影响

近年来，广东省委省政府高度重视专业镇的发展，不仅投入大量人力、物力和财力，更切实制定了一系列措施推动专业镇的转型升级，也取得了显著的成效。

1. 专业镇经济效益不断提升

依托特色产业的发展，专业镇的经济规模和效益有了快速的增长，专业镇的发展也被誉为广东省产业转型升级的"牛鼻子"。到 2014 年，广东省省级专业镇数目达到 380 个，企业数目达到 576 894 个，其中特色经济企业数为 125 234 个。专业镇生产总值为 24 397.72 亿元，占广东省生产总值的 35.98%，是 2010 年专业镇生产总值的接近两倍，也就是说仅仅用了四年的时间就实现生产总值翻一番。专业镇对区域经济发展的贡献也不断增加，2014 年广东省 20 个地级市中，专业镇生产总值在全市生产总值中占比超过 40% 的地级市有 10 个，在佛山、东莞、汕头等城市这一比例甚至超过 80%。

2. 专业镇产业结构明显优化

近年来，专业镇特色产业逐步实现转型升级，走向服务化和科技化，产业结构明显优化。三次产业结构进一步优化，高新技术产业在特色产业中的比重由"十一五"期末的 13% 上升到 2014 年的 16.40%。部分专业镇把握住了国内大力发展战略性新兴产业的机遇，积极发展新兴产业，战略性新兴产业初具规模。充分发挥专业镇的集聚优势，吸引应用技术研发机构进驻专业镇，加强专业镇与科研机构的合作，缩短了新兴产业科研成果市场化的过程，进而推动了专业镇的发展，实现了专业镇的产业结构升级。例如佛山市建立中国（华南）物联网应用产业基地、ChinaBio 佛山生命科学园、佛山全球电子商务生态科技城等新兴产业平台助力信息技术、电子商务、新能源以及生物医药四大新兴产业的发展。

2. 专业镇技术创新能力显著增强

通过转型升级，专业镇初步摆脱了传统粗放的劳动密集型经济增长模式，逐步走向以技术创新为核心驱动力的发展路径。近年来，专业镇对科技创新投入不断加大，组织科技专项计划，建设多层次的创新平台，为专业镇转型升级过程中遇到的困难提供技术支持。2014 年专业镇科技投入达到 350.90 亿元，广东省科技研发人员达到 43 万人。专业镇创新产出显著增强，专利申请量和授权量分别达到 107 817 件和 71 679 件。特色产业中高新技术企业数目达到 830 个，占专业镇高新技术企业总数的 40%，成为广东省自主创新和产业转型升级的龙头。通过自主创新和品牌建设战略，逐渐形成了国内外著名的企业和产品品牌，专业镇现在拥有中国驰名商标 386 个，省级及以上著名品牌 1 532 个。

4. 专业镇生态环境质量逐步提升

通过积极推广清洁生产、节能减排新技术、新产品，淘汰高污染、高耗能的落后产业，专业镇的生产方式由"高能耗、高排放、高污染"的粗放式增长逐渐转向"高效率、高产出、低污染"的集约型增长方式转变，经济增长走上了能源节约型、环境友好型、生活和谐型的可持续发展道路。在保证经济增长的同时实现了生活环境的改善，体现了"既要金山银山，又要绿水青山"的发展理念。以佛山市为例，2014 年佛山市禅城区在环境治理方面投入 5.4 亿元，全年新铺设截污管网 58 公里、整治汾江河沿岸污染排放型企业 18 家、清理和疏通河道 17.3 公里。同时，为了推行低碳经济发展，禅城区加快传统产业——陶瓷业向绿色环保产业发展，实现了由原来的陶瓷污染大镇变身为绿色能源产业基地。

5. 专业镇产业服务体系初步形成

专业镇加大了在创新服务平台的投入力度，专业镇的工业设计、产品开发、质量监督、产品检测等产业服务体系不断完善。2014 年，专业镇拥有创新服务机构 2 872 个，服务与特色产业的检测机构和金融担保机构分别为 359 个和 481

个。拥有公共创新服务平台的专业镇数目达到 332 个，占专业镇总数的 87.37%。创新服务平台和机构的服务范围覆盖了专业镇的主要优势产业，为专业镇的发展提供了动力。

6. 加快了城镇化的进程，促进社区的稳定和谐

在发展过程中，专业镇的基础设施和公共服务设施不断完善，满足了城镇人民不断提高的物质和精神需求，提高了城镇居民的生活质量。另外，专业镇的发展提供了大量的工作岗位，缓解了城镇化发展与就业难的矛盾，提高了城镇化的质量，加快了城镇化的进程。专业镇转型升级形成的产业生态发展方法，不仅是加快经济增长的创新发展路径，更是建设幸福和谐社会的创新发展路径。

2.5.4　专业镇转型升级——以江门市为例

1. 专业镇发展现状

截至 2014 年，江门市已经建立 20 个省级专业镇和 14 个市级专业镇。专业镇实现的生产总值达 1 209.56 亿元，占江门市 GDP 总量的 58.07%，企业数目达到 31 866 个，其中高新技术企业 167 个，特色企业数 4 672 个，其中高新技术企业 82 个，工业总产值为 2 750.34 亿元。专业镇整体发展水平在整个广东省排第五位。

从地区分布来看，20 个省级专业镇分布情况为：新会区 6 个，蓬江区 3 个，江海区 1 个，鹤山市 3 个，开平市 4 个，台山市 2 个，恩平市 1 个，具体见图 2 - 9。从产业分布来看，江门市专业镇的特色产业有农林渔牧业、制造业和水利、环境和公共设施管理业。其中以制造业为主导产业的专业镇有 15 个，占全市的 75%，以农林渔牧业和水利、环境和公共设施管理业为主导产业的专业镇分别有 4 个和 1 个。从科技创新发展水平来看，2014 年江门市拥有创新服务机构 66 个，其他服务机构 132 个，设有研发机构的规模以上企业 73 家，获省级以上科技成果 6 个，科技研发人员 6 万人，社会科技投入 185 222 万元，拥有中国驰名商标 15 个，省级以上著名商标数 50 个，年专利申请量和授权量分别为 6 543 件和 4 578 件。但是专业镇创新能力与其他城市相比仍处于相对落后的状态。表 2 - 8 显示了江门市与中山、佛山、东莞等市专业镇创新能力的主要指标对比。

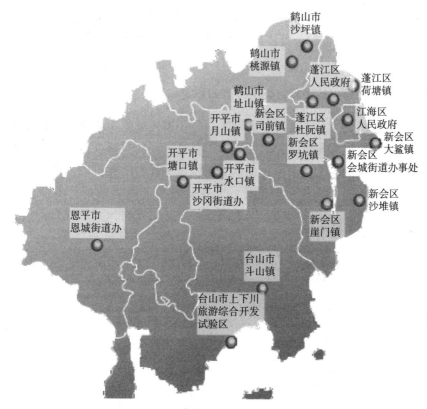

图 2 - 9   2014 年江门市专业镇分布情况

资料来源：广东省科技厅内部统计数据网站。

表 2 - 8   2014 年江门市专业镇创新能力指标对比

城市	专业镇数（个）	科技研发人员（人）	专利申请（件）	专利授权（件）	镇全社会科技投入（万元）	产学研合作项目数（个）	省级以上科技成果数（个）	中国驰名商标数（个）
东莞市	30	602 567	25 951	19 278	953 548	576	128	45
中山市	16	111 808	17 737	11 590	572 488	146	23	52
江门市	20	60 165	6 543	4 578	185 222	41	6	14
佛山市	41	380 932	28 909	20 307	1 283 038	612	518	118

数据来源：江门市科技局内部统计数据。

2. 江门市推动专业镇转型升级的主要做法和成效

（1）加大扶持力度，专业镇发展走向健康良好的可持续发展道路。

一是加大政策扶持力度。政府先后出台了《关于进一步加快镇级经济发展的意见》、《江门市专业镇技术创新试点管理办法（试行）》、《关于加快专业镇特色产业发展的工作意见》和《中共广东省委广东省人民政府关于依靠科技创新推进专业镇转型升级的决定》等一系列政策文件，将推动专业镇发展工作作为政府工作的重点，多次召开会议部署有关工作，加强了对专业镇特色产业发展的统筹规划。

二是加大人力、物力和财力投入。政府对专业镇的科技创新发展投入了大量的人力、物力和财力，为专业镇的发展提供了可持续的发展动力。2014年江门市专业镇从事科技研发的人达到60 165人，政府设置的创新服务机构数达到66个，全社会科技投入18.5亿元，其中各级政府投入1.42亿元。科技部组建了专业镇专家顾问团，为每个专业镇配备专门的专家顾问小组，实施"一镇一策一团队"工程，分析专业镇建设过程中存在的问题和不足，并提出加快专业镇转型升级的对策，为专业镇的转型升级提供产业发展规划及技术支撑。另外，江门市建立了广东省专业镇技术创新支援中心江门分中心，为专业镇企业进行技术创新提供咨询服务。投入取得了明显的成效，专业镇的产业结构得到了优化，2014年江门市高新技术企业数达到82个。

三是积极构建良好的专业镇发展环境。简政放权，通过对体制、机制进行改革为专业镇的转型升级构建一个健康良好的政治环境，最大限度地释放了专业镇转型升级的活力。加快产城融合进程，完善专业镇的城市基础设施建设，为专业镇发展构建良好的社会环境，吸引一批高级技术人才为专业镇企业的研发、生产、管理和营销环节提供服务，真正实现产业发展与城市发展的紧密联系。把金融资源向专业镇倾斜，为专业镇发展构建了良好的投资环境，吸引优质企业入驻专业镇。

（2）着力培育新兴产业，战略性新兴产业初具规模。紧紧围绕构建现代化产业体系目标，制定产业发展扶持政策，着力培育发展潜力大、带动性强的战略新兴产业形成新兴产业集群。

一是对LED产业的扶持。2014江门市政府出台的《江门市扶持战略性新兴产业（绿色光源）发展优惠办法实施细则》在原来的扶持基础上加大了扶持力度。政策扶持重点由产业链的上游向下游转移，推动江门市LED产业形成了外延—芯片—封装—应用的完整产业链。在产业链逐步完善的基础上，进一步促进LED产业价值链向微笑曲线的两端拓展。对关键环节的投资给予财政补贴，设备投资金额不超过5 000万元的给予6%的补贴，超过5 000万元部分给予8%的补贴。

2013年，江门市绿色光源产业产值为227亿元，相比2012年增长18.3%。截至2014年年底，江门市注册的LED公司多达3 000家，仅1～4月江门市LED产品出口8 434万美元，同比增长45.76%，增速超过同时期广东省LED产业的发展速度，2014 年第一季度，广东省 LED 产业产值达到 592.96 亿元，相比 2013 年增速为 22.19%。

二是对新能源产业的扶持。着力扶持核电、风电等清洁能源产业的发展。《江门市工业产业发展"十一五"规划》指出要大力发展新能源、节能环保等高新技术产业，落实国家有关鼓励新能源及其相关产业发展的各项政策措施。第一，拓宽新能源产业投融资渠道，制定宽松的融资政策和税收政府支持新能源产业发展；第二，支持重大能源储备基础设施建设，促进企业开发、利用新能源；第三，推动大中型能源骨干企业建立企业技术中心，鼓励企业与高校科研单位合作，建设一批高水平的研发机构，促进新能源与可再生能源装备和技术的发展，推动产业发展。2014 年，江门市已经建成了一批新能源项目，例如台山电厂 6#、7#机组、台山核电一期工程、新会 LNG 热电（冷）联产项目等，同时又新开工了一批项目，如开平双转移示范园热电联供项目和台山深井、都斛、赤溪、风电场等。其中台山核电首期 2 台 175 万千瓦机组分别于 2013 年和 2014 年上网发电。

三是对高端装备制造业的扶持。2014 年江门市政府颁布了《江门市发展先进（装备）制造业工作纲要》暨五大行动方案，引进一批先进装备制造业重点项目，投金额资超过 700 亿元。设立先进装备制造业财政专项资金，用于奖励引进或新建项目，同时鼓励并引导社会闲散资本投资先进装备制造业。对先进装备制造业实施贴息政策，对引进或新建经认定的先进装备制造业项目予以贴息支持。鼓励装备制造业的集聚发展，建设以先进装备制造业为主导产业、规划科学、龙头企业带动明显的产业集聚区。

新兴战略产业的发展对经济产生了明显的带动作用，保证了江门市经济在进行产业结构转型过程中的稳定增长。

（3）着力推进品牌战略，产品竞争力和影响力显著增强。制定政策，大力扶持专业镇品牌建设，通过实施标准战略、名牌战略、专利战略和科技成果标准化工程，提高专业镇产品在国内外市场的知名度和影响力。第一，鼓励专业镇内企业联合起来建立公共品牌资源，注册集体商标，推广区域特色品牌；第二，加大市场诚信体系建设和商标保护力度，严厉打击假冒伪劣和商标侵权等不诚信行为，营造良好的市场经营环境；第三，培养企业品牌意识，鼓励企业在品牌建设上的投入，实施品牌战略提升企业形象，培养一批具有自主知识产权的产品。2014 年，江门市共拥有集体商标和原产地商标数 5 个，其中使用集体商标的企业有 208 家，全市拥有国家驰名商标数 14 个，省级以上著名商标数 50 个，省级及其以上名牌产品 69 个。

2.5.5　广东省专业镇对区域产业结构影响分析

1. 产业结构高级化的度量

本节利用广东省科技厅内部统计数据《2014 年专业镇统计详细汇总》内部统计数，获得各地级市专业镇的生产总值占全市生产总值的比值以衡量专业展发展水平，并从 2014 年《广东统计年鉴》获得各地级市产业结构数据，分析专业镇发展水平对地区产业结构的影响。

评价产业结构有两个指标：产业结构高级化和产业结构合理化。本书重点研究专业镇发展对地区产业结构高级化的影响。产业结构高级化是产业重心由第一产业向第二、第三产业转移的过程。学者一般根据克拉克定律使用非农产业比重作为产业结构高级化的指标（刘嘉毅等，2014）。随着经济的发展以信息业为代表的第三次科技革命带动了服务业的飞速发展，用非农产业比重已经无法全面衡量产业结构的变化，因此有学者提出用第三产业与第二产业的比重来衡量产业结构高级化（关雪凌，2012；干春晖，2011；查贵勇，2014）。本书采用第三产业与第二产业的比重来衡量产业结构高级化。

2. 数据分析结果

表 2-9 显示了广东省各地级市的专业镇发展水平及其产业结构。从专业镇发展水平与产业结构的关系来看，广东省地级市可以分为三类：专业镇发展水平低，产业结构高，例如广州、韶关等地；专业镇发展水平高，产业结构高，例如梅州和东莞；专业镇发展水平高，产业结构低，例如佛山、汕头等地。其中处在第三种类中的城市最多，说明了广东省专业镇发展虽然取得了一定的成效，但是专业镇发展对地区产业结构升级的带动作用还不强。

表 2-9　　　　　　　　广东省专业镇产值占比与地区产业结构

地区	专业镇个数（个）	专业镇产值（万元）	地区总产值（万元）	专业镇产值占比（%）	地区产业结构（%）
I　专业镇发展水平低，产业结构高					
广州市	6	6 089 810	167 068 719	0.04	1.95
韶关市	14	574 656	11 171 106	0.05	1.20
湛江市	17	3 535 002	22 589 897	0.16	1.05
茂名市	16	4 197 357	23 490 313	0.18	1.04

续表

地区	专业镇个数（个）	专业镇产值（万元）	地区总产值（万元）	专业镇产值占比（％）	地区产业结构（％）
Ⅰ 专业镇发展水平低，产业结构高					
清远市	9	1 832 972	12 162 311	0.15	1.15
珠海市	6	4 524 495	18 672 129	0.24	0.94
河源市	17	1 828 989	7 689 506	0.24	0.88
肇庆市	21	5 449 176	18 985 655	0.29	0.75
Ⅱ 专业镇发展水平高，产业结构高					
梅州市	38	4 344 995	8 858 388	0.49	1.10
东莞市	30	52 099 626	58 813 173	0.89	1.10
Ⅲ 专业镇发展水平高，产业结构低					
阳江市	14	5 130 203	11 685 491	0.44	0.74
惠州市	16	9 006 350	29 958 129	0.30	0.67
佛山市	41	76 700 735	76 032 800	1.00	0.59
江门市	20	12 095 639	21 013 018	0.58	0.70
汕头市	27	14 943 804	17 165 113	0.87	0.80
潮州市	19	5 457 784	8 795 295	0.62	0.67
揭阳市	20	7 787 350	18 117 341	0.43	0.44
云浮市	25	4 836 954	5 932 112	0.82	0.84
中山市	16	20 200 031	28 230 069	0.72	0.77
汕尾市	8	3 341 275	7 169 858	0.47	0.79

数据来源：广东省科技厅内部统计数据和2015年《广东统计年鉴》。

从数据上看，广州市专业镇发展水平最低，但产业结构最高，这与广州市专业镇数量较少有关。东莞市专业镇发展水平很高，专业镇产值占全市总产值的比重接近90％，其产业结构也比较高，且东莞市专业镇多以光电产业、现代信息服务业、电子工业、商贸服务业等科技含量高的产业为主导产业，专业镇的发展实实在在地推动了产业结构的升级。佛山市专业镇发展水平最高，专业镇几乎贡献了所有的生产总值，但是佛山市的产业结构却并不高，大力引进服务于制造业的各类科技服务业将是佛山推动专业镇产业结构高级化的重要努力方向。

2.6 政 策 建 议

本章主要介绍了国内外产业集群专业镇的发展情况，重点介绍了广东省展业镇的发展现状以及专业镇发展过程中存在的问题，并提出相关的政策建议：

1. 做好顶层规划，充分发挥政府的统筹作用

由前文可知，美国产业集群的快速发展得益于政府对产业集群的大力扶持。从研发投资来看，尽管美国财政出现连连赤字，政府仍不断加大对产业集群的研发经费投入。其研发服务体系也为产业集群的快速发展提供了动力，可以说美国政府大力的研发投入以及完善的研发服务体系成就了美国高科技产业集群的辉煌。日本的产业集群之所以能够发挥强大的集群优势，得益于政府的引导，即日本政府针对产业集群的发展出台一整套完善的法律体系，每一个产业集群的建立都有一套完善的程序，确保建立的产业集群都有其特有的竞争力和鲜活的生命力。

从前文提及的三种产业集群形成模式中也能够看出，不管是在政策导向型的产业集群中还是自发成长型的产业集群中，均需要充分发挥政府的统筹规划作用。这是因为，首先，政府对产业集群的引导和规划作用能够调控集群内产业发展的不平衡，也能避免重复建设，实现有限资源的最优配置；其次，政府对产业集群发展的资金、政策扶持有利于为集群营造良好的投资和发展环境；最后，由政府建立的公共服务设施和共性技术研发体系，能够有效解决由于企业"搭便车"行为解决市场失灵问题。总之，发达国家产业集群发展为中国产业集群的发展提供了借鉴经验，即一定要充分发挥政府的统筹规划作用。

2. 加大产学研合作力度，提高专业镇的创新能力和科技水平

广东省专业镇虽然在数量上和经济总量上有了一定的发展，但是，从专业镇的质量来看，专业镇的创新能力和科技水平仍然有待提高。企业的发展必须依靠新技术、新工艺以更新自己的产品和设备，必须加快产学研合作，利用高校研究所知识积累、人才储备等方面的优势，结合企业的需求展开研究和开发工作，在利用企业的生产过程对技术进行试验和完善，实现技术成果的市场化，实现科研和生产的紧密联系和相互促进。因此需要加大产学研合作力度，不断提高企业创新能力和科技水平，推动专业镇产业转型升级和高端化发展。

首先，政府要为企业、高校之间的合作牵线搭桥。一方面要对企业的技术需求进行调查，清楚了解企业的技术需求；另一方面通过信息发布会、技术洽谈等方式大力宣传中科院、研究所、高校的技术成果，实现企业和科研机构信息对称，通过开展具体的项目推进产学研的全面合作。

其次，重视科技中介机构的建设，为产学研合作提供良好的外部环境。颁布有利于科技中介建设的政策法规，培养一批专业的、规范的科技中介，为企业和

科研机构之间展开产学研合作构建一个健康良好的外部环境。

最后，建立和健全产学研合作的风险投资体系，最大限度地降低企业在产学研合作投资中承担的风险，促进企业展开与科研结构的合作。从发达国家的经验来看，风险投资体系的完善对促进产学研合作加快科技成果转化有很积极的作用。

3. 多管齐下，完善科技创新平台建设

广东省专业镇科技创新服务平台主要是政府引导、企业运作型的，即政府主要负责主要的前期投入，平台的运作主要靠市场。这样的科技创新平台建设主体单一，专业技术服务能力弱，平台之间缺乏沟通交流，使得专业镇的科技创新平台的作用并没有得到充分发挥。因此，政府需要制定政策引导和完善专业镇科技创新服务平台建设，多管齐下完善科技创新平台建设。

首先，完善政府引导下的多元建设机制。在政府投入为主的基础上，鼓励引导相关的企业和组织加入技术创新平台的建设中来，例如引导科研机构以技术入股、优质企业设备入股等，实现平台建设主体的多元化。平台的运作方面，按照政府支持、企业为主、社会参与的市场化原则运作平台，培养平台作为独立经营实体应对市场需求的能力。

其次，在对企业技术需求充分了解的基础上，以科技政策和具体项目来帮助创新平台在关键性技术开发和扩散中发挥作用，围绕企业的需求打造一条完善的服务链，为企业创新提供全面的服务。

最后，推进创新平台之间的合作交流，对于关键共性技术的开发，由科技部联系相关的专业镇和科研机构共同开发，避免重复建设，实现科技创新服务资源的最优配置。

4. 加快中小企业融资服务平台建设，解决中小企业融资难的问题

中小企业是广东省专业镇的主体，中小企业的发展状况将直接影响专业镇的发展。广东省虽然在全国中小企业省际综合景气指数居全国首位，但是仍面临着中小企业融资难的困境，融资难也是造成中小企业发展"瓶颈"的一个关键原因，解决中小企业融资难问题也应该成为政府发展专业镇工作的重点。

首先，中小企业规模小，盈利能力差，缺乏有力的抵押物向大的银行贷款。因此要解决中小企业融资难的问题，政府不仅要切实对中小企业的发展进行扶持，落实对中小企业的优惠政策，还要建立与中小企业配套的中小型金融机构，增加企业的融资渠道。

其次，企业财务制度不完善，不能够向银行提供反映其真实盈利能力的财务

报表，导致银行对中小企业的信用危机，又加剧了企业融资的难度。因此要加强中小企业内部管理，特别是内部财务制度的建立，增加其财务透明度，使得银行和其他金融机构对企业盈利能力有足够的信心。

最后，加强中小企业融资平台建设。融合专业镇的金融资源，引导金融机构开发适合专业镇特色的金融产品，如江门新会区的"红木家具贷"和中山古镇的"灯饰贷"都是助力专业镇特色产业发展的创新金融产品。根据企业的发展阶段，为企业提供相应的金融服务，例如为创业初期的企业提供创业资金，帮助成长期的企业获得抵押贷款，推动具有经济实力的企业在通过上市筹集资金等。向中小型企业提供财务管理咨询服务和信用等级服务，提高中小企业贷款通过率。

5. 扶持龙头企业发展，提高龙头企业的带动能力

龙头企业的发展可以加强中小企业之间的协作，实现专业镇内部资源的共享以及知识和技术在不同企业之间的扩散和转移。龙头企业的创新活动也能够带动其他企业的进行创新，提高整个专业镇的创新能力。因此，支持和鼓励龙头企业发展是发挥专业镇集聚优势、促进专业镇不断发展的重要手段。具体来说，一方面要加大政策支持。对龙头企业购置的专业生产设备给予相应的税收优惠，对龙头企业通过兼并、重组、并购等形式扩张给予政策支持，支持龙头企业通过上市发行债券筹集资金。另一方面要加大资金支持。对龙头企业扩大规模的投资项目和重大兼并项目给予低利率的直接贷款、委托贷款或者股权投资，对十重点推进的特大并购项目实施直接的资金奖励，鼓励龙头企业扩大规模。对于龙头企业的创新项目给予低于人民银行基准利率的直接贷款，并对重大科技创新成果进行奖励，鼓励龙头企业进行创新活动。

6. 加强区域品牌建设，促进专业镇产业竞争力转型升级

区域品牌是专业镇具有持久生命力和竞争力的无形资产和软实力，对专业镇经济发展具有举足轻重的作用。首先，需要制定品牌战略，培养专业镇区域品牌意识。制定品牌战略近期目标和长期规划，将创品牌和保品牌作为政府一项重要服务职能。成立领导班子，制定和出台实施意见，形成完善的品牌认定、培育、扶持、奖励与淘汰机制。其次，政府要选择专业镇特色品牌重点扶持，从已有的品牌中选出能够代表地方特色的产品和产业，帮助其升级，真正实现区域品牌对专业镇经济的带动作用。最后，企业是专业镇创造品牌和经营品牌的主体，培育和发展区域品牌必须要提高企业的品牌意识。颁布法律严惩企业作假行为，严格把控产品质量，将以质取胜的经营战略落实到生产经营活动的全过程中。鼓励企业对扶持品牌的产品进行创新，不断满足消费者的需求。鼓励并扶持企业加大广告投入，加强品牌宣传，培育品牌信誉，扩大品牌的市场影响力。

本 章 小 结

　　本章主要介绍专业镇的产业发展功能，具体阐述产业集群专业镇的发展对区域产业发展的影响。第一，介绍了产业集群和专业镇的概念以及两者之间的区别和联系。第二，回顾了传统的产业集群理论和国内关于产业集群对产业结构升级、经济增长、劳动力流动和进出口影响的理论。第三，介绍了国内外产业集群专业镇现阶段的发展状况，重点介绍专业镇的发展情况及其对广东省经济和产业发展的影响，并提出广东省专业镇发展过程中存在的问题。第四，利用 2014 年广东省专业镇详细资料数据分析了关于专业镇发展水平和产业结构之间的关系，发现广东省专业镇对地区产业结构升级的带动作用不强。第五，针对广东省专业镇发展过程中存在的问题提出相应的政策建议。

　　发展专业镇是促进经济发展和产业结构升级的有效措施，广东省也非常重视专业镇的发展，在专业镇发展总投入巨大的人力、物力和财力，但是就目前广东省专业镇的发展水平来看，专业镇的产业集聚优势并没有充分发挥出来，因此，专业镇发展还任重道远，通过专业镇发展实现地区经济增长和转型升级仍然是未来政府工作的重点。

第 3 章

新型城镇化与专业镇的互动发展

本章主要研究新型城镇化和专业镇的互动发展，将其分为五个部分描述。第一部分回顾了城镇化和专业镇之间的互动关系，并分析了相互之间的推动和促进作用；第二部分从产业布局、产业结构、生态环境和公共产品等四个方面论述了新型城镇化背景下专业镇产业升级和转型的要求；第三部分列举了广东省专业镇的转型升级实践，并提出了一些政策建议；第四部分讨论了优势产业集群视角下的新型城镇化建设实现路径，提出了基于优势产业集群视角下专业镇——特色小城镇发展模式；第五部分引入产城融合的概念，给出其新型城镇化发展的主导思路。

3.1 城镇化与专业镇产业互动关系研究回顾

新型城镇化和专业镇都是促进区域经济、文化、教育等方面综合发展的重要举措。新型城镇化的推进和专业镇的发展是互为补充、并行发展的，专业镇的发展极大地推动了农村工业化的进程，同时加快了区域城镇化要素的空间集聚和农村劳动力的吸纳、转移；而新型城镇化则使众多上下游关联企业在一定区域内得以集中，促进了与产业集群发展相关的软、硬配套条件的形成和完善，形成了更利于专业镇产业的形成与发展的基础依托。从而促进了城镇化的健康可持续发展。

3.1.1 新型城镇化与专业镇发展之间的相互作用机理

目前，已有大量文献针对专业镇与新型城镇化进行了各项研究，然而，对两者关系的研究却并不多。值得注意的是，西方经济学界常使用"中小企业集群"、"产业集群"、"簇群"等经济概念来讨论专业镇经济现象，由此引发关于专业镇基本特征、组织分类方面的实证研究。

1. 国际相关研究

国际上大多学者的相关研究都是建立在传统区域经济学、新经济地理学、古典与新兴古典经济学等分析框架之下的，有关城镇化与产业集群互动关系的研究成果主要表现在以下两个方面。

（1）集聚的理论效应的研究。专业优势互补理论方面，亨德森和贝克（Henderson & Becker，1963）的研究表明城市内部存在着各种专业化的分工，基于企业对于专业化分工所带来的收益的认可，城市在此基础上产生。企业的规模经济效益方面，马歇尔（1964）得出了追求外部规模经济是产业集群的产生的根本原因。资源的共享方面，藤田（Fujita，2002）指出企业并不是集群现象的唯一主体，还囊括了追求效应最大化的家庭，促进厂商和家庭集聚的客观条件是各企业之间的交流与沟通，在这种信息的相互交流基础上实现的正的外部性。企业为了节约上述的沟通成本会倾向于聚集在某个区域，从而降低信息的流动成本，这又会进一步地提高企业的集中程度。

（2）产业集群和城市化之间互动发展关系方面的研究。洛施（Losch，1940）认为非农业区位的点状聚集是城市化的形成原因，产业的区位集聚是城市化的基本要素。马歇尔（Marshall，1890）认为工业因为产业区的外部规模经济而在这个特定区域内聚集，进而城镇产生发展。亨德森（Henderson，1974）结合马歇尔指出的城市外部性和城市内部结构理论，进一步对城市中各种经济活动的聚集作出解释。数理模型方面，埃德温·S. 米尔斯（2003）得出集聚和产业区位选择是城市形成和城市化发展的主要动力的结论，并进一步指出产业集聚对城市化的推动效果决定了城市形成模型。克鲁格曼等（2005）在原有核心模型的基础上进行了扩充发展，并在《新空间经济学》一书中用扩充后的模型解释了产业扩散现象，该模型进一步解释了城市的形成过程和新城市的条件，并通过数学模型解释了城市系统的形成过程。

2. 国内相关研究

国内学者对于城镇化与产业集群互动的研究起步比较晚，20世纪末才陆续开始。主要内容主要也分为两部分。

（1）集群对于城镇化效益的研究。曾煜和陈方亮（2004）就产业集聚与城镇化水平的关系展开研究，并得出论断认为，产业集聚力不足是致使当前中国城镇化水平低下的原因所在。马春晖（2005）对长三角和珠三角的城镇化进行研究时发现产业的集群是城镇化的重要推动原因。郑延智（2011）以江西省作为研究的对象，指出产业集群程度的提高以及城市竞争力的提升能大力地推动城镇化发展。葛立成（2009）在研究浙江省产业集聚的演进过程中发现，集聚推动城镇化不同阶段的更替，更会对城镇化发展模式产生深刻的影响。

（2）产业集群和城镇化之间互动发展关系方面的研究。李清娟（2006）认为城镇化是产业发展到一定阶段的必然产物，同时她还从产业发展角度进一步分析产业集群和城市竞争力之间的关系。徐维祥和唐根年（2005）概括和综合了当前中国产业集群与城镇化互动发展模式，总结出以专业市场为对接平台、基于外商直接投资和基于开发区建设的三种产业集群与城镇化互动发展模式。何静（2006）发现产业集群和城镇化之间存在着明显的互动关系，通过加强市场的竞争能够极大促进两者之间的这种良性互动。葛立成（2004）就浙江省产业集聚的方向、类型和城市扩张形态、城市化推进方式的关联，进行了空间关联性的角度分析，认为浙江的产业由离散向集聚的演进，既推动了城市化的阶段更替，也影响着城市化的地域模式。另一些学者将工业化概念纳入其中，徐维祥等（2005）在基于产业集群理论的新视角下，探究了区域产业集群成长对农村工业化增进和城镇化推进的效用，并总结出产业集群与工业化、城镇化互动发展模式。仇保兴（2004）在剖析企业集群和工业化、城镇化相互作用的基础上，道出了促进中国城镇化健康发展、贯彻落实新型城市化道路与企业集群培养之间的关联性。纪良纲和陈晓永（2008）认为工业的发展是城镇化强大的动力，同时指出工业发展的原始动力是来源于产业的集聚，因此在研究集聚与城镇化之间的互动关系时要立足于工业化的发展。

定量分析方面，管锡强（2007）通过定量的分析得出，西部地区农村城镇化最直接的原因就是农村的产业集聚，东部地区农村城镇化则是以工业发展带动城镇化的结论。赵昕（2007）创新性的使用非农人口占比和区位熵系数这两个指标分析产业集聚和城镇化的关系，分析认为地区优势产业集群的培育发展有助于促进欠发达地区的崛起、缩小其与发达地区的差距。谢方等（2009）基于典型相关分析方法研究了城市经济发展和产业集群的交互关系，结果表明年度总产值（产业集群的绩效指标）全社会固定资产投资额、社会消费品零售总额、城市国民经济总产值三者之间有着显著地关联性。陆根尧等（2011）选用多元典型相关分析法实证研究了浙江省内城镇化和产业集群的关系，并得出结论认为二者存在显著相关性。张文君（2011）则在定量分析浙江省集聚和城镇化之间的互动关系的基础上提出了各种发展策略。

3. 新型城镇化与专业镇的互动发展模式

新型城镇化与专业镇的互动发展模式各异，兼具多样性和普遍性。这些互动发展模式的实质是通过产业集群成长，实现要素的空间集聚，劳动力的转移和人口的集聚要以产业集群为载体，为城市地域空间的扩展和城镇化水平的提高提供了产业支撑（徐维祥和唐根年，2005）。专业镇的要素集聚效应以及一系列乘数效应相结合不但为特定区域带来了劳动力的集中、加速了农业生产力的转移，促进生产服务业等第三产业的发展和壮大，而且使得该地区集群就业和第三产业就业劳动力收入水平有所提高，促进了地方经济的发展，而有了经济基础才能让劳动者真正走向城市文明生活。与此同时，新型城镇化的不断推进表明其能为地区生产、生活提供更优质的基础配套设施和惠及大众的软环境，这又会进一步吸引产业集聚，带动专业镇的发展；同时城镇人口的进一步扩张为各种生产服务也打开了消费大门。下面简要介绍一下基于不同产业集群分类的三种产业集群与城镇化互动发展模式。

（1）以专业市场为对接平台的产业集群与城镇化的互动发展模式。它是以商品市场发展为龙头，以产业集聚为基础，以市场经济为主导，产业集聚与城镇化良性互动、以点线面的加速度推进方式为特征的从乡村、集镇、小城市迈向大中城市的一种内生型产业集群模式（徐维祥和唐根年，2005）。其模式特征表现为：小商品专业市场首先启动集群；商贸、消费和劳动力的汇聚等城市集聚效应促进了产业集聚的纵向发展（主要是工业的集聚）；产业集聚带来和扩大了城区、周边乡镇、全市乡镇、工业园区的空间产业网络布局；中心城区、中心镇、产业集群区域专业分工明确、区位优势互补，初见城乡经济一体化趋势；最后实现产业集群和城镇化的良性互动（徐剑锋，2002；徐维详和唐根年，2005）。

（2）基于外商直接投资的产业集群与城镇化的互动发展模式。它是以外来投资为驱动，利用国内外市场和资源的开发促进地方产业集群的快速成长和产业结构的升级，形成产业集群与城镇化协调发展的一种外生型产业集聚模式（徐维祥和唐根年，2005）。模型的特点是：国内外市场的发展和资源的开发，极大地促进了集群的快速增长和产业结构的升级；中小企业的群集和产业的集中放大了生产、服务业和其他配套行业的就业需求，为城镇化发展提供助力；城镇化规模的扩大和品质的提高强化了产业集群的效果（张炳申，2003；徐维详和唐根年2005）。

（3）基于开发区建设的产业集群与城镇化的互动发展模式。它是政府有规划的产业集聚措施形成的政府主导型产业聚集，这种聚集活动在改变区域经济密度的同时也改变着城市空间结构的演变（徐维祥唐和根年，2005）。其模式特征表现为："洼地效应"和"退三进二"带来区域和城市空间的重组；经济结构和产业空间结构的调整必将带来开发区与城市人口空间重构；新城区建设、经济活动空间重组、人口的迁移流动及社会的阶层分化与空间隔离化最终带来开发区与城区功能分化与整合（王慧，2003；徐维详和唐根年，2005）。

3.1.2 新型城镇化对专业镇发展的推动作用

新型城镇化的表现形式是农村人口转变为城镇人口，第二、第三产业不断向城镇转移和成长，包括社会生产方式、生活方式、价值观念等各方面的转化。这个过程也是社会生产力变革所引起的人口规模、产业结构、经济结构、人口分布、生活居住方式、服务设施、环境条件等客观演变的过程（陈滢，2007）改变传统落后的农村社会进入现代先进城市社会的过程。新型城镇化对专业镇的发展有着巨大的推动作用。理论方面，苏雪串（2004）提出城市聚集经济有两类乘数效应：由第二产业推动第三产业的相应发展的作用即第一乘数效应；由城市第三产业构成的投资环境吸引新一轮工业项目投入的作用即第二乘数效应。下面笔者将就新型城镇化如何促进专业镇发展进行分点详细描述。

1. 新型城镇化使众多企业在一定区域内集聚，推动产业转型升级

众多相互关联上下游企业的集聚是专业镇形成、发展的关键，而新型城镇化则为这一关键因素提供了实现路径。新型城镇化的推进包括"农村城镇化"和"城市城镇化"两个并行的方面："农村城镇化"表现为中国特色的农村工业化浪潮——乡镇企业的崛起，农业人口和农村剩余劳动力在城镇化进程中实现了转移，在城市城镇化过程中淘汰下来的传统工业成为这些劳动力所求的农业以外新的就业渠道。这些被淘汰的工业多为传统劳动力密集型工业，如食品工业、电子工业、服装制造业以及轻纺制造业等，此类企业多以集群形式存在，这也构成了专业镇形成的基础。

农村城镇化缓解了农村劳动力市场过剩的状况。中国特色的农村工业化浪潮——乡镇企业的发展，增加了农村工业的份额，相应提高了农村工业在消费市场的占有率，抑制资金对劳动的过早过度替代，从而使农村劳动力过剩的状况得到缓解（陈滢，2007）。因为存在大部分乡镇企业是由以家庭为单位的小作坊演化来的事实，企业难免存在生产能力不高、规模偏小等限制，因而单个企业无法满足大批量的生产要求，企业之间必须紧密联合、共生存、同发展。而相同技术的发展与传播也使这些小企业生产的产品是出于统一产业链上下或平行这也正是专业镇形成的关键所在。

而"城市城镇化"主要表现为城市第二产业结构的整体升级，具体而言就是要从传统的工业领域中退出，转向以资金技术密集为主、附加值高的新型行业和部门。城市城镇化严格遵循第一产业不断向第二、第三产业升级演进，主导产业

由劳动密集型向资本和技术密集型演进的城市产业结构的发展方向。其过程中大部分高劳动密集度、低附加值、大产量的工业产品将逐步转给农村，使城市传统工业自然转移到农村市场，进而推动农村城镇化的发展。

较农村相比而言，城镇有很多硬件和软环境的优势，如便利的交通网络、高品质的生活质量条件、先进的资本技术、优质的教学资源、更广阔的接触平台等。正是由于这些优势条件和环境为城镇吸引了大批劳动力，使得城镇规模不断扩大，专业镇产业结构不断升级。广东省省政府近几年推动新型城镇化建设的重要举措之一就是促进专业镇区域产业集群和转型升级，力图以现代制造业代替低效率、高污染的传统制造业，实现产品由低端逐步走向高端的演进。

2. 新型城镇化扩大消费需求，促进了与专业镇产业相关的配套设施的形成

新型城镇化的发展有利于扩大地区的消费需求。新型城镇化使得大批农村劳动力得以向第二、第三产业转移，推进农村进城人员从农民到市民的转变，这其中包括生活、文化、教育等的一系列改变，转变过程中带来的不仅仅是消费规模的扩大更是其消费方式的转变。而这种消费需求的扩大和消费方式的转变促使专业镇产业发生战略性的改变，如惠州横沥镇梅菜生产环节的转型升级就是由于传统生产工艺显现的"供不应求"。

新型城镇化的发展极大地促进了与专业镇产业相关的配套设施的形成。新型城镇化带来的农村劳动力的转移和消费规模的扩张直接推动了地区第三产业的快速发展，带来了关联产业的生成和扩大。对于新转移的劳动力来说，他们对衣、食、住、行等的需求首先促进了小商业流通活动，进而带动这些生产服务的广告、批发、零售、运输以及房地产等生产性服务活动，还有就是教育、文化、娱乐等消费性服务的发展。而在消费的同时，又会带来第三产业对劳动力的需求，第三产业巨大的吸纳劳动力能力将加快促进农村劳动力的产业间转移。

对于已有的专业镇产业来说，服务业的支持在其增长和效率提高方面必不可少。如在生产性服务领域的工程咨询、运输、统计、会计、金融、广告等领域，有必要对产业集群的工业生产过程进行有效的成本降低，像研究和开发、教育这类生产性服务业更能促进新工艺、新产品的开发和在原有工艺基础上的升级。由此看来，城镇化带动了城镇服务业的发展，而服务业特别是生产性服务业将人力资本迂回转化为现实的生产力，这在很大程度上促进了企业集群的发展。

3.1.3 专业镇产业对城镇化的促进作用

在新型城镇化建设背景下，小城镇是城乡连接的纽带，以专业镇为依托的小城镇发展战略是中国城镇化进程中切合实际的战略决策。改革开放三十多年来，中国专业镇的发展对城乡经济做出了巨大贡献，大力促进了农村城镇化进程的发展。如长江三角洲地区的昆山，发展成了中等城市；珠江三角洲地区的东莞、中山等地，也纷纷从原来几万人口的小城市成长为人口突破百万的大城市。这些都归功于专业镇的发展。在中国的乡镇结构体系中"专业镇是一般乡镇或中心城镇在专门化经济达到较高水平时的高级形态"是以若干类产品的专门化生产为主、具有相当规模且能主导镇域范围经济增长和就业吸纳量的建制镇（王翔和戴桂斌，2014）。空间上的集中性有效降低了专业镇内企业的生产和交易成本，造就了专业镇企业在国内外特有的竞争优势，其实际上成为推动中小企业成长、发展的重要平台。

专业镇在学术上的理论根源是产业集聚。世界竞争力理论大师波特（Poter，1990）将产业集群视为一国的生产率和竞争优势之所在，并在其《国家竞争优势》一书中，将其定义为：在某一特定区域下的一个特别领域，存在着一群相互关联的公司、供应商、关联产业和专门化的制度和协会（苏雪串，2004）。从经济学的角度看，企业在一个区域内聚集能够产生规模经济效应和外部经济效益。一定范围内企业规模收益会随着企业要素规模的增加而扩大，产业规模的扩大会提升产业的竞争力，进而产生的是城镇规模经济。人口和企业的空间集中可以共享公路、供水、通讯等基础设施，共享广告、法律、教育等公共服务，甚至是共享专业技术劳动力资源，这大大节约了生产、生活成本。此外，集群内部企业相互靠近，可以在长期的交往中逐渐建立起人与人之间的信任关系和保障这种信任关系的社会制度安排，从而积累社会资本，降低交易费用，集群内特色产业的独特优势将吸引新的客户和生产者不断加入到集群中来（马春辉，2004）。从创新的角度看，空间集聚能够产生信息传递效应，企业、人口和相关社会活动的集聚带动了信息交流，促进了地区专业知识、技术的推广、扩散，加快了创新思想的传播，这同时能激发新观念、新思想、新知识、新方法的产生和应用。

结合国内实际，专业镇对城镇化的实际推动作用的具体表现为五个方面。

1. 专业镇提供大量的就业机会，加快了农村人口向新型城镇转移

专业镇除了其内部专业化分工带来的中小企业内部规模经济外，还可以借助相对完善的社会化服务获取一系列如生产、信息搜索、市场营销、辅助性服务等方面的外部规模经济效益。专业镇所带来的产业化衍生效应，不仅为本镇劳动力新增了就业岗位，而且为大量外来劳动力提供了就业机会（陶晓敏和葛幼松，2013）。专业镇的建设使农村人口和劳动力向城镇转移，一定程度上解决了农村转移人口和农业剩余劳动力这一重要、严肃的经济、社会问题。据国家有关部门预测，到 2020 年之前中国的城镇化率将达到 57% 左右，城镇化率每年将增加近 1 个百分点，每年将有 1 000 万以上的农村人口转化为城镇人口（陈滢，2007），因而，大量农村转移人口的就业问题将是小城镇面对的一个必须解决的紧要困难。近年来，国家提出了优化农业资源配置的要求，全面推进农业科学技术的推广、应用，以期实现农业生产向机械化、科技化的转变。这些都将产生大量农村转移人口及农业剩余劳动力，可见农村转移人口的就业问题亟待解决。专业镇是由区域内的企业根据地区特色优势发展起来的，多是对技术要求不高、对劳动力文化素质要求较低、以加工生产为主的劳动密集型中小企业。这对长期从事传统农业生产，文化水平不高的农村劳动力来说绝对是一个理想的选择。因而说专业镇为农村剩余劳动力的就业问题的解决提供了重要途径，为城镇化劳动要素聚集创造了良好的基础；农业人口转移为城镇人口的同时反映的是城镇化水平的提高。

2. 专业镇提高了城镇产业竞争力和经济实力，推动了新型城镇化建设

集群可以改善创新的条件，加速生产率的增长，也更有利于新企业的形成（苏雪串，2004）。中小企业在专业镇的集中而产生的外部经济，有利于技术、管理知识的传播、交流和人才的培育和转移；有利于相关服务业和基础配套设施的发展、完善；有利于政府部门积累该产业的专业知识和技能。专业镇提高了产业的专业化水平，一方面，整个专业镇企业专注于一个特定的产业，有利于实现产品较高的质量和较低的成本，形成在该产业内的品牌；另一方面，专业镇内企业分工协作更细分，用市场交易关系取代内部管理关系，提高了产业生产各环节的竞争和整个生产过程的效率，降低了交易所需成本。专业镇内部企业间的互动还有利于创新的实现，专业镇改善了创新的条件、营造了其合宜的外部环境，因为新工艺、新技术、新思想、新观念在专业镇内部能够迅速传播，也更易于被企业和劳动力接受。《中国城市竞争力报告 NO.1》中指出产业集群对产业发展表现在：扩大产业规模（增加产业的有效需求和供给）、促进新企业的衍生、降低产业的进入壁垒、构建有竞争力的价值链环节、保证产业的持续创新、克服产业衰退等方面，从而提升产业竞争力（苏雪串，2004）。专业镇的崛起和发展加速了农村工业化进程，同时带来了居民收入水平的提高和地方经济实力的增长。一定意义上来讲，专业镇和地方经济发展水平呈正相关。如中国经济发展水平较高的广东、浙江、江苏等省份，其专业镇发展也较为发达，广东更是专业镇概念的提出省。

城镇产业竞争力的提升和经济实力的提高过程实际就是新型城镇化的过程。专业镇的产业竞争力提升有利于形成创新的文化环境，创造更好的内生增长机

制；可以基于本土资源，走地区特色发展道路；更可以吸引更多的人才、资金、技术等生产要素，成功打造区位品牌，促进城镇发展（苏雪串，2004）。其带来的城镇竞争力的提升将使城镇在经济全球化的背景下更优质的实现城镇的资源、要素重新配置。另外，经济基础决定上层建筑，区域经济的增长是城镇化的基础，它为城镇建设过程中的交通、电力、通讯等公共服务和公共设施的建设提供了支持，同时更为实现文化、教育等城镇软实力的提升做出保证。因此，专业镇增强了地方产业竞争力，促进了产业发展，扩大了城镇化的经济基础，是中国目前城镇化的重要途径。

3. 专业镇带来第二、第三产业转移，引导新型城镇区域结构走向

专业镇推动了第二、第三产业向城镇聚集发展。因为地理位置接近，产品相近，专业镇内的企业可以通过集中采购和共用销售渠道的方式降低生产、销售成本，同时因其吸纳的劳动力多为农村剩余劳动力，企业所需支付的人力成本也比较低。这就使得专业镇内企业获得了非专业镇企业的成本优势。企业发展壮大的同时需要众多相关配套企业向城镇聚集，为第二产业提供配套服务的第三产业随之不断向城镇聚集，吸纳了更多劳动力。第二、第三产业的发展是促进小城镇经济发展的主动力，集群经济发展的比较好的浙江，各城市第二、第三产业占地区生产总值的比例均很高，其中，70%以上的城市第二、第三产业所占比例都在90%左右（陈滢，2007）。

专业镇影响新型城镇区域结构。根据产业经济学原理，产业在地区之间的转移存在"梯度转移"规律，即伴随经济的发展，轻工纺织等劳动密集型产业呈现逐步向中西部地区转移的趋势。东南沿海地区的优势过去主要是区位优势和政策优势，这些优势随着近年来交通条件的改善和市场化程度的提高正逐步减弱、消失。如今，专业镇使东南沿海地区形成了高度专业化分工的基础这使专业镇内企业具备了产业配套条件方面的"后天优势"。而产业配套条件现已成为投资者们选择投资地点时考虑的非常重要的因素。低廉的劳动力成本是中、西部地区的相对优势所在，但随着中国的劳动力市场日益完善、成熟，东南沿海地区也能分享在中西部地区劳动力成本低的优势。中西部地区想要获得投资的难度就大大加大了，专业镇改变了"梯度转移"的产业在不同地区转移规律，对区域间新型城镇化进程会产生影响。

4. 专业镇促进了新型城镇基础设施和环境条件的改善

专业镇的发展促进了新型城镇基础设施的改善。小城镇由于自身的局限性，政府财政资金有限，无法完成完备的科教文卫事业建设、住宅生活区建设和工商

企业系统建设等城镇建设。多以解决资金问题，增加资金投入是加快小城镇新型城镇化的中心环节。而专业镇提供的民间资金为新型城镇建设提供了有力的支撑，当然，专业镇企业向政府提供城建资金是互惠互利的行为，城镇基础设施的完善将反向促进专业镇的发展，总之专业镇为城镇建设融资提供了新方向。如集群经济发展成熟的浙江省小城镇的各类建设资金，70%来自民间资本（陈滢，2007）。

专业镇的发展也为小城镇环境的优化提供了途径。专业镇产业聚集带来的外部经济和降低成本效应不仅仅体现在生产、加工、运输、销售等方面，同时也体现在环境治理方面。对于专业镇产业企业产品相似，其生产过程中所产生的废物也基本相同，因此可以共同出资，集中进行废物处理，进而降低了环境治理的成本。同时，由于专业镇企业间大多会进行长期的合作、交易，其过程中必然形成地区企业群的规则制度，共同的制度氛围下专业镇企业也会更加重视环境保护和可持续性发展。专业镇带来了小城镇生产、生活环境的改善，也为以往旧城镇实现向环境友好型、可持续发展型新型城镇化推进提供助力。

5. 专业镇加快了城镇文明、城镇意识等新型城镇生活方式的扩散和传播

农村人口向城镇转移后需要经历一个传统观念、农村的文化意识和生活方式的新旧交替的过程。长时间养成的农村传统文化意识和生活习惯方式，使得这些新居民对新型城镇的公共卫生、交通管理、环境保护、设施建设、市场规范等的适应过程有些困难。而城镇化的发展推动了新居民的城镇居民化，包括农民知识化、技术化、文明化和市场化等。随着新型城镇化的不断推进，必然对专业镇提出新的要求，进而对专业镇劳动力提出更高的标准。企业会为了自身的发展，必将加强对员工的知识及技术培训；而随着劳动力市场竞争的激烈化演进，劳动者为了自身发展也必然会不断学习，用知识和技术武装自己，多种学习方式无疑会带来城镇居民的整体素质的提高。与此同时，现代的产业集群企业也将开拓农民的市场化和国际化视野，不断提升农民的各种素质，塑造现代农民，从而提高农民的分析市场和抗御市场风险的能力（陈滢，2007），从而在真正意义上实现农民到新型城镇居民的转变。

3.2 新型城镇化背景下的专业镇产业转型与升级

新型城市化摒弃了以往单方面主张城市规模扩大和空间扩张的理念，转而秉持以城市文化、内涵和公共服务提升的内在要求理念，以期实现城镇成为人们高质量栖息地这一愿景。农村人口向城镇转移，进而实现到市民的完美转变是当前城镇化的核心内容。实践证明，小城镇发展战略有助于推进中国城镇化进程。它依靠地缘优势，在经济发展过程当中有效带动了相关产业发展，从而推动劳动力就业，增进城镇化发展。突出地方特色是小城镇战略的关键所在，城镇经济只有在结合当地特点的前提下才能实现其可持续发展，因此，专业镇的发展方向是小城镇发展的不二选择。专业镇增强地方经济实力，提供大量就业机会，对于实现产业集中具有重要作用，从而推动农村城镇化。

过去的几十年间，专业镇在提高居民生活水平、为城镇建设提供支持的同时也浮现出一些弊端。专业镇既面临着小城镇共有的普遍问题，城镇建设混乱，环境污染严重；也面临着作为劳动密集型产业和粗放发展模式主导发展起来的专业镇所具有的特殊问题，功能结构单一，产业可持续发展困难，缺乏区域协调机制。国家"十二五"规划建议中明确指出了要走中国特色的城镇化道路，新型城镇化概念的提出，意在强调城镇化的内在质量，即城镇化由偏重数量规模增加向注重质量内涵提升（陶晓敏和葛幼松，2013）。"十三五"期间，中国经济发展已进入结构优化调整和产业升级创新阶段，其显著特点是 GDP 指标逐步淡化，经济增长质量的提升成为经济发展的主攻方向。在过去的十年中，虽然专业镇对区域经济的贡献有所改善，但仍然处于传统工业为主导的高耗能，污染，粗放型经济发展模式旧的工业生产的一部分。环境、能源、生态、土地、劳动力等因素的约束日趋紧迫形成了对现有经济发展模式的倒逼机制，必须尽快实现社会和经济的全面转型，以低消耗、高效率、和谐有序的新型城镇化发展道路取代以往传统粗放式的经济发展模式。专业镇的产业发展路劲急需优化。

同时，虽然目前专业镇的产学研结合的基层技术创新体系已初步建成，但尚处于初级阶段的磨合期，存在研发、孵化和产业化之间不同程度的脱节的问题，体系的完善使用亟待更深层次的探索。此外，政府当局在各专业镇组织创立的公共技术创新平台发展支撑力不足，发展水平良莠不齐，成效甚微。专业镇的政府主导规划性特点日渐显著，工业技术中介服务也存在功能单一、服务能力局限等制约其发展的因素。专业镇的技术创新体系需要完善。

因此，推进专业镇产业体系的完善与发展路径的转型升级，既是促进新型城镇发展的必要因素，也是加快转变经济发展方式的重要举措。

3.2.1　调整产业结构

产业结构指的是社会经济各个产业部门之间彼此依存互相制约的关联和比例情况。在中国，三次产业大致可划分为：农业、工业和服务业，目前存在着农业、工业比重偏高和服务业比重偏低的总体不协调的情况，各次产业内部发展不平衡，产业结构升级缓慢的情况，三次产业的产值和构成与发达国家相比更是相去甚远。第三产业的严重滞后，已然成为第一、第二产业发展的重要限制因素。而中国产业结构调整的总体目标是：推进产业结构优化升级，促进第一、第二、第三产业健康协调发展，逐步形成农业为基础、高新技术产业为先导、基础产业和制造业为支撑、服务业全面发展的产业格局（袁丽美，2009）。

产业结构调整包括产业结构合理化调整和产业结构升级两个方面。产业结构合理化一般的体现为产业间互相作用关系、技术关联和数量比例平衡协调化的趋势及过程，指的是产业间高度协调，具备高度的适应性和良好的产业结构转化能力；产业结构升级，指的是产业机构系统向高级形式演变、转型的过程。在产业结构调整过程中，必须本着政府和市场协调引导、始终走新型工业化道路、坚持自主创新和促进产业协调健康发展的原则。

就目前来看，三次产业升级和各产业结构的比例偏差是中国产业结构调整的主要问题。前者是要解决的核心问题，其突破口是工业产业升级，解决的途径是大力推进具有中国特色的自主创新道路（贺俊，2008）。小城镇产业发展规划上，要因地制宜，依据小城镇资源禀赋状况按照产业的发展演进规律，提出科学合理的产业结构模式。接下来笔者将详述各次产业的产业调整。

1. 第一产业调整

农产品品质、品质结构不够优化、优质率较低是第一产业的结构问题所在。农业生产技术始终没有得到显著地改进，致使高效优质农业的发展得不到有力的基础硬件支持，农业结构也只能呈现传统农业占大头的现状。为满足城乡消费结构升级的需要，农业也必须实现现代化、高效率的生产模式。

第一产业结构调整的要点所是农业基础地位的强化、巩固，要加速现代农业对传统农业的取代过程。巩固和加强农业基础地位，加快传统农业向现代农业转变是第一产业结构调整的重点所在。主要包括三个方面：第一，要通过新技术的引进和农业生产的经营规模降低生产成本。农业领域引进生物技术等新技术将带来产量的增加和大量产品生产成本的减少；扩大农业生产经营规模有助于降低单位产品生产的固定成本。第二，要结合所在地特点适当增加农产品品种（含二次加工），要充分发挥市场导向作用，因地制宜的发展农业的生产；从效率和创新两个方面改进，积极应用基因工程等科学工程不断开发新品种，以此实现农产品市场竞争力的提高。第三，始终把农产品的质量放在首要位置，质量是产品的核心竞争力，经济越发展、社会越进步，人们对食品健康的重视程度就越高，农产品的质量问题已成为影响农业生产发展的关键因素。目前，中国农产品的农药残留超标问题、化肥超量使用问题，已经对中国农产品的出口受到了严重的影响。依靠高新技术，特别是生物技术改造中国的农业，逐步恢复农业生产的自然生态系，是中国农业发展中亟待解决的大问题（袁丽美，2009）。

专业镇的具体实施方面应根据小城镇的区位优势和农业基础条件，大力发展适合本镇特点的优势农产品，加大优势农产品的市场占有率，发展生态型特色农业，降低农产品的活劳动以及社会成本，提高农产品的市场竞争力，形成高效农业产业。体现在三个方面：一是改进农业生产条件，提升物质技术装备水准；二是调整和优化农业结构，使之趋于"粮食作物＋经济作物＋饲料作物"的多元种植结构形式，以此延伸农业产业链条；三是推进农业产业化经营，培育龙头企业，促进农产品流通。

2. 第二产业调整

工业结构升级缓慢是影响第二产业发展目前存在的关键问题。目前，国内专业镇工业结构仍是高加工度的状态，工业技术和技术创新的更新落后无法支持工业结构技术集约型的转变。工业结构还不能完全适应资源和要素价格上涨、国际贸易摩擦和产品竞争日益激烈的新情况和新问题（贺俊，2008）。

因此，发展现代产业体系，贯彻实行中国特色新型工业化道路是实现第二产业结构调整的一剂良药。轻纺工业、重化工业到多种制造业的工业发展历程是最常见的，但低效的生产同时也都导致了物质资源的大量耗费。中国新型工业化的模式至少包含两层意思：一是跨越式发展；二是可持续发展（袁丽美，2009）。信息化时代背景下，在强调科技的作用和知识创新的同时充分发挥政府和市场的双重作用是实现跨越式发展和可持续性发展所必需的。此外，工业化进程中应充分利用科学技术，使高新技术产业成为工业化的主导，工业经济向知识经济的完美转变。

具体实施而言，一方面，专业镇企业应通过技术、工艺的改造、更新和新产品的开发等措施促进传统产业升级，提高企业现有的规模效益和工业产品的附加值；另一方面，对污染严重的工业企业必须加快治理、改造，实现其向生态环保型产业的转化。

3. 第三产业调整

仍然以传统服务业为第三产业发展的主要方面是其结构升级缓慢的最主要的表现，传统服务业为主致使现代服务业比重自然降低，如此往复，农业结构升级对服务业产品质量和结果的要求就得不到满足。由于以农业、工业和服务业为主的各次产业结构之间的关联性，各次产业结构的升级问题不是孤立的，产业结构的调整和升级是一个复杂的系统工程，因此必须找到产业结构调整和升级的突破口（贺俊，2008）。

因此，加快发展新兴服务业是促进第三产业优化结构和扩大规模的重要举措。为加快服务型经济从生产型经济的转变，应加快提高服务业在整个产业中的份额，必须在巩固基础性服务业和传统农业的同时应本着市场化、社会化和产业化的原则，大力促进新兴服务业的发展。而过程中科研、技术投入是发展如咨询、金融、管理等高层次服务业成长必不可缺的。只有加快技术、知识型服务优势的发展才能从根本上实现城镇服务业从目前劳动力密集转向更高效的知识密集方向。

具体实施方面，专业镇内应重点发展商品贸易市场，加强建设、完善市场基础设施。商品贸易市场的发展要始终坚持满足基层农村居民的需求，面向市、县级以下的农村市场；增加商品的科学技术含量和其种类，以此实现商品档次的提高；在大力发展地方特色产品的同时，对产品精益求精，创造自己的品牌和品牌文化；促进以专业镇为中心的公共服务，如社区服务、交通运输服务、通讯服务等。网络信息等技术的应用将降低交易成本、强化市场信息的传播，由此市场的综合服务能力得以提高。基础设施的完善将直接推动市场流通能力的发展，这个过程中市场的交易、管理、仓储等服务功能必须得到科学规范。加强和改善对市场的管理和监督，倡导"城实经商，信誉至上"的经营理念，建立市场规则，完善市场秩序（王崇举等，2011）。

综上所述，仅仅依靠工业发展而不进行产业结构整体的升级和调整会使现有经济难以为继，更不必说可持续发展了。要想真正实现中国经济增长发展方式的转变，实现三次产业共同作用带动经济增长，必须积极奉行、推广产业政策，切实推进产业结构优化升级策略的实施。

3.2.2　优化产业布局

产业布局是指产业在一个国家或者一个地区范围内的空间分布和组合结构（姜玉砚，2012）。实际上就是协调三次产业间的抵牾，合理安排，实现对各产业的统筹兼顾、综合发展。产业布局是产业结构在地域空间上的投影。即在特定空间区域的投影。一般来说，区域发展总是先从某一产业布局资源开发条件较好的节点上开始。产业布局的合理与否会直接影响一个地区甚至是一个国家经济优势的发挥和经济的发展速度。回顾历史，中国城镇化的演进始终伴随着区域经济发展和产业布局调整，可以说现代城镇化、城市化的过程就是产业布局不断升级优化的过程，合理的产业布局是促进新型城镇化发展的核心动力。

目前，国内专业镇的产业布局不够合理，存在着诸多问题，例如，集约化程度偏低，产业空间分布的点状线性特征明显；区域产业发展平均综合成本偏高，产业发展没有做到与资源禀赋空间布局相协调；产业布局单一局限，支撑产业发展的区域环境资源承载力不足；产业布局优化和城镇群发展不匹配，阻碍了专业镇的集聚和扩散效应；专业镇产业结构单一趋同、竞争无序程度严重，区域合作制度安排严重欠缺。城镇化及资源型城市经济转型和区域产业布局的优化是相互促进、交互影响的，当前区域经济发展必须与宏观产业布局优化相协调。区域产业布局不合理不仅影响区域经济结构的调整、区域经济的竞争力，而且影响区域的可持续发展能力（王保忠等，2013）。本书认为，一方面专业镇应该在升级调整三次产业和其各自内部结构的同时，对具有区位优势的主导产业给予优先发展的方针；另一方面应以产业链延伸为导向进行多元化发展，强化开发区和产业集聚区建设，增强城镇化产业布局的合理推动。

优化产业布局的目标是改善产业结构盲目趋同的现象，使各种资源、生产要素、产业和企业部门选择最佳区位，想成空间地域上的合理流动、转移或重新组合，实现国家（或地区）整体综合利益的最优，而不是局部地区利益的最优（王崇举等，2011）。城镇的建设与产业合理布局有着密不可分的关系，在一定意义上，小城镇经济发展的核心就是产业结构和布局的优化。合理的产业布局有利于建立适应地方发展的产业体系，形成产业可持续发展能力；有利于形成规模效应，促进产业集聚和规模效应的形成；同时有利于提升环境保护水平，推进良好的人居环境的构建。优化产业布局可以从以下四方面入手。

1. 合理规划和营造良好的生产、生活环境，优化产业布局的硬件环境

专业镇应强化资源要素的集约利用，合理规划并严格执行政府的环境保护规划和土地使用规划等，整顿乡镇企业"乱而全"的分布现象，营造良好的生产与生活环境，置换现有的各类工业地区土地资源。多层次构造大类产业相对集中的产业带、主导产业相对集中的产业发展区及特色产业集群发展的产业开发园区，提高资源要素的产出效率和利用率，大力发展各类产业基地，控制预留土地开发，确保产业可持续发展，以此来促进土地功能合理分工和专业镇产业发展相互协调。

此外，优化产业布局的硬件条件，推进交通运输等基础设施的建设也是必不可少的。"十二五"期间，国家大力促进基础设施建设，特别是中西部地区水利、市政、交通、能源等基础设施建设更是取得了可喜的成就，有力地提高了产业布局优化和区域经济发展的硬件环境的条件。"十三五"期间基础设施，尤其是交通运输仍然亟待进一步的推进和完善建设，以期建成一个互补互助、密切关联、分工有序、便捷高效的综合交通网络系统，以此支撑专业镇经济快速发展。各专业镇之间应加强联系，成立统一的协调整合机构。在国家中西部开发战略的引导下，联合出台交通基础设施专项规划，为区域经济合作和产业良性发展提供硬件保障（王保忠等，2013）。根据公路、水路、民航、铁路各种运输方式的优势和自身特点，将他们进行最大化的优化配置，合理安排多种运输方式的空间结构和布局，进一步加强多种运输方式之间的紧密联系。

2. 以增长极培育为基础，延伸轴线，大力开发产业网络

产业布局是一个主观能动的过程，必须在遵循规律的基础上积极主动地对其加以改造。在专业镇的发展过程中，可以根据"极点—轴线—网络"这一经济发展动态过程，采取不同的发展模式，以获得专业镇的经济增长、利益均衡和协调发展。

首先，在资金、技术、劳动等生产要素有限的情况下，区域要促进经济发展就得选择可以作为增长极的专业镇产业（一般是主导产业和支柱产业）进行重点开发，选择条件既要看区位条件，又要注重其发展潜力。发展的时候要本着营造良好经济环境和建立健全区域增长传递机制二合一的原则，充分利用产业的聚集效应、扩散效应，带动专业镇及周围地区的经济增长。其次，增长极发展之后就可以对经济实力较强或技术基础雄厚的增长极进行相关的轴线开发。沿着轴线向周围地区延伸发展，循序渐进的积累、开发，实现专业镇经济向农村辐射、转移，最终形成贯通城乡的产业链和产业带，这些都将加快新型城镇化的进程。在发展初期可以依据轴线开发的原则，以水陆交通干线为依托，实现产业布局与交通运输的最佳空间组合（王崇举等，2011）。最后，地区在增长极开发和轴线开发之后，已经具备了良好的经济基础、较高的城镇化人口素质和较为完备的基础设施建设。增长极通过轴线更好地行使其扩散、回流效应，地区进一步交错发展，最终形成产业带和城镇带，形成网络化，促进地区经济的进一步发展。

3. 加速发展低碳行业打造低碳城镇，优化产业结构

建设中国特色新型城镇化的大背景下，为实现资源环境保护和区域经济快速发展的双赢可持续发展的目标，发展低碳经济成为不二选择。区域产业发展与资源禀赋的空间布局的双重不平衡性及产业发展的资源环境承载能力非常有限，使得低碳发展必须成为贯穿区域产业发展和产业布局的一个主轴（王保忠等，2013）。

将低碳发展融入产业布局要从两个方向同时入手。一方面是大力发展低碳城市的建设，以此为新兴低碳产业发展和布局提供空间和市场。首先生态环境优美宜居的低碳城市会吸引专业镇外资金和技术进入，进一步加快产业集聚的步伐，促成低碳经济的良性循环。其次，低碳城市建设为环境友好型新材料、新能源打开了需求市场的大门，直接促进了区域内新兴低碳产业和主导产业的发展壮大，促进了低碳城市和低碳产业的良性循环。另外是加速推进低碳产业的发展，以此促进产业结构和产业布局的优化升级。目前，清洁能源占比和能源消费结构等都显示出产业低碳发展存在的巨大压力，专业镇应以创新产业发展路径为突破口，在积极推进节能减排战略，加快系能源等重点低碳产业发展的同时，突出发展现代农业、现代服务业、先进制造业和战略性新兴产业等主导产业。

4. 充分发挥政府在产业集群发展中的引导作用，构建区域层面协调机制

政府要在充分认识产业集群发展规律的前提下合理运用政府职能，通过科学合理的产业政策，积极实践集群发展战略，促进产业资源合理有序地向适宜产业发展的区域集中，形成有效率的专业镇产业集群。政府应加大对专业镇产业集群区的政策扶持和引导，鼓励发展相关支撑服务产业，注重营造有利于集群经济发展环境，提高产业集群区域的配套服务水平，建立和完善产业集群创新平台，从而加快产业集群化发展进程，提高产业集聚效应，带动区域整体发展。具体可分为四点：一是积极培养人才，加大对教育的投入，提高产业集群内人力资源的数量和质量；二是加强基础设施建设，通过各种优惠政策引导对产业集群发展有重要影响的硬件资源，以改善产业发展和创新的外部环境；三是吸引那些含有行业领先优势及产业关联效应的企业，它们进去集群内部发展的同时会大幅度的带动相关产业的发展，起到促进产业竞争优势的提升和产业集群内部的创新；四是构建区域层面协调机制，协调行政区与经济区发展的问题，深入推进产业布局优化的区域合作制度安排。

其中构建区域层面协调机制可从三个层面推进：首先，为克服专业镇产业布局优化过程中出现的无效率、无秩序、产业趋同和恶性竞争等现象，必须改革和创新与专业镇发展不匹配的行政管理体制。从国内外的先行经验来看可分为功能完备的专门派出机构的培育、完整的行政实体机构的构建和从事开放开发的专业实体机构的设立三个方面。其次，加快制度化建设跨区域专业镇的利益协调机制和合作。促进省政府和地方政府之间的联席会议制度的建设，科学界定各级政府联席会议的职能、程序、效能。同时从产业激励和约束机制，利益分享和补偿机制，利益争端解决机制和绩效考核机制等方面，加速构建一整套区域间经济合作发展的协调机制，形成行政区成果共享，产业宏观布局和区域经济发展的协调化演进。最后，为获得推动区域经济协调发展和区域产业布局优化的优异的法制环

境，必须进一步提高区域合作制度安排的法制化程度。对当前中国调整产业布局、地区利益和区域经济相关法律法规缺乏的现状，政府应尽快出台为区域经济发展中的产业政策和产业布局规划的实施提供保障和依据的相关法律规章及实施细则。

3.2.3 加强生态环境保护

加强生态环境保护是新型城镇化建设的必然选择。中国特色的新型城镇化道路，不是过去那样城乡分割、缺乏特色、高消耗、高排放的传统城镇化路子，而是从中国国情出发的，符合国情、符合地方实际的、有特色的新路子，它是对传统城镇化模式和战略的彻底扬弃。新型城镇化更多的是质的要求，强调以人为本、和谐、可持续的发展道路，城镇化和生态环境交互耦合的关系使得加强生态环境保护成为新型城镇化建设不可或缺的关键环节。

1. 生态环境和城镇化之间存在交互耦合的关联

生态环境与城镇化之间具有强大的交互胁迫关系，一方面，生态环境的变化一定会导致城镇化程度和水平发生改变。生态环境对城镇化的约束作用表现在，生态环境恶化直接降低了居民的居住环境舒适程度，降低了城镇用水等生态环境要素的支撑能力，降低了专业镇投资环境竞争力，更会导致灾害事件的增多、环保难度增加，这些都不同程度上阻碍、减缓、抑制了新型城镇化的步伐。而在改革开放后，中国快速城镇化取得长足进步的同时也伴随着"唯GDP论"带来的资源破坏、土地失控和环境日益恶化的生态问题，这对于未来新型城镇化可持续发展来说，可谓挑战巨大。另一方面，区域生态环境很大程度上会受到城镇化进程加快的影响。城镇化对生态环境的胁迫作用包括经济城镇化和人口城镇化两个方面，就经济城镇化而言，企业通过扩大占地规模促进经济总量增加的同时消耗了更多的能源、资源，也排放出更多的废水、废气、废固；城镇交通的扩张首先刺激了车辆增加，进而无形中增加了废气，然后也会对生态环境的空间产生压力。就人口城镇化而言，人口密度的增加将对生态环境施加更大的压力，人们消费水平、消费结构的改变也会加大对环境的索取力度和加快对环境的索取速度。

所以，城镇化与生态环境之间存在着互相作用、交互耦合的关系，生态环境的改善会提高城镇化水平、加速城镇化进程演进，生态环境恶化则会制约、限定城市化进程的推进。近年来，中国城镇化建设中出现了人口密度加大，城镇绿地严重缺乏；雾霾、阴霾常见，城镇空气污染日趋严重；土地利用性质改变，城镇供水紧张；道路拥堵、交通繁忙，城镇噪声污染增加；工业废弃物、生活垃圾有增无减，城镇固体废物污染严重的严重生态环境危机，严重制约了城镇化进程和可持续发展的新型城镇化建设。由此看来，注重城镇生态文明建设使新型城镇化建设过程中必须始终坚持、贯彻落实的方针、方向。

2. 城镇生态文明建设几个着力点

优良的城镇生态环境是人们居住和工作的基础，成为人们聚居城镇的初衷，构成了新型城镇化建设必不可少的支撑力量。为了实现城镇化的可持续性发展，我们必须在正视现实存在的问题同时，针对矛盾根源，采取有效的措施，切实做好生态环境的保护工作。

（1）转变经济发展方式，走新型城镇化道路。经济发展方式不正确是当前经济发展带来诸多问题的根源所在，城镇化的发展迫切需要我们加快转变经济发展方式。十八大报告指出"要适应国内外经济形势新变化，加快形成新的经济发展方式，把推动发展的立足点转到提高质量和效益上来，使经济发展不断增强长期发展后劲"（荣宏庆，2013）。这就需要我们在充分尊重市场规律、充分发挥市场资源配置的基础性作用的前提下更好地发挥政府的在经济运行中的作用，以此实现经济发展方式转变。政府应加大产业结构调整力度，加快构建现代产业体系；实行创新驱动战略，切实增强自主创新能力；加快发展现代服务业，大力支持环保行业；推动信息化和工业化的深度结合，发展战略性新兴产业；改造、提升传统产业，加快新型工业化进程；全面提高对外开放水平，联动"消费、出口、投资"三驾马车。

此外，中国的城镇化必然是不可一蹴而就的长期过程，新型城镇化的进程中必须把握国情、地情，遵循城镇化的一般发展规律，走城乡统筹、产城互动、节约集约、生态宜居、和谐发展、信息化、城镇化、农业现代化、服务业现代化、工业现代化的中国特色新型城镇化道路。为此，我们必然需要谨遵科学发展观的定义，把实现经济循环可持续发展放在第一位的位置，通过推进发展循环节约型社会等手段，科学合理地进行新型城镇的规划。

（2）树立公众生态环境保护意识，提倡经济可持续发展。人是城市和城镇生态环境的设计者、建设者和管理者，人类行为的方式支配着城市的功能，现下许多城镇生态环境问题都是由于领导者、城镇居民缺乏生态环境保护意识引起的。

加强领导者的生态环境保护意识是城镇可持续发展的保证。领导者在作为小城镇经济发展的决策者的同时，也是小城镇生态环境的保护者。在小城镇发展的初期，往往是由于领导者的环境意识淡薄，只注重企业给城镇带来的 GDP 效应，为大污染、大耗能企业打开了方便之门，这给城镇生态环境造成了巨大的伤害

（有些甚至不可逆）。作为领导者，应考虑到延长城镇运转生命周期，保障可持续性的城镇发展。因此，在新型城镇化建设的过程中，对城镇领导者的环境意识强化尤为重要。首先，牺牲环境不可以作为谋求经济发展的代价；其次，领导者要加强环境意识，同时进行小城镇生态规划与经济规划，坚决将小城镇生态规划与经济规划同时执行；再次，在充分利用小城镇的区域环境容量基础上，尽可能建立较完备的污水处理系统和实行固体垃圾的有效管理；最后，要在可能的条件下，建立相应的生态环境管理部门。

提高小城镇居民素质是城镇可持续发展的必要条件。城镇居民是城镇发展的基础，但大多数城镇居民文化程度较低、综合素质较差，这就决定了其生态环境意识尤其是对公共环境的意识不会太高。种种与居民素养有关的行为，不但破坏了城镇的景观美，给居民本身的生活留下了隐患，更动摇着城镇化可持续发展的可能性。要从根本上建立完善的城镇生态系统，就必须提高城镇居民的素质和环保意识。相关文化部门、环保部门和社区团体等应广泛开展生态环境保护宣传和教育，组织多种形式的宣传活动，如宣传语、电视广告、影视片、广播、文艺演出、社区活动等。宣扬节约资源和循环经济发展的对现实生活、生产的意义所在；宣传地方和国家政府出台的相关法律、政策和方针；倡导文明节俭，提高生态环境保护意识；深入开展绿色家庭、绿色社区、绿色学校等活动等。

（3）强化生态环境制度体系构建，加大城镇环保投入。要实现对生态环境的保护和可持续利用，实现人类生存要素向生产要素的转变，必须通过变革经济制度来改善生态环境。要加强城镇的生态环境管理，小城镇的领导者要转变观念，充分利用宣传工具，加强环保知识宣传，提高环保执法力度；相关单位应严格执法监督，依法治理污染；政府领导需要综合调动全社会各个方面的力量，有重点地完善乡镇的综合治理，从根本上改变以往小城镇"脏、乱、差"的现象。

首先，城镇需要建立、健全与生态环境有关的政策和法规体系，切实开展城镇化过程中地方环境质量状况评价工作，将生态环境作为一种生产要素纳入市场运行机制的框架中，依法强化新型城镇化进程中的环境监管和保护。其次，地区领导人应严格限制高消耗、高污染行业的进入和生产，制定更高的准入原则、企业排污标准，修订和完善效能行业节能设计规范、建筑节能标准，以及更严格的排放超标处罚措施和标准，从源头降低污。最后，加强对水源、土壤、空气、自然保护区等的环境监测，注重二氧化硫、氢氧化物、氮化物等的排放强度监控，并实行定期结果公布，强化大家对保护生态环境的意识，也让大家对身边的生态环境保持清晰的认识。这也有助于量化循环经济发展水平，早日建立循环经济发展的考核指标体系。

更为基本的是，生态环境的保护中需要的人力物力需要补给、一定的经济投入是其他地方所不能取代的，所以必须加大小城镇环保投入。国际经验表明，污染治理投入费用在国民生产总值的占比反映了一个国家或地区的环保力度，当占比处于1%～1.5%时，只能说能实现对环境污染的基本控制；当比例升至2%～3%时，才谈得上可以做到环境质量的改善。而中国的环保投资本就不足，并且大部分资金是用于大城市，对城镇的投入就相对少得可怜，跟基本控制环境污染的标准相去甚远。因此，必须为城镇环保投资筹得更多的资金，稳定资金的来源渠道，同时加强监管资金的管理和使用，建立小城镇环保投资保障机制。资金的筹集方面不可单靠地方政府的计划经费，可通过鼓励民间投资，争取国外政府、金融组织的贷款，以及非常重要的一点"切实开展企业排污收费制度"。新型城镇化建设过程中有必要优先考虑与环保有关的基础设施的建设和规划。加紧建设污水集中处理设施，提高城镇污水处理率；提高城镇自来水发的普及率和应用率，且是加强城镇饮用水源的保护和管理；提高城镇清洁能源的利用率，利用太阳能、液化气、沼气等清洁能源；另外，中心镇应根据发展规模，规划建设相应处理能力的污水处理控制，降低投资额运行成本。

（4）搞好小城镇生态规划。根据城镇化和生态环境之间的交互耦合效应来看，城镇可持续发展的首要条件就是生态规划。中国特色新城城镇化建设发展的出发点是可持续发展，可持续发展的首要前提是将城镇看做一个有机的生态系统，树立环境资源观。因此，要使得城镇的可持续发展成为可能，真正起到促进地方经济发展的作用，在做好经济规划的同时，更必须要做好生态规划。

进行新型城镇化建设生态规划应遵循以下的基本原则：首先，控制产业规模、结构与布局，从而使城镇生态环境系统有利于生态环境管理，有利于保护土地资源、水资源及文物古迹。其次，以生态理论为指导，与新型城镇化建设总体规划同步制定。新型城镇化生态环境系统是一个包括农业、专业镇企业和城镇的复合生态环境系统，而小城镇生态环境系统又往往与城市生态环境系统密切相连。所以，必须以生态理论为指导，与总体规划同步制定。最后，生活区与工业布局相协调。基层城镇的生活区尽管不大，工业结构也不是十分复杂，但生活区与工业布局之间依然存在一定的矛盾，要使整个小城镇布局合理，实现可持续发展，生活区与工业布局之间的系统绝对不可忽视。

生态规划的实施：首先，要制定规划，分步实施，建立目标责任制。综合各项措施，制定实施性规划，并将小城镇生态建设规划的年度目标要求纳入城镇环境目标责任制，定期考核以确保生态规划的实施。其次，要研究并进行商业集中区及居民区生态设计。商业区和居民点是小城镇生态系统的重要组成部分，其生态系统建设的合理与否，直接关系到整个小城镇生态系统质量的层次和高低。最后，要以小城镇建设的总体规划为基础，根据生态规划，合理布局，认真实施，尤其要协调好工业区与生活区的布局（王崇举等，2011）。

3. 企业生态文明建设是城镇生态文明建设的主攻方向

改革开放以来，在"唯 GDP"论下，企业确实为地方经济发展做出了巨大的贡献，大幅增加了地方财政收入；但伴随而来的还有生态破坏、资源枯竭、环境破坏等一系列限制可持续发展的问题。健康、稳定和可持续是国民经济又好又快发展的前提条件，所以在发展过程中，我们在考虑速度的同时更应该强调健康发展。对各地市政府的考核不能单纯地以 GDP 的总量来进行，而是要把民生支出比例、产业结构优化状况、生态环境保护等方面作为考核指标，其中生态环境是一个重要方面（江若琰，2014）。企业作为城镇生态环境污染的主要制造者，在建设生态文明社会的进程中，需要肩负起更多的生态环境保护的社会责任，改善生态环境质量，主动参与到生态环境保护中来，切实践行以人为本的科学发展观。企业需要在明确节约、集约产业结构调整升级的价值导向的同时，践行节约、集约产业结构调整升级的基本国策，并逐步建立起节约、集约产业结构调整升级的工作机制。下面是加强企业生态文明建设的几个出发点：

（1）加大环保投资力度，严控生态环境污染。企业应像政府一样加大环保投资力度，在企业自身发展过程中不断更新环保技术设备，加大对生产污染的治理投资力度，才能实现企业自身的可持续发展。企业应把科学技术融入到整个产品的生产、加工过程中来，采用环保、绿色的生产工艺和技术，从而在提高生产率的同时从源头减少了对生态环境的污染；此外，环保技术更可变废为宝，循环利用生产过程中的废物，实现最小化污染和最大化能源利用。科学技术的投入有助于低能耗、低污染的生态产业链的形成、构建，有利于促进企业发展和环境保护的完美融合。

过去的很长一段时间，对各地政府的审核标的就是 GDP 指标，导致了很多地方和企业的一切发展都是以经济增长为中心，引起了高能耗、高污染项目大批出现，废水、废气、固废污染，水资源污染、地表水质量下降等一系列生态环保问题，大大限制了企业和地方经济的可持续发展，长远看来肯定是不可行的。新城镇化建设背景下，我们必须遵循科学发展观的要求，采取低投入、高产出、低能耗、少排放、可循环、能持续的发展途径，实现专业镇内部的生态环境保护与企业的发展相协调。

（2）发展环保产业，完善过剩产能退出机制。在专业镇产业结构升级的进程中要给予环保产业充分的政策优惠，严格规范工业型企业发展制度和资源型企业的生产要素使用量，尽可能大幅度地提高资源的使用效率，使得企业对环境污染的影响有所下降。近年来，国家节能环保预算支出呈显著上升趋势，也体现出国家对发展环保产业的支持，各地方城镇应抓住国家大力支持环保产业的这个机遇，加大环保产品研发和环境质量检测的投资，全面推进环保产业、节能减排生产方式的发展，寻求生态环境保护和专业镇企业生产的良性互动模式。

过剩产能是指企业生产中使得成本达到最低点的产出量和企业经营达到长期均衡状态的现实产出量之间的差值，所以又被普遍称为过剩生产能力。垄断竞争的市场结构下的企业往往会在还有过剩产能的情况下进行生产。要促进专业镇企业与生态环境的协调发展、改善城镇生态环境水平，就需要在市场机制作用下配合政府宏观调控，以此化解目前许多企业存在产能过剩的现象。相关政府部门应建立良好的产能过剩企业淘汰制度和企业兼并重组制度，严惩产能过剩造成生态环境破坏的专业镇企业，针对不同的企业和活动适度给予补贴和罚款。此外，创新能力是解决企业产能过剩的根本出路，也是发展新兴产业、加快产业结构转型升级的有力推手。完善过剩产能企业退出市场机制，对于一些目前过剩但是通过技术更新、设备更新有能力重新进入到市场竞争中来的企业（江若琰，2014），当然，政府在给予产能过剩企业在土地、资源和税收等方面宽松优惠政策的同时，必须坚持严格的环境保护标准，尽可能保护周边生态环境。

（3）加强企业循环发展意识。环境社会学认为，在转变企业生产经营方式的进程中，应在可持续发展战略的引导下大力发展循环经济，建设资源节约型、环境友好型的社会（江若琰，2014）。作为可持续发展理念的具体表现形式，发展循环经济的理念是针对传统经济发展（先污染、后治理的粗放式生产方式）中资源过度浪费和生态环境破坏而提出的针对性理念。当然，发展循环经济要结合国情、地情，以所在区域的经济社会发展程度、特点和生态环境状况为基础，科学合理地规划地方资源利用和生态环境保护计划，实现环境和经济的协调交互发展。它要求企业在做好产业经济发展的同时，更重要的是做好生态环境的规划和设计；在不同的专业镇之间形成资源共享、资源循环利用；打造生产废物变废为宝的循环利用生产链；引进、改良和创新生产工艺，实现清洁生产的绿色工业。相较于以往先污染、再治理的经济发展模式而言，循环经济发展模式采取的是由资源的利用到产品的生产，再到生产产品所产生的废弃物的循环利用的发展模式。科学技术是第一生产力，为此，专业镇企业要不断进行技术创新、变革，以技术带动产业经济增长。同时开展区域间的产业合作，发挥各个区域的产业优势，形成资源利用的绿色生态产业链，推动循环经济的不断发展和经济社会的可持续发展（江若琰，2014）。

建立资源集约利用、环境安全预警机制是保障企业与生态环境协调发展的重要保障。温家宝曾发表关于加快实现"三个转变"的重要讲话，讲话中明确地指出了先进生态环境监测预警体系对于反映当下生态环境质量情况和精准预警各种生态环境突发事件的重要性和不可或缺性。可见，环境监控机制是做好生态环境保护最基础、最重要也是最前沿的工作。当前，中国经济正处于加速期和转型期，发展过程中不可避免地扩大了生态环境的破坏和地域环境承载量的逐渐减弱、衰退，若放置这些问题而不及时处理，必然会带来更大的生态环境隐患，甚至是破坏性的毁灭，这就不单是制约产业的可持续性发展了，更限制了居民的健康生存问题，如 2015 年全国部分城市遭遇的持续雾霾。虽然，近年来，在专业镇转型升级的压力下，专业镇企业不断加大对环境监测能力和生态环境保护的投入，硬件上得到一定的配备和更新，进而也提升了对生态环境的监测能力，但还是远远不够、有待加强的。针对近年来不断发生的大型污染事故，国家环保局提出了建设先进的生态环境监测预警体系的方针，包含生态环境安全预警和管理体系、生态环境突发事故应急指挥系统和生态污染事故处理应急体系的全面完善和构建。确保积极落实对生态应急机制的构建和不断完善，加强区域对突发事件的应对能力。

3.2.4 提升公共产业配置水平

所谓公共产业，是指在城镇范围内以核心城镇经营主体为主导，以实现城镇可持续化发展为目的，为城市的公共设施、公共事业以及公共福利所提供不可或缺的、基础性的公共物品和公共性服务。由定义可以看出公共产业具有主导性、基础性、狭义性和效益的多元性特点，它是由多元化的城镇经营主体的引导和参与形成的，是城镇发展的前提和基础、城镇经济的重要组成部分，更是拥有社会效益、环境效益、经济效益多元效益的产业。公共产业跟其他产业相区别主要表现为以下三点：第一，城市经济生活的正常运行很大程度上依赖于城市中的公共产业；第二，公共产业具有其他产业没用的独立性；第三，政府对公共产业具有强有力的控制力。

公共产业本质上也是利润高、回报多的产业，只是其产业价值一般表现出迂回性、间接性和隐蔽性，同时这种利润和回报需要通过其他产业才会显现出来。所以公共产业产生的效益是不能用市场上普遍接受的价值衡量标准来度量的，因为它所产生的效益分散、覆盖了公共产业覆盖范围内各个经营者和生产者。

1. 公共产业的地位和作用

公共产业的发展水平、规模决定了城镇经济规模和发展状态。公共产业是城镇发展的基础和前提，它对其他企业生产的外部成本、居民的生活环境和企业的投资经营环境起决定性作用，良好的公共设施能提高企业生产效率、降低生产成本，恶劣的公共设施攻击反而会制约城镇经济的发展。公共服务和公共物品都是城镇生产、生活、正常运转的必需品，并且城镇所有的公共物品必须品类齐全、相互匹配，因此，从一定程度上来看，城镇的公共产业发展的水平、水准和规模情况真实地体现了其经济水平的发展状态和规模状况。公共产业的领域随着生产力水平的提高和现代经济的发展不断扩大，相对来说，城镇公共产业的发展状况直接体现了城镇经营的好坏。强大、完善的公共产业涵盖了能打造人力资本的教育、保证大规模生产的基础设施、缓解劳动力再生产的社会福利设施等，在公共产业短缺的前提下是不可能支撑城镇现代化经济的正常运行的发展的，更别提迅速发展城镇经济了，所以城镇必须将公共产业的发展摆在优先的地位。

公共产业在新型城镇的形成和功能拓展中起着先导的作用。城镇公共产业不仅涵盖城镇基本需要如城镇道路、供水、供电、通讯等，更包含城镇居民自我实现需要和社会需要的图书馆、学校、公园、戏剧院等，所有这些产业都是构成城镇经济的重要组成部分，他们共同组建了城镇发展的前提和基础。城镇公共产业从城镇的形成到现代化城镇功能的拓展方面都起到了先导性的作用。

公共产业是现代社会的重要基础。以公共消费为特征的公共产业在全球一体化世界经济发展趋势下成为现代经济决定社会的根本基础。我们要借鉴发达国家的经济发展经验，加大对公共产业的投资和培养，发挥其强大的多元效益，只有公共产业强大了、完善了，那些依赖于公共产业的其他产业才能有力施展自身的本质功能，各产业的联合效应将有助于社会经济的进一步发展。

2. 专业镇加强公共产业建设的两点建议

当前，要从落实科学发展观的高度来认识加强新型城镇公共产业建设，并通过强化公共产业建设，逐步提高新型城镇居民享受公共服务的水平。公共产业是城镇经济的先行官（顾裕文，2008），专业镇发展时要着眼于地区产业的长远发展而非仅仅锁定当期利益所得，要树立公共产业重要性的关键意识，借由合理规划实施公共产业规划实现城镇产业空间结构的合理化、高级化。此外，公共产业资金筹集方面，加大各级政府的投入力度是必需的，却也是不足够的，必须吸引社会资金广泛参与新型城镇城镇公共产业建设、不断补充公共产业建设资金、消除政策体制障碍、建立多元化的投资机制、甚至是公共产业建设中金融衍生工具的选择。具体而言，可从以下两个方面着手：

（1）加大公共产业建设规划。超前发展公共产业和基础产业。公共产业在产业集群和主导产业的形成中占据非常重要的地位。公共产业如交通、通讯、物流、电力、公园、教育等多是单个企业难以承担的公共产品，这就需要政府能够超前发展、建设一定规模的公共产业，如此才能降低企业入驻后的经营成本，吸引专业镇企业的聚集。在公共产业的建设和规划制定过程中有几点是需要特别注意的：其一，城镇建设基金有限，因此更加需要加强各部门之间的协作调整，减少重复建设等浪费情况的发生；其二，不能局限于以往公共产业单由政府投资建设的旧思想，积极实践"谁投资，谁受益"的原则，大力鼓励企业、个人等民间资本以及国外投资入驻公共产业的建设投资领域；其三，计划制订要有前瞻性、高起点，为预防所建项目在短期内被淘汰还应制订一个至少十年的长期计划，另外还应根据城镇自身发展情况和外部环境的变化及时对规划进行修订、完善，以保证新型城镇建设与生态环境保护相协调。

协调城乡发展，合理划分事权。城镇政府应严格控制人员的财政支出项目，改革城镇管理体制。对于公共产业中的"非公共物品"如道路交通、给水排水、电力通讯、公园草地等设施，要改变以往只由城镇政府财政提供资金的局面，应积极敦促开发商、城镇居民和专业镇企业共同负担。对于污水处理、文化遗产保护、对外交通等"纯公共物品"应该在城镇政府提供资金的基础上争取县以上政府财政的资金支持。

加强建设规划的实施与监管，改革开发建设模式。新型城镇建设要将统一规划、合理布局、综合开发与配套建设四点相协调、同步进行。要设立具体化、明确化、便于实施管理的新型城镇建设规划，并严格执行批准的规划，进而树立起规划的权威性。做到近期建设与远期建设相协调，公共产业与小区开发相协调，并在实施和计划时充分考虑特定城镇的经济发展水平。在实施规划时，公共产业建设要与经济、社会发展相协调，适度超前，发挥先导性、基础性作用（顾裕文，2008）。

（2）拓宽公共产业融资渠道。

一是充分发挥政府投资的主导作用，加大各级政府资金投入力度。各级政府要充分认识到公共产业建设在中国特色新型城镇化建设中的重大意义，真正从思想和行为上把公共产业的建设作为带动城镇化和社会发展的重大战略。首先要改革现行财政管理体制，在划分城镇政府和上级政府事权的基础上赋予城镇政府必要的财权。必须明确专项用于新型城镇公共产业建设的专项经费，将收取的公共产业建设配套费返还给乡镇，特别要加大土地使用权出让的收益的返还比例。其次实要严格按照"统筹城乡经济社会发展"的科学发展观要求，改革以往城镇化建设的弊端，切实将新型城镇的建设发展规划纳入全国经济发展的总规划，确保城镇公共产业的财政经费支持，落实将新型城镇公共产业建设列入国家公共产业建设的投资计划内。最后要加大城镇公共产业建设的财政投入，稳步扩大城镇公共产业投资在国家总的公共产业投资中的占比，加大对新型城镇公共产业建设的扶持力度。

二是吸引社会资金广泛参与小城镇公共产业建设。首先要采取政府产权管理、间接调控和市场运作相结合的方式，实现建设行为企业化。政府可利用项目融资方式、合作建设、建后共同管理、共同生产经营等方式，在公共产业的发展和建设中引入企业的行为。其次是要灵活运用祖灵、委托—代理、合资合作开发等形式吸引资金。一些城镇更可以设立自己的城镇公共产业建设基金和投资开发公司等金融资金来源。最后一定要遵循市场规律，按照市场原则实行要素的合理流动，让政府利用资金杠杆吸引广泛的社会资金参与新型城镇公共产业的建设，实现多渠道资金来源、多层次资金投入和多形式资金筹集。构建民间资金广泛参与，并且真正涵盖政策引导、政府支持以及价值规律和市场杠杆自动调节两方面力量，实现政府和市场的完美协作的城镇公共产业建设的全新篇章。

三是持续补充公共产业建设资金。首先，要引入竞争机制，实行多元化的经营性服务。可以实施面向整体社会的开放性的公开招标等方式，一定程度的转让出向城镇环卫绿化、卫生等公益性显著突出的公共产业的部分维护权以及管理权。竞争出效率，这样在降低公共产业管理费用的同时，也为筹集资金建设新的公共产业提供了可能。其次，部分公共产业项目的经营权可以以有偿的方式转让。城镇部分公共产业的部分经营权限期性和有偿性的转让，实际在很大程度上缩短了公共产业预期收益的使用等待时间，所取得的转让经费又可进一步加快新的公共产业项目的建设，实现公共产业规模的扩大化。最后，通过对公共产业进行改组、改制和改革，如公共产业资产证券化、有偿转让收费性较强的公共事业股权等方式，避免传统公共产业的弊端，让城镇公共产业走上市场化运作、企业化经营、社会化服务的新路子。在政府投资管理规范化的基础上，实施公共产业的多元化经营模式，提高现有公共产业的经营实力，采取有效的方式盘活公共资产存量，增强自我发展、自我枳累、自我增值的能力（王崇举，2011）。

四是解除政策体制障碍，建立多元化的投资机制。首先，为引导和鼓励企事业单位和个人投资经营新型城镇的公共产业建设，需要设立相关的优惠政策。其次，为吸引其他投资主体参与新型城镇的公共产业建设，需要对城镇公共产业建设的投资管理体制进行创新，如经营权转让等产权经营方式。最后，要优化投资管理的体制和方式，在政策审批程序等方面给予社会投资主体一视同仁的国民待遇。总之就是消除对社会投资者进入公共产业的政策壁垒，并为其提供良好的政策环境，以期建立起以政府投资为主导的多元化投资格局。

五是做好公共产业建设中金融衍生工具选择。金融衍生工具是解决新型城镇公共产业建设资金不足的又一出路，在国外已经相当成熟。其一，可转换（含看涨期权）的债权。当发生特殊事件使得公共产业投入营运实现或者高于预期收益的时候，发行者有权要求赎回以此实现债款的提早付清，相应的债权的持有者可以转换手中的债券为股票，以期分得更多收益。原本的负债就可以转变为公司的权益资本。其二，有保护的可提前退还债券。设计一个保护可以提前归还性质的债券，这种债券的持有人在遇到对债券价值不利事宜产生的情况下可以以双方预先确定的价格提前回笼现金，退还手中持有债券。事实上，债券持有者在实施购买债券行为时，也一并买进了债券的看跌期权。其三，退还股票（顾裕文，2008）。这类金融衍生工具将有助于降低股票首次发行时期面临的信息不对称问题的发生和股价低估时间的频率。

3.3 广东省专业镇的产业转型升级实践

广东省作为"专业镇"名词的诞生地，其专业镇的发展对全国各地专业镇发展具有很强的示范效应和带头效应，专业镇的发展壮大为广东省带来了巨大的经济收益，也为促进社会发展作出了巨大贡献，大大促进了城镇化的进程。而今，在构建中国特色新型城镇化的大背景下，面对以往粗放式的专业镇发展带来的各种社会、环境、产业问题，广东省政府及相关单位一直在深刻挖掘制约专业镇转型升级的因素所在，着力推进专业镇转型升级的具体实践。

3.3.1 广东省加快推进专业镇转型升级的主要做法

近年来，广东省委省政府始坚定不移地引领省直属相关部门和省科技厅切实开展对科学发展观的具体落实，时刻遵循并践行《珠江三角洲地区改革和发展规划纲要》，认真实施"双转移"和"双提升"战略，通过创新引领、科技支撑、服务升级，积极探索加快专业镇转型升级的新路子，逐步形成专业镇实现可持续发展的新机制和新办法，对广东省加快专业镇转型升级起到了有效的推进作用。它们使得专业镇经济效益不断提升、专业镇产业结构明显优化、专业镇技术创新能力显著增强、专业镇生态环境逐步转好、专业镇产业服务体系初步形成，并加快了城镇化建设进程，促进了社区的和谐稳定。

1. 构建技术创新体系，促进技术产品转型升级

广东省科技厅于2000年在全国率先启动了"专业镇技术创新试点"工作。近年来，先后开展了"技术创新示范专业镇"和"双提升示范专业镇"的认定

工作，围绕专业镇产业发展需求，组织科技专项计划，建设多层次的创新平台，对专业镇转型升级中的技术难点和技术"瓶颈"进行联合攻关，实现部分产业发展关键技术突破，以珠三角为代表的许多专业镇技术创新能力逐步增强，技术创新体系逐步形成，广东省专业镇开始从自发、零散和无序的发展阶段转入规划引导、政策扶持、科技支撑的发展轨道。

2. 实施节能减排，促进传统产业改造转型升级

广东省专业镇实施以节能减排为抓手的战略方针，踊跃实施对清洁生产、节能减排新技术和新产品等的推行，积极加强高耗能高污染相关行业的落后产能淘汰工作，以此推进传统产业的合理化和高级化方向发展。通过实施节能减排，专业镇企业单位产值能源消耗量大幅降低，水质达标率、工业废水排放达标率、工业固体废弃物综合利用达标率等指标均有大幅提升，有效提升了当地的生态环境质量。

3. 实施品牌战略，促进产业竞争力转型升级

广东省专业镇大力推广集体商标和地理标志保护，积极推动品牌战略，把区域品牌培育纳入政府推动产业集群的发展战略，同时加强与国家级行业协会、专业组织和媒体的交流与合作，增强区域品牌价值。目前广东省涌现了西樵布料、小榄五金、北滘家电等一大批区域品牌，区域品牌建设有力增强了专业镇的影响力和辐射力。同时通过培育、保护和扶持一批专业镇内企业的名牌产品，提高了企业产品的附加值和市场竞争力。

4. 完善产业链条，促进产业发展模式转型升级

广东省专业镇充分利用产业集聚的优势，加快延伸产业链条，逐步完善产业配套，通过做大做强产业链中的主要环节，促进专业镇从产业链低端向中高端迈进。一些专业镇通过建设专业化交易市场，发展深加工、物流配送、服务配套等项目，并由此带动当地会展业的发展；一些专业镇建设了具有国际水准的工业设计平台，为行业发展提供专业支撑，积极推动产业转型升级；一些专业镇大力推动总部集群建设，打造高端国际化商务总部区，重点在研发设计、品质监管和营销管理等环节向专业化迈进。

5. 抓龙头企业，带动中小企业转型升级

广东省各专业镇根据当地经济发展和产业发展特点，培育和扶持本地区的龙头企业做大做强，以龙头企业为依托建设工程技术研发中心等技术创新平台，并在生产工艺改进、新产品开发、产品营销、人员培训等方面为中小企业提供服务支持；以龙头企业为依托实施产学研合作和重大科技专项，获取先进适用技术研发成果，并通过示范推广辐射带动中小企业，从而提高了产业集群整体的技术创新能力。

6. 加强园区建设，促进基础设施转型升级

通过专业镇园区建设，有效地促进镇内企业由家庭作坊向规模企业转变，由传统产业向现代产业转变，由分散经营向集群发展转变，形成较强的集聚效应，并有效地促进专业镇产业向环保化、节约化的可持续发展方向转变。

7. 培育新兴产业，促进产业结构转型升级

广东省专业镇跟随广东省产业转型升级的发展趋势，加快传统产业的转型升级，培育和形成了一些新的产业集群。现有专业镇产业已不仅是五金、纺织服装和家电等传统产业，通过政策引导、培育扶持，LED、高端新型电子信息、新能源、生物医药等新兴产业在珠江三角洲地区的部分专业镇中已初步形成产业规模，动漫、游戏游艺等文化产业也正在一些专业镇中兴起，并逐步形成新的经济增长点，促进了广东省专业镇产业结构不断优化升级。

8. 推进信息化融合，促进生产经营方式转型升级

广东省专业镇在转型升级过程中，大力推进信息化和工业化融合，运用信息技术提高产品的设计开发能力，大力发展电子商务，电商技术直接改造了企业物流、采购和销售的部分或全套系统，有利于推动变革专业镇的企业经营模式，对企业更好地实现自身经济效益和提升现代化管理水平有很大的裨益。

9. 加强产学研合作，促进产业创新资源转型升级

广东省专业镇中大部分企业的技术创新基础较为薄弱，开展产学研合作成为提高专业镇企业技术创新能力和产业竞争力的有效途径。广东省在专业镇转型升级的过程中积极、充分利用了"三部两院一省"的产学研合作机制，具体表现为根据各个专业镇产业技术特色需求，实施专业镇和地方科研单位以及高效的对接工程，企业科技特派员计划，有效地整合省内外，乃至香港高校和科研机构的创新资源，通过建立多种形式的技术合作关系，提升专业镇技术创新水平，促进更多的创新资源集聚到广东省专业镇内。

3.3.2 制约专业镇转型升级的主要因素

1. 各专业镇发展极不均衡

广东省各地区经济社会发展水平存在着较大的差距，专业镇发展也极不均衡，珠三角地区的专业镇无论从经济总量、产业规模还是技术创新活动和能力方面，都明显强于粤北山区和东西两翼的专业镇。另外，各市的专业镇也因创新意识、管理水平、产业基础等因素，存在着较大的差距，这对广东省专业镇转型升级的政策制定和落实提出了更高的要求。

2. 龙头企业带动作用发挥不明显

一些专业镇特别是东西两翼和粤北山区的专业镇产业规模较小，产业协作和分工不尽合理，未能进行专业化、集约化、基地化生产，未能形成相互衔接的产业链，龙头企业和优势企业对产业转型升级的引导和拉动作用不明显，这也减弱了通过发挥集群经济组织优势推动产业转型升级的实际效果。

3. 公共服务能力有待增强

部分专业镇特色产业公共创新服务平台辐射带动作用不明显，产学研合作体系还不够完善，未能给企业提供全面、良好的研发、检测、信息、培训等技术服务，未能有效地促进企业自主创新活动和转型升级。大部分专业镇尚未建立健全完善的融资体系，缺少融资服务机构，未能有效地解决中小企业转型升级中的金融服务资源匮乏、融资难度大等问题。

4. 部分专业镇缺乏总体发展规划，可持续发展水平低

部分专业镇缺乏科学合理的总体规划，产业发展定位不合理，布局不清晰，结构不平衡，产业发展与生态发展的系统性、协同性考虑不足，部分专业镇的产业发展重点同构化现象明显，发展方式仍较为粗放，走的仍然是高投入、高消耗、高污染、低效益的粗放型增长模式，节能减排和资源环境压力日益增大，产业与生态环境协调持续发展能力仍需增强，现代产业体系建设任重道远。

5. 缺乏高素质人才，人才结构不合理

广东省专业镇人才层次不高，人才结构不合理，缺乏既掌握技术又精通管理的复合型人才和拥有核心技术的高层次创新人才，尤其在发展战略性新兴产业方面缺乏行业领军人才团队，尚未建立健全人才引进和落户的政策体系。总体上看，现有人才数量、质量和结构还不能很好地满足专业镇转型升级的需求。

6. 创新意识不强，创新能力较弱

广东省专业镇中的企业以中小型为主，自主创新能力较弱，企业缺乏具有自主知识产权的核心技术和主导产品，大部分产品处于产业链的低端，企业的抗风险能力不强，自有品牌还不够多，制约了专业镇产业转型升级的深入推进。

3.3.3 加快推进专业镇转型升级的政策建议

为加快推进广东省专业镇转型升级，必须推进专业镇建设与城镇化建设及社会建设的融合发展；逐步优化专业镇产业生态系统；深化专业镇产学研合作机制建设；完善专业镇创新服务体系；加强专业镇转型升级工作的组织领导；实施"广东创新型产业集群专业镇"建设工程。

1. 推进专业镇发展与城镇化建设及社会建设的融合发展

推进专业镇转型升级，必须遵循全面协调可持续发展的要求，统筹推进专业镇发展与城镇化及社会建设的融合发展。一是推进专业镇的城镇化建设。专业镇的基础设施如公路、铁路、环卫等亟待进一步完善和强化，要大力推进"三旧"改造，争取早日完善、完备通讯、教育、医疗等一些配套设施的建设程度。二是加强专业镇社会建设。加强以专业镇民生为重点的社会建设，充分发挥人民群众在社会建设中的主体作用，积极培育和发展社会组织，加快专业镇基本公共服务体系建设，使专业镇发展成果惠及全体人民。三是创新专业镇社会管理体制机制。强化专业镇政府社会建设职能，进一步创新专业镇基层社会服务和管理体系，大力培育虚拟社会服务和管理，加强思想道德文化建设和法制建设，规划提升专业镇公共服务和社会管理水平，为专业镇经济和社会各项事业的发展创造和谐稳定的社会环境。

2. 逐步优化专业镇产业生态系统

专业镇转型升级，必须始终坚持运用科学方法指导，推进战略集成与协同创新，重点推进技术、人才等创新要素等的集聚，逐步完善专业镇产业生态系统。一是建设专业镇产业生态地理信息系统。通过科学、现代的信息手段反映专业镇特色产业发展的内在有机联系和复杂外部环境的时空状态及演化轨迹，为广东省专业镇产业发展与技术创新决策提供支撑。二是制定专业镇产业技术路线图。围

绕各镇特色产业的产业生态状况，通过产业技术路线图的制定，找出制约产业发展的关键技术环节和要素，提出专业镇产业转型升级中需要重点解决的产业共性技术、核心关键技术问题，为科学制订产业技术提升计划提供支撑。三是优化产业组织与协同创新。鼓励企业积极向产业链的上下游扩展，引导企业围绕特色产业开展专业化分工协作，促进专业镇产业链的纵向延伸和横向拓展。优化目前价值链的现有结构，以期实现研发、设计、品牌和生产性服务业的促进发展。培育和壮大生产性服务业，促进企业向"生产 + 服务"型转变。四是推进专业镇人才队伍建设。大力激励和支持各专业镇（区）的创新平台去到地方高校和相关科学研究机构引进优秀的相关方面的科技管理和创新高级知识人才，并以股票或者期权的鼓励方式嘉奖对专业镇产业发展做出巨大贡献的人。以专业镇龙头企业、协会、创新中心等为基地，结合产学研工作的深入开展，不断探索结合特色产业需要的专业技术人才的引进培育机制。

3. 深化专业镇产学研合作机制建设

专业镇转型升级，应以"三部两院一省"产学研合作机制为依托，创新省部会商机制，突破专业镇内创新资源相对不足的发展"瓶颈"。一是实施"一校一镇，一院（所）一镇"计划。推动各专业镇根据本地区的产业聚集情况，引导其有目的地选择能对本地产业转型升级、技术创新和人才培养提供长期有效支撑的高校、科研机构建立长期的合作关系，为本地产业的发展持续提供创新动力。二是鼓励专业镇建立大学科技园分园。通过设立科技进步奖、创新人才奖，给予园区建设启动资金等措施，鼓励全国著名高校入驻创新镇设立大学科技园分园。创新和完善校镇、校企联合建设技术创新平台的机制，完善创新镇技术研发、转化高校重大科技成果的环境和条件。三是建设专业镇产学研示范基地。积极支持和引导专业镇产学研相互结合的示范基地和专业镇技术创新平台建设和完善，贯彻落实专业镇企业科技特派员和院士的工作站之类的构筑，同时加速对国内外可触及的一切创新资源的聚集，促进专业镇企业和区域技术创新能力的提高。四是组建专业镇特色产业技术创新战略联盟。以特色产业技术创新需求为基础，突破一批关键技术和共性技术，凝聚和培育一批创新人才，加速技术推广应用和产业化，并形成长效、稳定的利益共同体。五是推进"科技特派员工作团"工作。由省委组织部牵头，省科技厅具体实施，共同推进此项工作。由高校或科研机构点对点组成"科技特派员工作团"，团长可任所到县（区）科技副县（区）长，成员为派驻各镇的科技副镇长，从而成为专业镇产学研合作长效机制的组织保障。

4. 完善专业镇创新服务体系

专业镇转型升级，必须加快建设各类技术创新平台与服务平台建设，完善与提升产业服务功能，发挥行业协会等社会组织的积极作用，形成专业镇创新服务体系。一是完善专业镇技术创新平台体系。强化对专业镇各级企业的工程技术研发中心、产业重点核心技术的创新中心以及重点实验室之类的一些重点研发机构的培植、培养，吸引并指导创新要素如技术、设备、人才、资本等在专业镇形成聚集模式，产生聚集优势。二是培育专业镇创新服务平台。以广州的广东省现代服务交易中心为依托，引进国内外的专业服务中介机构，根据各专业镇的产业特色和发展需求，创设、成立专业镇的分支服务机构（广东省现代服务交易中心专业镇创新服务站），构建广泛分布于整个广东省的专业镇创新服务网络系统，为专业镇提供技术研发、工业设计、技术咨询、信息服务、现代物流、商务会展、文化创意等生产性服务领域的服务，有力支撑专业镇转型升级。三是积极发挥协会的行业组织作用。积极鼓励并支持各个行业协会参与到产业发展规划的设计和构建过程中来，引导行业内的企业切实做到对国家、地方制定的产业政策的落实和实际应用，同时对各个行业协会的行业数据的统计搜集、行业品牌的培养、行业自律和突破行业壁垒技能等工作给予宽松的自由发挥空间和支持。四是推进专业镇知识产权战略。鼓励企业品牌创建广东名牌、中国名牌和世界名牌；引导专业镇企业建立健全质量管理、标准化等体系，参与国际、国家、行业技术标准和规范；加大专利保护与应用力度，鼓励企业积极申请国内外发明专利，积极申请创建国家知识产权试点示范镇等。五是增进促成技术创新与金融的紧密结合。积极引导和推进专业镇创设各种形式多样的中小企业融资担保机构和个人或团体的创业投资引导基金，增进和引导金融资产与专业镇企业间的完美对接，大力支持引导各类社会资产进入到专业镇各个产业的领域，培育新经济增长点。

5. 加强专业镇转型升级工作的组织领导

各级各有关部门应充分认识专业镇建设与发展的重要性，全面加强专业镇转型升级工作的组织领导。一是主动转型。要按照省委十届八次全会上明确提出的"在推动产业转型升级上实现重大突破"的要求，加强专业镇转型升级工作的主动性与积极性，努力探索专业镇科学发展新路。二是转变观念。特别是要转变政府的服务观念，提高服务能力与服务水平，把专业镇转型升级工作摆在重要位置，加大人财物的推动落实。三是创新引领。要充分重视创新作为专业镇转型升级的核心驱动作用，坚定依靠科技、推进创新的选择，牢牢把握依靠科技改造传统产业，实现转型升级，培育新兴产业等工作方向，推动专业镇转型升级向纵深发展。四是机制创新。要结合区域产业发展阶段与特色，选准产业，开拓进取，长抓不懈，形成经济、社会、城镇、科技各领域协调发展的长效机制。五是考核监督。建立科学可行、规范化和制度化的专业镇发展考核评价体系，对专业镇进行定期考核，全面加强专业镇发展与建设的动态跟踪管理。

6. 实施"广东创新型产业集群专业镇"建设工程

为加快专业镇产业转型升级，应加快实施"广东创新型产业集群专业镇"建设工程，引导专业镇走创新型产业集群的发展道路。一是制定相关政策。把建设工程提高到广东省发展的战略高度上来，加速制定出台《广东创新型产业集群专业镇建设的指导意见》，把省级专业镇作为建设工程的工作核心，每一年开设一批建设试点，并经过三到五年的努力，力争创新型产业集群专业镇数量达到150个以上，带动广东省专业镇生产总值突破2.5万亿元。二是落实政策配套措施。2011～2015年，每年设立财政专项资金2亿元，用于创新型产业集群专业镇建设各类创新平台、重大科技成果产业化、知识产权发展以及提升区域品牌美誉等；推进省市联动及多部门联动，落实与完善税收优惠政策、人才引进和培养政策、绩效考核机制等。三是要推进专业镇分类指导。立足于专业镇的现实基础和发展潜力，联系产业的区位优势和自身特点，采取"一镇一策"的措施，联合高校、中介机构为每个镇制定目标明确并且具有高度科学性和前瞻性的发展战略，转型升级的具体措施，引导各专业镇走创新型产业集群发展道路。四是推进专业镇可持续发展。以推动专业镇建设省及和国家级可持续发展实验区为契机，积极探索低碳经济和绿色经济发展模式，注重资源节约，加强生态建设与环境保护。

3.4 优势产业集群视角下的新型城镇化建设实现路径

优势产业的发展是支撑和推动区域经济力量形成并壮大的主导力量，城镇化发展的组织模式是优势产业战略实施的载体。实施基于优势产业集群视角下的专业镇（特色小城镇）发展模式能够促进小城镇发展，加快新型城镇化的进程。具体就是要做到地区优势产业的遴选、发展和对现有城镇化发展组织模式的改变、创新。

3.4.1 优势产业遴选与发展

区域优势产业，是指在特定空间范围内，以区域的主体功能定位为基本立足点，在市场机制和政府引导的共同作用下，面向国内外不同层次的市场，系统运用区域内所拥有的产业资源，优化比较优势为竞争优势，在产业价值链中的某个环节或多个环节有着决定性影响的、产业绩效高、产品市场空间广阔的产业或产业集群（唐志宏，2013）。优势产业的发展是支撑和推动区域经济力量形成并壮大的主导力量，它反映了一个国家经济发展的总体水平和发展方向，其发展程度在很大程度上决定了国民经济的整体效益和素质以及综合国力的强弱。因此，采用区域优势产业发展战略是发展区域经济、新型城镇化建设乃至国民经济的占优选择。

1. 区域优势产业的选择和发展的两大影响因素

（1）区域经济增长的阶段性。区域经济增长阶段理论指出，经济发展具有明显的阶段性，因此，优势产业发展策略的制定应该做到因时因地，针对不同阶段的具体特征做出不同的规划与调整。区域优势产业本身的时空性和相对性决定了区域优势产业的具体内容在不同的区域以及不同的时期是处于动态变动之中的。所以，我们应将经济增长阶段理论考虑到区域优势产业的发展中来，一般而言，在经济发展的初级阶段，农业占主导，这个阶段应选择自然禀赋较好的农业为区域的优势产业；在经济的中期阶段，对其他部门有带动作用的重工业应该替代农业，成为此阶段的区域优势产业；在经济发展进入成熟阶段，即人们的生活水平显著提高，第三产业发展迅速时，区域优势产业则应该选择第三产业中辐射带动作用强、发展空间大的产业。当然，具体考虑某地区的优势产业选择时，我们应根据区域的特定消费需求经济发展情况、资源禀赋、市场化程度等因素综合考虑。如正处于经济发展中期的某个区域，不一定非要选择重工业作为优势产业，它完全可以根据区域自身的发展环境和各项因素选择初级加工业或者第三产业中的细分产业。区域优势产业要随着影响区域经济发展的各项要素的动态变化而不断地进行更替，才能适应经济发展不断变化的需要，从而持续促进区域经济增长。

（2）区域经济发展的可持续性。区域经济可持续发展理论是影响着区域优势产业的选择和发展的又一重大因素。近年来，环境问题随着经济的不断发展呈现出日益突出、严重的现象，新型城镇化必须转变过去的粗放式的增长方式和发展战略。区域经济可持续性发展理论要求我们在发展经济的同时必须保证经济发展和生态环境的和谐性，区域优势产业的发展不能以牺牲环境为代价，不能以满足短期而忽视长期利益为前提。只有具有可持续发展能力的优势产业才能推动区域经济的可持续性发展。所以，区域优势产业不应该仅仅只是发展基础好、带动作用强、增长潜力大的产业，更应是对环境污染小、耗能低、有利于可持续发展的产业（唐志宏，2013）。

当然，除了以上两个理论，区域要引导优势产业健康发展、促进区域经济的健康发展，还需根据其他多方面的区域经济发展理论的启示，统筹考虑各方面因素。

2. 区域优势产业的遴选

区域优势产业的选择要注意系统性。区域发展需要整体产业的推动，某个产业或某个部门的异军突起并不能够有效带动所有产业的发展，反而容易导致产业之间的发展不平衡，抑制产业健康循环的发展（唐志宏，2013）。所以，选择区域优势产业时要避免区域内外优势产业发展盲目趋同，不仅需要注意区域内部各产业之间的有效协调，更需要放眼全国，将区域融入更大的经济环境中来考虑，始终坚持以产业整体最优为导向的遴选原则。与此同时，区域优势产业基于不同时期、不同地区各自的历史、未来、资源、市场等是处于动态变化过程中的。区域优势产业的选择必须考虑不同时代同一产业发展的不同要素资源和市场环境的变化，并且需要进一步结合产业生命周期。同一时间的不同空间、不同区域所拥有的自然资源禀赋、经济发展基础和产业发展状况等因素也是不尽相同的，每个区域的优势产业都不一定可以成为另一个地区的优势产业。所以，选择区域优势产业时需要因地制宜，充分考虑区域空间环境的差异。

笔者归纳的最主要的五个优势产业的遴选评价标准见表3-1。

表3-1　　　　　　　　　　　　　优势产业遴选标准

遴选标准	具体细则
比较优势	比较优势很大程度上表现了国家或区域参与到国际合作分工中的情况。一般可以用资本优势率、市场占有率、资本产出率和就业吸纳率来衡量地区情况。资本优势率表明了地区产业经济发展固有的优势；市场占有率显示了产业的竞争力情况，可以用来评断产业经济发展实践；资本产出率指的是区域产业经济投资值在区域产值中的占比，占比越大则说明其对区域的产业投资的效用越大；就业吸纳率指的是地区优势产业对地方劳动力就业的拉动功用，经济服务的水平随崎岖劳动力利用程度的上升而提高。
产业绩效	经济效益是区域产业发展的根本动力。一般可用产业利税率、产业利润率和产业贡献率三个指标来测度区域产业发展的绩效。其中，产业利税率表明了发展该产业对地区财政收入的贡献度，产业利润率显示了该产业的盈利水平，产业贡献率则是该产业对全地区经济增长的贡献及其竞争力。
发展创新	优势产业大多是具备一定的技术创新能力和产业技术水平的产业。一般可用技术进步以经费投入强度和全员劳动生产率来对其进行衡量。其中，经费投入强度显示了各行业对研发的重视程度和投入力度，它支撑了技术创新的实施和发展；全员劳动生产率表明的是产业生产的技术水平。

续表

遴选标准	具体细则
可持续发展能力	持续发展能力反映了产业发展潜力。较强的可持续发展能力意味着该产业在发展中具有更强的升级和转型能力。一般来说，工业生产中的可持续发展性基本显示为低资源消耗率和轻环境污染度，成本费用利润率和能源消耗产值率可以作为测度区域可持续发展能力的指标。
对外开放能力	区域优势产业的选择同时需要放眼到国际环境中去。国内某一产业应对和满足的符合需求如果是以国外为主，那么可以用提高国家外汇储备，产生贸易顺差的方式来增强国家在国际贸易中的竞争力；特别地，以出口为主的企业自身就具备吸收投资和吸纳劳动力的特殊优势。一般来说，出口相对规模和出口依存度可以作为度量区域对外开放能力的指标。

资料来源：笔者根据《上海开发区规划建设与城市发展关系的研究》整理所得。

3. 区域优势产业的发展

优势产业的发展同一般产业一样，有其客观规律，但在产业的培育方面政府还是能够有所作为。国内外的发展实践证明，适当的产业政策能促成一个产业的成长。下面简述根据国内外优势产业培育和成长实践归纳的三类优势产业培育发展模式。

（1）技术创新模式。技术创新是指劳动手段对象、技能经验和生产工艺过程等方面的技术发展水平，以及经营管理、组织协调、生产配置等方面突破性的发展，它是培育优势产业的主要动力。先进的科学技术是优势产业成长的源泉，当前国际经济竞争正从价格竞争、资源竞争转向知识竞争，产业技术创新已成为优势产业形成和发展的重要前提（蒋新祺，2006）。新型城镇化建设背景下，区域应该要寻求建立在产业技术创新基础上的优势产业的跨越式发展模式来发展优势产业。通过技术创新培育优势产业需要通过市场实现国家的意志，充分发挥市场机制在市场经济条件下的作用。培育的具体思路包括以下五点：第一，动用政府资源推动技术创新的发展；第二，建立吸引和激励人才的机制；第三，在制度安排上构建有利于产业技术创新的制度体系；第四，要增强自主创新能力，寻求先进技术的引进、消化、再创新能力的不断突破；第五，要选择与经济发展长期目标相适应的战略技术集中优势资源予以优先发展，力求有所突破。具体见图3-1。

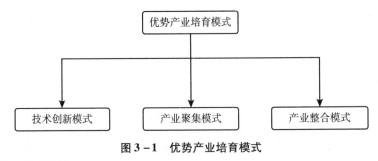

图 3-1　优势产业培育模式

资料来源：笔者绘制。

（2）产业聚集模式。产业聚集是指一组产业密切相关、相互联系的企业以及相关的中介服务机构集合在一起，但是，产业聚集在空间上集中，产业上具有专业化的特征（Roberta，1997）。产业聚集产生的社会资本优势、外部经济优势、低交易费用优势、技术创新与扩散优势等聚集优势将带动整个区域的经济发展。所以，产业聚集是优势产业发展的重要条件，一般而言，优势产业也往往表现为集群发展的形态。通过产业聚集培育优势产业主要是培育优势产业群，首先，地方政府应该加强地方公共产品的供给、建设，扶持优势集群成立行业协会或领导型龙头企业，使其成为集群集体利益的代表；其次，为构造一个有利于企业家创业、中小企业生存和成长的环境，政府政策的重点应该放在鼓励创业和创新上面；最后，为发挥典型的企业集群在全国和区域经济中的示范效应，可以对其实行重点扶持政策。值得注意的是，政府应该针对不同状态的企业集群，采取不同的扶持政策。政府对已经形成了的成熟型企业集群给予政策支持主要应立足于帮扶其实现企业自身的升级改造，使企业群具备持续的增长后劲；相对的，政府给予尚且处于萌芽状态的集群政策支持前，则需要首先对其进行成长潜力的预测，只有当集群满足各项能够生成稳定集群条件时，才能给予相应的宽松政策支持、构筑一个良好基础设施。

（3）产业整合模式。产业整合就是资源的优化配置，其最重要、最常见的形式是企业重组，即企业之间产权的整合和流动。一般而言，企业重组会改进企业组织和管理模式、提高企业运行效率、扩大现有企业规模，从而促进优势产业的发展。国际上比较流行的交易成本理论、产权理论、管理中心理论和竞争优势理论已经从不同角度剖析了企业重组的条件。通过重组培育优势产业的主要构想包括以下四点：第一，政府应制定相关政策，积极引导、规范和监督企业兼并。目前国内与企业重组有关的法规几乎是空白，急需政府制定企业重组相关法规来完善和规范企业重组的内涵、标准、程序、原则、范围等，以此规范企业重组的过程。第二，发挥企业优势，强化企业主业发展，提高产业核心竞争力。秉持让实施兼并的双方企业平等地联合成一个新的企业的原则，发展彼此的主体优势产品，以此获得最大可能的比较经济效益。第三，坚定不移地实施大企业大集团战略，培育一批世界级的大企业，提高国际竞争力（蒋新祺，2006）。第四，完善资本市场，实现规模经营，以此突破中国企业并购中的资金困难。

一般而言，不论使用的是上述三种模式其中的一种或几种，区域产业系统与区域优势产业都必须相互协调发展，政府也应该根据区域产业经济系统的具体目标来确定构成产业经济系统的产业单元，以及产业链条，并出台具体的建设方案和方法并予以实施，具体构建流程图见图3－2。

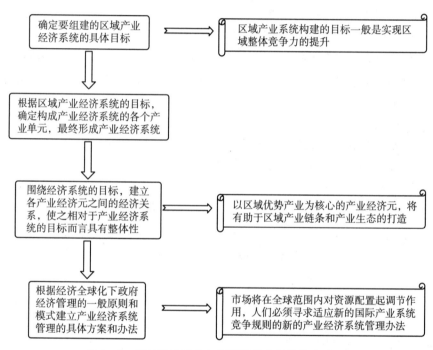

图3－2　区域产业系统与区域优势产业的构建流程

资料来源：笔者绘制。

3.4.2　创新城镇化发展的组织模式

目前新型城镇化发展的组织模式主要有：中心城—卫星城镇或新城互动发展模式、大城市郊区城市化发展模式、开发速生型城镇化发展模式、异地城镇化发展模式、组团式城市群（都市圈）发展模式和产业集群—特色小城镇发展模式六种模式，具体见表3－2。

表 3 - 2　　　　　　　　　　　新城镇化发展的主要组织模式

新城镇化发展的组织模式	模式现存主要问题	模式改进创新
中心城—卫星城镇或新城互动发展模式	（1）卫星城镇规模小，基础设施不齐全，而城市中心不够快。 （2）缺乏文化教育、休闲娱乐功能，缺乏就业功能。	（1）注重卫星城或新城的位置选择。 （2）合理确定新城的功能定位及其产业布局。 （3）完善新城与中心城区之间的便捷交通网络系统。 （4）积极培育新城的综合功能（包括市政设施、支柱产业体系、人居环境）。
大城市郊区城市化发展模式	（1）住宅区部分配套设施欠完善，商品房空置率较高。 （2）一些房地产开发商圈地规模过大，造成郊区农地急剧减少。 （3）在各级地方政府的建立开发区，引发了大量的重复建设和恶性竞争。 （4）部分工业园区功能定位不清，陷入了以项目为主导的发展模式。	（1）有机衔接郊区房地产开发计划与城镇规划，统筹谋划郊区住宅区的城镇配套功能布局。 （2）合理确定产业园区的功能定位，用功能开发指引带动形态的开发，从功能定位的基础上来引进项目。 （3）撤销小规模、低水平的乡镇、村开发区，整合工业园区的特色，提高产业和企业的集中度。
开发速生型城镇化发展模式	（1）政企不分，早期的开发公司全部是由政府委派的，实际上承当了一些政府的职能，无形中添加了额外负担。 （2）土地转让收入不足以支持土地开发成本的上升，一些公司存在现金短缺，负债率太高的现象。	（1）明确政府与公司发展的关系，政府与企业分离的实施，重点是区分权利、责任和契约关系的实施。 （2）建立现代企业制度，规范法人治理结构，建立高效的投入产出机制。
异地城镇化发展模式	（1）现存土地资源不足，并且随着土地开发成本不断升高，土地面积限制城区发展越发明显。 （2）农业人口进到异地城镇的限制因素众多，如城市较高的房价、租金和生活成本，欠缺的农村土地使用流转制度，较高的就业风险等。	（1）突破现有行政区划定的界线，解除区域彼此之间的政策壁垒，带动各生产要素在区域间的循环活动，强化区域间互利互惠的互补性合作，达成区域共同进步。 （2）不断弱化、拉低农业人口进到异地城镇的各种生存支出费用标准，注重推动新兴入镇农村人口的市民化进程，加速开发城镇在推动就业方面的功用。 （3）大力加紧开垦、建设有关县城关镇及县级市内部驻地镇，以期实现地方产业集聚功能的提升人口容量的扩大。
组团式城市群（都市圈）发展模式	（1）轻视了都市圈形成的最根本的因素及其标准的客观性，反而一味地侧重于追求都市圈数量的增加。 （2）轻视了完竣都市圈内部机制的重要性，一味地侧重于都市圈空间范围的扩大。 （3）轻视了都市圈发育的长远时期及各个成长阶段功利，一味地侧重于都市圈建设的眼前利益。	（1）在重视都市圈形成的最根本的因素及其标准的客观性的基础上，提高都市圈的现实数量。 （2）扩大都市圈的范围的同时重视完善都市圈的内部机制。 （3）考虑都市圈建设的近期功利性的同时重视都市圈发育成长的阶段性和长期性。

续表

新城镇化发展的组织模式	模式现存主要问题	模式改进创新
产业集群—特色小城镇发展模式	（1）集群产品多为传统劳动密集型产品，在出口贸易中较易遭遇"技术壁垒"、"绿色壁垒"等障碍。 （2）许多产业集群的成长条件和环境欠完善。 （3）低下的专业化分工协作水平，过低的产业有机关联度，欠缺的产学研合作机制善，同业间的竞争无序现象在企业间普遍存在。	（1）重视品牌建设。 （2）构筑完整创新链。 （3）强化中小企业服务体系建设。 （4）注重产业和市场各自群落间的联合互动发展。

资料来源：笔者根据《中国城镇化的地域组织模式及其发展研究》整理所得。

其中，产业集群—特色小城镇发展模式实际上就是专业镇——特色小城镇发展模式带动城镇化发展的组织模式。改革开放以来，全国各地的专业镇打破了城乡隔离，带动了地方经济的发展，特别是在推动农村工业化和农村城镇化上起到了不可替代的作用。

然而，新型城镇化的背景下该模式产生的各种弊端也日益显现：第一，大部分依靠本地企业集聚而形成的专业镇产业集群的主导产品是传统的劳动密集型产品，其具有品牌意识淡薄、技术含量偏低、加工度较低等问题，严重制约了其在进出口贸易中的表现。第二，很多专业镇产业集群的成长环境和条件有待完善，如企业经营者和管理者观念陈旧，管理方法落后，不懂外语及资本经营和现代营销策略；企业专业人才缺乏，创新后劲不足；融资环境差，企业贷款难；支撑服务体系欠完善；环境污染加剧等（石忆邵和朱卫锋，2004）。第三，一些专业镇内的部分企业不是通过价值链联系逐渐产生的，而是通过行政干预和模仿示范企业成长起来的，这就会存在企业间有机关联度不高、产学研机制欠佳、专业化分工协作程度不高等问题。

所以，要实行产业镇—特色小城镇发展模式带动城镇化发展就必须在现有模式的基础上进行改进、创新，以适应新型城镇化提出的新要求。具体可分为以下四个方面：一是要重视品牌建设。通过定牌生产、定牌加工和定牌销售的形式，提高产品质量、档次和信誉，创立企业或区域品牌。有重点地培育和扶持总厂式、集团式的龙头企业，以资产或品牌为纽带，构建中小企业网络（石忆邵和朱卫锋，2004）。二是要构筑完整创新链。研究开发—柔性专业化生产—市场开拓，构成了完整的产业链，它是企业集群可持续发展的核心竞争力。三是要强化中小企业服务体系建设。服务体系的完善为专业镇的企业发展塑造了基础条件。四是要重视产业与市场的联动发展。两者联动发展才能进一步实现企业间的专业化分工，形成行业优势，这样企业才能更好地享受专业镇产业集群带来的外部规模效应和规模经济效应。

3.5　产城融合

——新型城镇化发展的主导思路

党的十八大明确提出了以和谐发展、城乡统筹、产城互动等为基本特征的新型城镇化战略，十八届三中全会中进一步指出要在现有的政策机制下对促进城镇化健康发展的诸多体制和各种机制进行进一步的完善，始终坚定走中国特色新型城镇化的建设方向和道路，持续加强建设以人为核心的城镇，促进产业和城镇相融合、互发展，全面提高城镇化的水平，持续推进现代化、集群化和生态化城镇的发展。面对新型城镇化建设的新要求，《国家新型城镇化规划（2014～2020年)》（以下简称为《规划》）提出推进以产业为主导的城镇化建设，"产城融合"再一次成为新型城镇化发展的主导思路。

3.5.1　产城融合的内涵解析

对于产城融合概念本身，业界尚未形成一个统一的定义，但核心思想和理念是一致的，都是寻求产业和城市的共同发展。国内关于"产城融合"的理论与实践研究 2010 年后显著增多，不少学者对产城融合的内涵进行了界定。表 3 - 3 是笔者整理的具有代表性的"产城融合"的理论观点：

表 3 - 3　　　　　　　　　"产城融合"代表性理论观点

学者	观点
张道刚（2011）	认为可以把产业和城市分别看做是城镇发展的基础和载体，城镇化建设过程中要保持城市化发展和产业化发展彼此步调的一致性，做到互相配合。
李文彬、陈浩（2012）	指出"产城融合"的三个层次的内涵所在，包括人本导向、功能导向以及结构匹配，点明了"产城融合"的本质在"人"，是向人本主义的回归。
刘瑾、耿谦和王艳（2012）	在基于济南高新区东区研究的基础上，提出创建多种功能复合共生的特色城市发展模式，并将"产城融合"界定为"以产促城、以城兴产、产城融合"三个方面的融合。

学者	观点
李学杰（2012）	指出"产城融合"的具体表现涵盖在城市各种功能间的协调、有机单元彼此间的关联以及要素区域内流动里；并提出"产城融合"的本质是城市协调可持续发展的理念的一种形式。
林华（2011）	认为"产城融合"的两个落脚点是改善就业结构和社会服务的需求以及产业结构与就业结构的相互关系上，可以以产业调整为具体举措，实现城市功能改进的目标。
贺传皎、王旭和邹兵（2012）	在深入研究深圳产业布局规划的背景下，构建了取代以往"产城互促"的全新的以"产城融合"为战略指导方向的产业布局体系。
杜宝东（2014）	指出对"产城融合"内涵理解应该从以下四个维度出发，即：时间维度、空间维度、类型维度和人本维度。
王沛栋（2014）	指出，"产城融合"是城镇化发展的方向，它是实现高质量城镇化的内在要求。
谢呈阳、胡汉辉、周海波（2016）	认为新型城镇化人本导向下产城融合应该是产、人、城三者的融合，产城的协同互促的连接点是"人"，具体实现方式是产品市场和要素市场价格相互调节和因果反馈机制的不断作用。

资料来源：笔者整理所得。

1. "产城融合"——产业和城市的融合发展

在很长一段时间内，张道刚（2011）提出的产城融合新理念为业内广泛接受，他指出"产城融合"指的是城市和城市内部产业的交互融合发展，城市是发展的基础，它起着对产业经济发展和产业空间的承载作用；产业是城市发展的保障，它起着对城市配套服务完善和加速更新的作用。"产"、"城"互相作用，并持续保持良好的反馈机制，将实现产、人、城三者间动态的，可持续发展的模式。

从宏观上理解，产城融合是产业与城市的融合发展。一方面，城市是产业发展的载体，为产业提供发展空间；另一方面，产业又是城市发展的基础，它起着对城市配套服务完善和加速更新的作用，将实现产、人、城三者间动态的，可持续发展的模式。从微观的角度分析来看，产业的优先发展是实现产城融合的必然选择，即以创新驱动为中心，力主推进高新技术为主的新兴产业的成长、发展，对各种市场主体需要的生产资料和要素进行整理配合，增强资源的优化配置，将之转化为现实生产力，以此实现城镇化进程中产业向高级化不断演进。

此外，产业和城镇是共生共利的。杜宁和赵民（2011）就曾提出过"产城融合"的四个有助于：一是有助于加速城市土地的集约化程度的提高，实现对产业空间的扩大；二是有助于提高人口的就业率区域，避免因盲目城市化造成的空城等现象的发生；三是有助于城市产业生态体系的构建，提升、强化产业的自身更新能力；四是有助于有序推动城镇化进程，增进城市朝着一体化的建设方向前进。与此同时，产城融合产业先行的首要实现路径也要求以创新驱动为核心的产业发展模式，这必将形成产业转型升级的倒逼机制，推动三次产业的转型升级，实现产业结构的合理化和高级化。产业和城镇发展的同步演进是衡量产城融合是否实现的标准。产业发展主要创造供给，城镇发展主要表现为需求的扩大，从这个角度来看，"产"、"城"的发展互为前提，缺一不可。城市发展要有产业为支撑，才能防止"空心化"，产业发展要以城市为依托，才能防止"孤岛化"（许德友，2013），两者在行动步调上必须保持一致性和协调性。

2. "产城融合"——产、人、城三者的融合发展

随着"新型城镇化"概念的提出，再一次引发业内对"产城融合"的深度解析，其中谢呈阳等（2006）在新型城镇化人本导向下提出产、人、城三者融合的产城融合颇具代表性，产城的协同互促是以人为连接点，经由产品市场以及要素市场的反馈作用机制和价格调节达成的。首次将"人"单独提出来，更进一步地阐述了产城融合的内在机理。"新型城镇化"中的"新"体现在"以人为本"被提高到前所未有的高度，这意味着对"产城融合"的理解需要从过去的"功能导向"转向现在的"人本导向"（谢呈阳等，2016）。

新型城镇化的"人本导向"并未改变"产"在产城融合概念中的含义。"产城融合"提出的"产"主要指的是工业，《规划》中多次指出要"工业化和城镇化良性互动"，因此本书将"产"理解为以工业为主体的产业。新型城镇化的最终目的是提高在"城"中生活的"人"的生活水平和效用水平，因此"城"就不能再仅仅理解为城市、城镇、开发区或者园区这样的产业发展空间载体。马斯洛在他的需求框架中，首创性地将人的需求按照由低到高的层次分为了生理需求、安全需求、社交需求、尊重需求、自我实现需求。它们分别可以由食品、住宅、医疗、娱乐、就业、高档消费和教育、培训等来满足。所以"城"满足"人"需求的主要手段是通过"城"的空间含义下的"城市功能"，本书更倾向于将其理解为在"人"聚集的地理范围内满足"人"不同层次需求的城市功能。

首先，从"人"的视角出发产城能够相互促进。一方面，"产"会促进"人"在"城"中的聚集，这就构造了"城"繁荣的基础。诚如上文所描述的，服务业提供了大部分城市功能，并且因为生产和消费总是同时进行的，需求规模是制约服务业发展的根本条件，只有大量消费者和经济组织集中在一起，才可能提供服务产业化所需的足够大的市场需求（Hill，1977；谢呈阳等，2016）。从过去几十年高速工业化发展带动的中国城镇化发展进程中，我们可以看到工业的迅

速发展引起了劳动力在城镇的聚集，这又为服务业提供了优异的成长环境。另一方面，"城"能通过提高"人"的效用水平而吸引高质量的劳动力，这就为地区产业水平发展的提升带来了可能。很多学者的相关调研表明，资金或技术并不是制约地方产业升级的最大问题，长期只注重工业的发展而忽略生活要素搭配形成的"产"、"城"脱节发展模式造成的教育、医疗、商贸等服务的缺失才是罪魁祸首。因为需求无法满足引起的劳动力（尤其是高质量劳动力）的大量流失，遏制了产业的转型升级。

其次，从"人"的视角出发产城需要融合。一方面，"人"在经济理论中通常被抽象成劳动力，而劳动力正是"产"十分重要的投入要素，所以"人"与"产"在地域上具有天然的不可分割性。另一方面，劳动力不同于其他普通生产要素，其存在多层次的需求，所以"人"与"城"存在诸多密切的关联、联系。更重要的是，作为"产"这一的服务业是城市功能的主要提供方，与工业产品相比，服务具有无形性、不可储存性、生产与消费同时性三大特征（Browning & Singelman，1975）。此外，由于服务业跨区供给的困难性，"城"的功能只能作用于在其地理范围内的"人"。

由此看来，"产"、"城"之间是相互协同互促的。一个产业的繁荣会激发城镇居民在城市功能方面的需求，加速城市在整体功能上的完善；而完备的城市功能又能吸引更多的"人"服务于产业发展"产"、"城"之间的协同作用是通过产品及要素市场的价格调节和因果循环机制实现的（谢呈阳等，2016）。

上述两个不同时期业内普遍接受的关于产城融合的内涵解析并不是相独立、相排斥的，相反笔者认为后者是新形势下对前者的继承和进一步发展，也可算是一种补充说明。结合其他学者的观点，本书认为新型城镇化背景下，产城融合是一定区域范围内所有产业的发展、人的发展以及城市功能三者之间实现良性互动、协同互促的一种科学发展状态，具有生活与就业并存、制造与服务互动、城市与产业共生的三大特征。

3.5.2 产城融合是新型城镇化进程中的重要课题

产城融合是相对于产城分离提出的一种发展理念和思路，它不单是新型城镇化建设中应坚持的重要发展方向和路径，更是体现新型城镇化中人本导向要求的一种发展举措和发展模式，现已成为中国实施新型工业化、新型城镇化和农业现代化协调发展的基本战略。

产城融合是以人为中心、重点的高质量城镇化建设的首要内容，它是达成工业化与城镇化良性互动的有力途径，它同时也是新型城镇化发展方向与趋势的代表，对推进相关改革红利的落实有积极的促进作用，因此它也是推进新型城镇化进程中需要格外注意的一个重要课题。王沛栋（2014）指出，"产城融合"是城镇化发展的方向，它是实现高质量新型城镇化的内在要求。

1. 新型城镇化的重点是产城融合、城乡协调

政府希望通过新型城镇化的建设来带动整个中国经济的发展与转型升级，现已将"质量"标准引入城镇化的衡量和评价体系中，切实把新型城镇化作为整个国家经济发展的重要动力。新型城镇化的"新"就体现在质量标准方面，而这又是能够全面反映城镇化发展程度的一个内涵丰富的综合概念，所以，当前新型城镇化质量评价体系的建立是城镇化研究课题中大家集中关注的领域。根据大多数学者的概括，本书认为新型城镇化的重点是产城融合、城乡协调，即积极改变过去片面追求城镇规模扩大、人口扩大的思路，坚持产城融合、节约集约，坚持城乡统筹、一体化发展。一要促进要素在城乡之间的优化配置和合理利用，缩小城乡差距，推进城乡规划、公共服务和基础设施等方面的一体化；二要把有序推进人口城镇化作为核心任务，强化产业支撑，力求城镇的功能完善；三要优化城镇体系，实现城镇布局和形态与资源环境承载能力相匹配。

2. 产城融合是实现新型城镇化的内在要求

在新型城镇化进程中，如果产业、人和城镇功能相融合，以城镇作为产业发展的基础，以产业作为城镇发展的基础，把城镇作为推动产业结构升级的载体，以产业集群和集群发展加快城镇化进程，就可以实现产、城、人的互动发展；相对的，产业功能、人与城镇功能相分离就容易造成城镇化的低效率，阻碍产业化的持续发展。王沛栋（2014）在深入研究以往国内和全球其他城市发展历史和其各自关于产业方面的实践后认为，城市和产业之间是互持互助的关系，产业和城市分别是作为城市发展源泉和产业发展载体的的作用。产城融合是实现城乡统筹发展、达成经济发展与生态环境相协调、城镇化和工业化相统一的不二路径。由此看来，产城融合直接关系着城镇化进程中就业安置、民生改善和科学发展等各个方面，是实现新型城镇化的内在要求。

3. 产城融合是新型城镇化的发展方向

产城融合就是以"人"为纽带，将产业和城镇合并一起类比为一个良性互动的有机整体。其中产业驱动城镇完善和更新服务配套是其中的保障，城市是承载产业空间和产业经济的发展基础，通过人的作用使得区域成为城市服务功能和产业功能齐全的综合体。其根本是要通过人协调好产业和城镇的关系，让城市更好地服务于产业和人，让产业更加依附于城镇。李克强总理于 2013 年在江苏考察时提出论断，"城镇化要有产业作支撑，实现产城结合"，国务院关于城镇化建设工作情况的报告也指出，"坚持产城融合，繁荣城镇经济，加快产业转型升级和服务业发展壮大，统筹产业功能和居住功能，促进城镇化与工业化良性互动"。可见产城融合是一个体现城市空间以及地区产业相协调发展内在要求的理念，它同新型城镇化具有高度一致的发展方向，对实现产业发展、城镇功能完善和人口集聚相互共同推进，突破资源环境制约，形成社会要素、人口、环境、经济的良性循环具有综合效应和重大意义。

3.5.3　新型城镇化建设进程中产城融合的困境与突破路径

目前国内大多地区的"产城融合"推进并不乐观，主要发展原因在于"产""城"没有做到同步演进，目前表现出来的困境主要分为三类：其一，产业基础薄弱，新型城镇化助推力不足；其二，城镇化水平较低，约束了产业化发展；其三、体制、机制和政策方面的障碍，制约了产城融合发展效果。为健康推进新型城镇化建设必须采取"产""城"协调同步发展的困境突破路径。

1. 产城融合的困境

（1）产业基础薄弱，新型城镇化助推力不足。产业发展水平是影响产城融合发展水平的重要力量。如果地区产业基础薄弱，工业化发展水平滞后，产业结构有待合理化，产业集中度不高的话，其工业化形成的对城镇化的助推力必然不足。一方面，金融、科技信息服务等生产性服务业发展的滞后将导致支撑新型城镇化发展的内在动力不足，限制了新型城镇经济实力的提升；另一方面，产业集聚能力不足将不利于农村人口、农村剩余劳动力向城镇转移、聚集，难以发挥城镇化要素的集聚效应实现城镇规模的扩大。值得一提的是，技术落后等因素和产业结构不合理将造成资源利用率的低下，加大能源供需的矛盾，从而对新型城镇化的发展形成制约。

（2）城镇化水平较低，约束了产业化发展。城镇化发展水平是决定产城融合发展水平的重要前提。改革开放以来，中国的改革红利、劳动红利和开放红利开始释放，中国从南到北、从东到西先后经历了快速的工业化进程。但长期以来，受空间发展格局、经济社会发展状态及环境资源承载力区域差异等因素的制约，国内城镇质量不高、数量不足的现象严重，城镇间的分工协作程度不高，各规模城市的结构、布局合理性也不高，区域资源的整合利用效率就更是不容乐观了。城镇发展水平的低下直接造成了城镇承接产业转移的能力不足，城镇化和产业化

（主要是工业化、现代农业化）协调程度低下，城镇综合配套改革进度缓慢使得产业在新型城镇化发展中的引擎作用大大削弱，难以满足城中人的需要，更难以满足快速发展的产业现代化的需要，大大制约了区域经济协调发展和产业结构升级进程。

（3）体制、机制和政策方面的障碍制约了产城融合发展效果。完善的体制、机制和政策是实现产城融合的重要制度保障。长期以来，全国大部分地区执行的管理制度、管理体系都是在城乡二元结构制度框架下形成的，要知道这种框架下形成的户籍制度、融资体制机制、财税体制等必然是僵化的，这严重制约了产城融合发展的深度。长期以来，城乡二元户籍制度阻碍了农村剩余劳动力向城镇的转移，限制了各种生产要素配置的优化；融资体制机制不完善，融资方式单一和融资平台作用发挥不足，融资效率限制了产城融合发展的资金供给；财税体制的不合理也影响了地方政府对公共服务与社会保障的投入；此外，仍旧有一些地方在外来投资以及地方建设项目审批这些方面存在现下相关行政体制无理限制。

2. 产城融合发展的突破路径

城市发展要有产业为支撑，才能防止"空心化"，产业发展要以城市为依托，才能防止"孤岛化"（王沛栋，2014）。产城融合发展的过程中，城镇化与产业化要做到同步演进，在发展步调上必须协调配合，不能一快一慢，脱节分离。在以"人"为纽带的前提下，要在发展理念上将"产""城"看成是一个体系，两者必须统筹规划，协调联动，才能产生互动效应，才可以有力防止源于工业化城镇化的不同步而推动形成的诸多经济和社会方面的问题。

（1）优化城镇空间布局，促进"产""城"功能融合。产城融合发展最为要紧的依托条件是空间，其布局的合理性和城镇体系框架的正确性对地区产城融合发展的质量、程度和水平有着很大的直接影响作用。所以，新型城镇发展首先要以区域合作和空间规划为契机，加快城镇组团载体建设，从区域协作和"四化同步"层面优化城镇空间形态布局、生态布局、产业布局、交通布局。然后为达到不同城市功能之间的良性互动和有机联系，还要把城镇不同的功能区看做是城市发展中相互联系的空间网络单元，并建立起服务配套、产业符合的组织方式。最后，要按照区域经济空间组织的规律和发展要求，有效连接城镇产业功能区的划分和其空间布局，以此加大土地的利用强度，扩大产城融合有限的承载力，继而促成、增进产业集群与城镇化发展之间的良性互动关系。

（2）链接"产""城"发展规划，促进两者协同发展。产业规划是产城融合发展规划中最为内核的内容，产业的发展实质上也是产城融合发展的内生动力机制形成与发展的过程。实现产城融合应当着重于产业合理规划与建设上，将产业发展的规划纳入城镇发展规划中，做到两者相一致，实施产城一体规划建设（王沛栋，2014）。所以，一方面，要坚持将产业的发展与推动原有特色产业升级和农业产业化经营紧密结合起来，大力发展与中心城区主导产业分工协作的关联配套产业，打造与中心城区域优势互补、链式发展的现代产业体系，着力推动产业的集聚和转型升级。另一方面，更要统筹协调承接产业转移和城镇化之间的关系，坚持以产业发展的程度和模式来决定城市发展的进度和规模，将新型城镇化与地方特色产业的发展有机结合在一起。发展规划要注重功能规划的先导性、空间规划的合理性、专项规划的支撑性和城市设计的人本性，城市设计的人本性也是其中最为重要的一点。人不单是产城融合的核心要素，更是连接产城的关键纽带，城市的设计应当以满足人的需求为根本出发点，如布置便于交流沟通的公共活动空间、建设便捷高效的智能化服务平台、布局提升环境质量的园林绿化等。

（3）破除体制机制障碍，加强统筹协调。产城融合发展需要一系列体制机制和政策的创新的驱动，包括创新区域联动发展机制、创新统筹协调推进机制、创新利益共享分配机制、创新投融资机制和探索建立一套适合当地的产城融合指标体系，政策创新的方面还包括土地规划政策、财税激励政策、产业扶持政策和科技人才政策。要实现产城融合，形成有利于新型城镇化建设的体制机制和政策，就需要综合配套改革城乡二元户籍制度和其衍生出来的二元教育、就业、社保、医疗等体制。产城融合是需要在发挥市场机制决定性作用的同时，实行统筹规划，整合各方面的资源协同推进的一项综合的系统工程。为逐步消除影响产城融合发展的制度性障碍，要求地方必须按照中央全面深化改革的总体方针部署，改革一系列的机制体制和政策。总的来说，中央应该出台鼓励农村人口向小城镇集聚的户籍、社保、就业和产业向城镇集聚发展等的政策措施，并酌情允许产城融合发展程度较高的地区在产城融合的政策上有所突破。

（4）优化硬环境，为产城融合提供基础保障。公共服务与基础设施是实现产城融合发展的重要前提条件，只有基础设施和公共服务设施满足了产业、城镇发展的需要，综合承载能力不断增强，才能使产城融合实现良性运行（王沛栋，2014）。所以，要不断推进和完善城镇公共服务和基础设施配套体系，构建起产城融合发展的要素保障和功能支撑体系；同时需要有效整合各种基础设施和公共服务资源，以此尽可能地实现产城融合发展环境的优化。具体而言，一是进一步完善城中人的生活配套基础设施，优化住房、环卫、交通、通讯、供水等公共基础设施，打造环境、交通和服务上的优势铸造的"磁石效应"，以此吸引人才、资金和企业的入驻。二是进一步完善城的功能，优化布局以住宿、餐饮、娱乐、商场等为主的个人消费服务；优化布局以公共管理、教育、医疗、卫生、体育为主的公共服务；同时拓宽公共绿地、修建健身广场、完善垃圾转运、修建停车场库、公益菜市场、养老院、增加公共厕所、街区路灯等便民设施。

本 章 小 结

新型城镇化和专业镇的互动发展关系由来已久,在经济发展新常态的背景下,专业镇的转型升级是实现新型城镇化的必然选择。专业镇应切实落实好产业机构和产业布局的调整优化,加强地区生态环境保护,提升公共产业的配置水平。各地区应秉持产城融合发展的主导思路,实施基于优势产业集群视角下的专业镇—特色小城镇发展模式才能更好地促进小城镇发展、加快新型城镇化的进程。

第 4 章

专业镇产业结构对城镇化
建设的影响研究

——来自东莞与中山的实证检验

产业集聚与新型城镇化的联动发展是提高中国城镇化质量、促进经济社会发展的重要途径，产业结构转型升级与城镇化建设之间存在密切关系。本章基于广东省东莞和中山两市共 56 个专业镇 2006～2013 年的面板数据，运用固定效应模型实证检验了专业镇产业结构对城镇化水平的影响。结果表明，专业镇产业结构的转型升级会推动城镇化建设进程，并且专业镇的生存期越长，其产业结构优化调整对城镇化水平提高效果越大。

4.1 引　言

自 2014 年 12 月国家新型城镇化综合试点以来，新型城镇化建设已经成为中国全面深化改革，推进城乡一体化发展的重要途径。与传统城镇化简单的城市人口比例增加和面积扩张相比，新型城镇化更加强调大中城市和小城镇协调配合发展，以及在产业支撑、人居环境等方面实现由"乡"到"城"的转变。

学界也一致认为，产业的发展与变迁在新型城镇化建设过程中占据着无法替代的地位，为城镇化的人口转移提供良好基础设施和就业岗位同时，还能"反哺"农村，提高乡村人口转入城市的经济能力和愿望。陈贤（2015）认为，产业结构的形成和演变是城镇化发展的重要动力，产业结构的演变将直接决定城镇化的发展水平。然而，在城镇化快速推进过程中，部分产业发展问题日益凸显，如产业结构不合理，过度依赖第二产业，产城融合力度不够等。那么，要打破产业发展与城镇化建设相互割裂的状态，将产业从城镇化建设的配角打造成主角，政府应该从何入手呢？

作为中国改革的前沿阵地，广东省通过多年实践，积累了珠三角模式和山区模式等推进新型城镇化建设的经验，这些模式主要通过产业集聚带动人口集聚，围绕着县城，发展专业镇，进而实现城市周边地区的快速崛起。1978～2013年间，广东实现城镇化率从16.3%提高到67.76%，高居全国各省区的首位，珠三角城市群成为中国三大城市群之一，城镇化实现了历史性跨越①。诚然，专业镇作为大量中小企业在一定地理区域内集聚而成的、以专业化生产为特征的、既竞争又合作的一种生产模式，对生产过程中各个阶段进行专业化分工，实现企业规模经济生产，在效率、效益和柔性等方面创造竞争优势，从而直接推动产业结构的转型升级。然而，以专业镇为主要发展形态的产业集群，其对产业结构的促进作用能否进一步提高城镇化水平呢？与此同时，广东以镇级行政单位为主体推动新型城镇化建设的经验又能否推而广之呢？

为此，本书将从专业镇的视角，采用固定效应模型等前沿计量工具，实证研究产业集群的产业结构对新型城镇化水平的影响，并深入剖析其作用机理。在检验广东省十多年专业镇工作对城镇化建设影响的同时，为政府下一步推进新型城镇化建设提供政策参考。

4.2 文献回顾与研究假设

4.2.1 专业镇与产业结构

一直以来，从经济活动集聚角度探讨产业空间布局与产业结构之间关系都是学界的研究热点。最早的研究来自于马歇尔，他认为，由于某些资源和基础设施因素的影响，大量企业集中在某一特定区域而形成"产业区"，这种产业集聚效应能完善产业链，促进产业结构的优化升级，并最终推动"产业区"的经济发展。部分学者也开始研究产业集聚对产业结构的影响。如Geppertetal（2008）利用德国1980年以来的数据研究了区域产业集中、产业结构升级与经济增长之间的关系，他发现区域产业集中度越高，产业结构越合理，经济增长速度越快。与此同时，国内的一些学者开始陆续从人口集聚，金融集聚，地理集聚等角度研究产业结构问题。王秀明和李非（2013）指出，不同行业的产业集聚对产业结构的影响方式不同，工业集聚和服务业集聚都对产业结构的发展有明显的影响，合理

---

① 数据来自广东省住房和城乡建设厅联合省建筑科学研究院发布的《广东住房城乡建设年度报告（2013）》。

的产业集聚对产业结构的优化升级具有直接的推动作用。但是，也有专家学者质疑了产业聚集对产业结构的积极作用。如闫逢柱和乔娟（2010）就直言中国制造业的产业集聚对产业发展不存在显著的影响。

专业镇作为广东省发展特色产业的重要载体，是指在一个镇域范围内，以某一种或多种产业的专业化生产为主，并主导镇域经济发展和就业格局的乡镇经济形式，这种经济形式实际上就是一种产业集聚形态。沈静和陈烈（2005）在研究珠江三角洲专业镇的成长中指出，专业镇是从产业集聚到产业升级不断演化的一个过程，实际上，专业镇作为产业集群的一种形态，拥有产业集聚效应、范围经济、减少交易成本、利于学习和创新等优势，能够增强城镇的竞争能力，促进城镇经济社会全面发展。朱桂龙和钟自然对此持一致意见，他们进一步指出，广东省在发展专业镇的同时，需要延伸产业链，并推动产业结构的优化升级。

4.2.2 产业结构与城镇化

"城镇化"一词的出现要晚于"城市化"，其核心是人口结构和产业结构的空间转移。根据城镇化的核心内容，以及中国近年来城镇化发展的现实需要，研究产业结构与城镇化之间的关系具有重要现实意义。实际上，关于城镇化和产业结构关系的研究一直没有中断过。克鲁格曼（1999）指出，产业集聚将促使中心城镇形成。因为在影响城镇化的众多因素中，产业发展能直接支配生产要素的变动，从而促进产业转换升级，推动经济的发展，对城镇化的发展起到决定作用。在此基础上，部分学者进一步地从城镇化与产业结构的协调互动角度作深入探讨，如徐维祥等（2005）认为特色产业集群是中国推动产业结构发展的重要基础，不仅为中小企业构建了一种有效的空间集聚地域组织模式，也为城镇化的发展提供了前提保障和基础条件。同时，城镇化的发展反过来又为区域经济结构进一步转型升级创造了有利条件。沈正平（2013）同样指出，优化产业结构与提升城镇化质量存在互促互动的关联机制。一方面，优化产业结构有利于推动城镇转型发展和提高城镇化质量；另一方面，城镇化质量的提升又有利于拉动产业结构调整升级，并促进产业合理布局。

然而，目前大部分关于产业集聚和城镇化关系的研究仅仅停留在表面和定性归纳上，甚少利用计量工具进行研究，利用镇级面板数据进行实证检验的基本没有。仅有的研究成果来自于蓝庆新和陈超凡（2013），他们运用空间滞后模型进行实证检验后指出，中国新型城镇化和产业结构升级存在显著的空间相关性，具有高水平区域集中、低水平区域聚集的特点，且新型城镇化对产业结构升级具有强烈的空间冲击效应，能够显著提升产业发展层次。此外，陈斌（2014）以江苏省为例，运用耦合度分析的计量方法，开展了产业集群与新型城镇化耦合度及其影响研究，得出产业集聚和产业结构变化对城镇化的发展具有相互影响作用这一重要结论。

综合以上观点，本书提出假设 H_1：产业结构的转型升级会提高城镇化建设水平。

4.2.3　专业镇对城镇化的影响研究

专业镇作为广东省发展镇域经济的产物，本身就是一个产业集中和人口转移的过程。换句话说，专业镇的发展过程也就是城镇化的进程。专业镇发展需要依附一定的地缘优势、产业和技术支撑。目前，专业镇在中国的发展还很局限，发展还不完全成熟，类似于广东省专业镇的小城镇集聚模式不多。其中，发展较为成功的还有浙江省的块状经济，通过发展特色产业进而形成产业集聚，在发展模式上和广东的专业镇类似。实际上，学界已经对专业镇能否促进城镇化建设形成了较为一致的意见。如王翔和戴桂斌（2014）在研究新型城镇化背景下专业镇可持续发展中指出，专业镇实现产业结构升级与城镇空间优化的完美结合，为发展新型城镇化提供了一种全新的发展思路，是对传统城镇化和工业化道路的重大突破。徐宁和罗晓春（2014）在研究惠州市专业镇特色产业发展中进一步指出，专业镇利用空间上的集聚大大降低了生产成本和交易成本，在国内外竞争中形成了自己的优势，这些将极大促进经济的发展，推进城镇化的进程。可知，城镇化作为一种产业结构的空间转移过程，与专业镇通过产业集聚促进产业结构优化调整是密不可分的，产业结构是产业集群影响城镇化发展的重要内生力量。

综合以上观点，提出假设 H_2：生存期越长的专业镇，产业结构的转型升级对其城镇化发展水平的提升作用越大。

4.3　研　究　设　计

4.3.1　研究样本与数据

为了更充分地考察专业镇的产业集聚效应对产业结构的影响，及其产业结构对新型城镇化发展水平的推动作用，本书以广东省东莞和中山两市的镇区[①]为研

[①]　东莞市是第一批国家新型城镇化综合试点城市之一，同时为了对比试点城市与非试点城市，本书同时考虑中山市。

究样本进行实证检验。其中，列入样本的镇区共 56 个，其中东莞市 32 个①，中山市 24 个。此外，本书基于东莞市和中山市历年统计年鉴，收集并整理获得样本镇区 2006～2013 年面板数据，共涵盖 448 个观察值。为避免异常值对实证结果的影响，在实证分析之前，对主要连续变量在 1% 水平上进行了 Winsorize 缩尾处理。

4.3.2 变量定义和说明

本书遵循科学性、综合性、可操作性等原则，设计出专业镇对新型城镇化影响的被解释变量、解释变量和控制变量，具体各变量如下：

1. 城镇化水平

"城镇化"是中国学者根据中国具体国情形成的新名词，国外一般称之为"城市化"。城镇化水平是区域经济发展的重要指标，指的是城镇人口占总人口的比重。参考杨文举（2007）的做法，本书以非农人口数量与城镇居民人口总数的比值代表城镇化水平。

2. 产业结构

从世界城镇化历程可以看出，城镇化的发展始终与产业发展同步。城镇化建设的主导力量也逐步从第二产业过渡到第三产业，三大产业任何的此消彼长都会对产业结构产生影响。与以往大部分研究一样，本书产业结构是指第二、第三大产业的产业增加值共占总产值的比值。

3. 专业镇生存期

在研究专业镇对城镇化影响中，如果只是笼统的把所有专业镇等同对待，必然会忽视专业镇发展成熟度的影响。因此，本书利用专业镇生存期这一指标来衡量专业镇的发展成熟度，并将其与产业结构的交叉项加入回归模型，以反映专业镇发展情况通过产业结构对城镇化施加的影响。

4. 固定资产投资

固定资产投资需要同时投入资金和劳动力，能够带来大量的人力物力向城镇集中。同时固定资产投资能够提高基础设施建设，从而为物质生产和人们的生活提供便利和更好的环境。因此，固定资产投资规模一定程度上决定了城镇化的承

---

① 由于东莞市松山湖 2010 年才列为镇级单位，相关数据难以获得，本书将不予考虑。

载能力，并最终影响城镇化发展水平。

5. 专利授权数

知识产权情况能反映一个地方的科研创新能力，而科研创新能力是推动产业转型升级的重要保障，是代表生产力发展水平的重要指标。因此，专利授权数是城镇化发展的重要软实力，对城镇化水平具有促进作用。

6. 城乡居民存款余额

居民的经济能力是影响城镇化最主观最直接的原因。一方面，较高的居民存款余额表示居民的收入水平较高，购买力更强，向城市迁移或者居住的能力也越强。另一个方面，较高的居民存款储蓄代表实际用于消费的收入较少，城乡居民过度储蓄将不利于城镇化水平的发展。所以，城乡居民存款余额是影响城镇化的重要指标。

具体主要变量情况见表 4 - 1。

表 4 - 1　　　　　　　　　　主要变量名称、定义及计算方法

变量	变量说明
ulevel	城镇化水平：城镇人口占总人口的比例①。
indstruc	产业结构：第二、第三产业增加值占专业镇生产总值的比例。
svperiod	专业镇生存期：镇街被认定为专业镇日期与统计日期之间相差的月份数，若被认定日期在统计日期之后或未被认定为专业镇则为0。
fassetinv	固定资产投资：固定资产投资总额的自然对数。
patentn	专利授权：发明、实用新型和外观专利获得授权总数的自然对数。
resdeposit	城乡居民存款：镇街年末城乡居民存款余额的自然对数。

资料来源：笔者整理。

4.4　实　证　结　果

4.4.1　描述性统计

本书以 2006 ~ 2013 年为研究期间，时间跨度较大，且为广东省委省政府推

---

① 这里城镇人口为非农常住人口，总人口为城镇常住总人口。

进产业转型升级和专业镇建设的攻关时期，为研究专业镇产业发展提供了良好的数据分析基础。为避免出现数据异常错误值或者数据出错等问题，从而影响到回归结果中解释变量的显著性，本书进行变量的描述性统计，表4-2中所有变量的平均值、标准差和最小最大值均符合本书原始数据的规律，可以进行进一步的统计分析。

表4-2 变量描述性统计

变量	观察值	平均值	标准差	最小值	最大值
ulevel	448	0.4249	0.3793	0.0000	1.0000
indstruc	448	0.9433	0.1482	0.1047	1.0000
svperiod	448	33.6495	44.8174	0.0000	157.0000
fassetinv	448	12.2442	0.6992	9.9187	14.9408
patentn	352	5.4184	1.2351	0.6931	8.3313
resdeposit	448	13.1936	0.9393	10.1073	15.3394

资料来源：笔者计算整理。

从表4-2列出各个变量的平均值看，专业镇的城镇化水平还不够高，和西方发达国家的城镇化水平还有差距；专业镇的平均生存周期还不到三年，说明专业镇的发展还不够全面、不够成熟，未来一些年专业镇发展的还有待进一步推进；产业结构中第二、第三产业占总产值的比重达到了94.33%，说明专业镇由于产业集聚，产业结构较为合理。从标准差来看，各个专业镇的城镇化水平和产业结构的差异都不大，城镇化水平和产业结构数据较为稳定；且从最大最小值来看，所引用的数据也没有极端异常值得出现。

4.4.2 多元回归分析

固定效应模型是一种控制面板数据中随个体变化但不随时间变化的一类变量方法。固定效应模型的应用前提是假定全部研究结果的方向与效应大小基本相同，即各独立研究的结果趋于一致，一致性检验差异无显著性。因此固定效应模型适用于各独立研究间无差异，或差异较小的研究。本书由于每个专业镇的"镇情"不同，可能存在不随时间而变的遗漏变量，因此考虑使用固定效应模型分析城镇化水平与产业结构、专业镇生存期等因素之间的关系。具体模型如下：

$$ulevel = \alpha + \beta indstruc + \gamma indstruc \times svperiod + Z'\delta + \varepsilon$$

其中，*indstruc* 与 *svperiod* 是解释变量，*Z* 是包括固定资产投资、专利授权和城乡居民存款等的控制变量向量，β、γ 和 δ 和分别是它们的系数，ε 是独立同分布的误差项。此外，考虑到专利授权时间的滞后问题，控制变量中专利授权数 $patentn$ 采用滞后一期值。

从表 4-3 的回归结果可以看出，本书运用固定效应模型分析专业镇生存周期和产业结构对城镇化水平的影响，从回归结果可以看出，实证分析基本上证实了前面的两个理论假设。

表 4-3　　　　　　　　　　　　　回归结果

解释变量	东莞 + 中山	东莞	中山
	（1）	（2）	（3）
indstruc	0.0174 *	0.1070 *	0.0033
	(0.06)	(0.05)	(0.07)
indstruc × svperiod	0.0022 **	0.0002	0.0025 *
	(0.00)	(0.00)	(0.00)
fassetinv	− 0.1331 **	0.0024	− 0.1896 **
	(0.05)	(0.00)	(0.07)
patentn	0.0578 *	0.0006	0.0853 **
	(0.03)	(0.01)	(0.04)
resdeposit	− 0.0147	0.0012	− 0.0117
	(0.02)	(0.00)	(0.05)
_cons	1.8757 **	0.4573 ***	2.4392 **
	(0.71)	(0.08)	(0.89)
N	296	128	168

注：（1）为全样本回归，（2）和（3）分别为东莞和中山两市样本回归；括号内为标准误，***、** 和 * 分别表示 1%、5%、10% 的显著性水平。

资料来源：笔者利用 Stata 软件计算整理。

表 4-3（1）至（3）的回归模型均显示，专业镇的产业结构回归系数为正，且在模型（1）和（2）中通过了显著性检验，说明其对城镇化水平的发展具有促进作用，即产业结构的第二和第三产业比重越大，专业镇的城镇化水平越高。这符合城镇化的产业和人口转移规律，因为第一产业比重低，表明较多的农民从农村向城市转移，转而从事第二或第三产业的工作，这将进一步加剧人口从农村向城市转移，从而提高城镇化水平。此外，由产业结构与专业镇的生存周期交叉项回归系数可知，产业结构对城镇化水平的影响将受到专业镇生存期的影响，并且专业镇生存期每延长 1 个单位，产业结构对城镇化水平的促进效果就增加 0.22%。究其原因，本书认为可能在于：其一，专业镇的生存时间越长，表明该

镇越早因产业集聚和规模化生产而被认定为专业镇。一旦被认定为专业镇,将能享受很多优惠政策,产业发展将得到更强的政策、资金和技术扶持,进而推动城镇化的进程。其二,专业镇的生存周期越长,则可以使镇内产业积累更多资金和技术储备。且较长时间的发展有利于形成成熟的产业链条,以及更完整的产业模式,从而推动产业的发展,提高新型城镇化的发展水平。

表4-3的实证结果还表明,在考察的年限内总样本的回归结果除了城乡居民储蓄余额外,其他控制变量在5%或10%的显著水平上通过检验。其中,固定资产投资总额与城镇化水平负相关,这与一般经济直觉不一致,原因可能与近些年来房地产业迅猛发展有关。实际上,2006年以来,东莞和中山两市的房地产固定资产投资呈现飞速地增长,房地产投资占固定资产投资的比重越来越大①,政府在城市基础设施配套建设方面较慢,从而造成人口的城市化发展速度低于土地的城市化发展速度。此外,样本期间东莞和中山两市的房价暴涨,这也极大地增加了农村人口落户城市的成本。

4.4.3 稳健性检验

为了考察研究结果的稳健性,本书还从以下两个方面对上述回归结果进行稳健性检验:(1)进行 Hausman 检验,结果表明聚类稳健标准误与普通标准误相差不大,且 P 值为 0,故选择固定效应模型处理面板数据是合适的;(2)增加样本观察值,取研究样本 2002~2013 年非平衡面板数据进行检验,结果无显著性差异。碍于篇幅,结果未予报告。

本 章 小 结

本章在文献回顾的基础上,通过实证研究探讨了专业镇对新型城镇化建设的作用机理,主要结论与广东省专业镇发展及其城镇化建设实践相一致。一是产业结构的转型升级会推动城镇化建设进程,这解释了国家为何同时提出新型城镇化建设和产业结构转型升级的发展战略,这其实也是供给侧结构性改革在优化产业结构、提高产业质量方面的必然要求。二是专业镇的资质对其产业结构影响城镇化水平具有积极作用,且被认定时间越长,该作用就越大。广东省科技厅牵头开

---

① 东莞市 2013 年统计公报显示,2013 年,东莞市全年固定资产投资 1 383.94 亿元,同比 2012 年增长 3.3%,其中房地产投资 578.0162 亿元,同比 2012 年增长 30.8%。

展的专业镇认定工作，为地方产业发展带来许多扶持政策，尤其是"真金白银"的财政资金投入，对于推动专业镇产业转型升级起到至关重要的作用。因此，越早拥有"专业镇"这一头衔，就越早获得有关支持，从而推动产业发展更早起步。

有别于以往大多数研究利用省级或市级数据分析产业集群，本书从专业镇层面进行回归分析，这对于专业镇乃至产业集群的理论发展具有重要参考价值。但本书仍然存在一些不足之处，如由于专业镇样本数据的可获得性问题，本书只选取了东莞和中山两个市的专业镇作为研究对象，且控制变量也仍需进一步补充完善等。

本书研究表明，专业镇通过产业结构的升级会推动新型城镇化建设。根据研究结论，本书提出以下政策建议：

1. 建立城镇化建设与产业发展政策联动机制，力推产城融合发展

产城融合是为避免产城分离现象而提出的一种发展思路，要求产业与城市功能融合、空间整合，提倡"以产促城，以城兴产，产城融合"。城镇化发展的历史经验表明，如果城镇在发展理念上忽略了产城联动，把城镇化建设与产业发展人为地割裂开来，其结果是一些地区出现了没有产业支撑"伪城镇化"的现象。因此，要提高城镇化质量，要让城镇化与产业协调互动发展，政府在制定城镇化或者产业发展政策时，需要关注另外一方的变化，并调整相应的政策措施。具体到落实政策层面，政府应该同时强调各个执行部门在城镇化建设与产业发展两个方面的分工与责任。一方面，要预先做好产城互动的规划，核心在于做好产业规划与城市规划的有效衔接，落实产业定位；另一方面，要构建现代产业体系和产业集群网络，以产业优化提升城镇发展的内生力，并通过城市建设产业服务体系。

2. 加强国家创新型城市建设与专业镇发展对接力度，建立健全专业镇科技创新服务体系

创新型城市是指主要依靠科技、知识、人力、文化、体制等创新要素驱动发展的城市，对其他区域具有高端辐射与引领作用。政府在推进创新型城市建设过程中，必须考虑专业镇等产业集群在承载产业发展乃至提高区域创新方面的能力。通过建立健全产业集群的创新服务体系，尤其是发展科技服务业等现代服务业，大力推进区域产业转型升级，架设起专业镇产业转型升级与创新型城市建设之间的重要桥梁。具体而言，政府应一方面建立科技创新服务平台；利用产学研结合方式，吸引周边高校和科研院所科研资源往镇内集聚，形成一批面向中小企业创新发展的公共创新服务平台；另一方面，积极培养创新型企业，吸引一批科技创新成果到镇内转移转化，通过出台更多优惠政策，大力打造新兴产业发展土壤。此外，政府还应做好产业定位与规划，积极淘汰产能低下、资源消耗大的产业，以壮士断腕的勇气推动产业转型升级。

3. 形成专业镇协调发展网络，加强专业镇的合作行动

由于各个专业镇发展水平不一，产业各具特色，城镇化建设进程也不尽相同，因此，通过出台推动专业镇之间相互协同发展的政策非常必要。这样可以通过产业互补、资源共享和经验学习等渠道，相互促进产业转型升级，乃至提升城镇化建设水平。对于广东省政府来说，可以在原有的"一校一镇"基础上发展"多校多镇"，可以积极推动珠三角与粤东西北的专业镇跨区对接合作，通过激活专业镇间的人才和技术流动，实施一批产业设施建设、环境治理、技术创新等协同行动计划，从而推动专业镇网络化协调发展。

第 5 章

新型城镇化进程中的创新型城市建设

建设创新型城市是加快国家新型城镇化进程和建设创新型国家的重要途径与载体，也是探索未来城镇化发展新模式、新路径和推进新型城市建设的迫切要求，对于增强自主创新能力、加快经济发展方式转变、推动城市可持续健康发展都具有十分重要的意义。本章首先从理论与应用两个层面分别介绍了创新型城市的内涵和定义，接着探讨了创新型城市的主要构成要素和建设模式，并分别简要介绍了国内外创新型城市的建设经验，最后以佛山与江门两市为例重点剖析了广东省的创新型城市建设实践。

5.1 创新型城市的内涵

创新型城市研究的理论源头可以追溯至奥地利裔经济学家熊皮特（Schumpeter）对于创新所作的思考，他认为"创新"是建立一种新的生产函数，是实现生产要素的一种从未有过的新组合，并逐步建立起以创新为核心的经济发展理论。创新型城市的研究与探索的兴起，一方面是由于创新理论与实践的日益系统化，人们逐渐认识到创新实际上是一个系统的过程，系统中各要素之间非但不是线性关系，而且还存在着互动作用，于是产生了诸如"创新链"、"创新圈"、"创新带"、"创新走廊"、"创新集群"、"创新体系"、"国家、区域、城市创新理论"等（代明和王颖贤，2009）；另一方面由于创新理论中将创新主体由微观逐渐向中观、宏观扩展的结果。

从目前的研究文献来看，国外关于创新型城市的英文表述主要有两种："The creative city"和"The innovative city"。"The creative city"主要来自欧洲（英国、荷兰等）的一些研究文献，主要指通过提出具有创造性方案来解决城市面临的问题，这些问题包括：交通管理、产业发展、城市生态、种族融合等，从而由此带来城市的复兴（杨冬梅等，2006）。代表性的研究有英国的兰德利（C. landry）和布兰奇尼（F. Blanchini），以及霍斯珀斯（Gert - Jan hospers）和理查德·弗罗迪达（R. Florida）等，他们着重强调理念、创意和文化在城市经济基础构建中的作用，强调创新文化和人的创造性发挥。而"The innovative city"则侧重于创新、革新之意，强调包含技术、人才和制度的综合变化，包含了目前关于创新型城市研究的主流，是关于创新型城市的标准提法，代表性研究有英国的西米（J. Simmite）、比特霍尔（P. Hall）等，主要研究"创新（innovation）"作为驱动力的一种城市经济增长和经济发展模式，并不断融合社会发展的理念和思想。其中西米（J. Simmite）认为城市创新主要源于四个方面：（1）与典型的集聚经济和企业国际化规模相关；（2）与相同部门企业的空间集聚相关；（3）城市化经济与创新进程有很强的相关性；（4）与其他更为高级的世界出口市场的联系，即所谓的全球化效应，这种联系促进了更高水平的专业化以及专业知识的交流（Simmie J，2006）。皮特霍尔（P. Hall）指出创新型城市包含技术创新、文化智能性、技术性、技术组织性功能，并在 2000 年进一步深入地探讨了未来城市的四个重要行为：财政与服务、能力与影响力、创新性与文化、旅游（Peter Hall，2000）。

国内"创新型城市"研究产生于 21 世纪初，特别是在 2006 年中国提出建设创新型国家的目标、深圳市同步提出建设国家创新型城市后，许多城市都相继提出建设创新型城市的目标。同时，许多国内学者也围绕创新型城市展开了研究，分别从不同角度提出了创新型城市的内涵。杨冬梅等（2006）分别从城市发展的驱动力、发展演变、系统角度、机制和目标等维度给出了创新型城市相关内涵，认为创新型城市是在新经济条件下，以创新作为核心驱动力的一种城市发展模式，是知识经济和城市经济融合的一种城市演变形态，并给出创新性、系统性、内生性、可持续性、集聚性和开放性是创新型城市的本质特征。胡钰（2007）则认为创新型城市的核心内涵是城市自主创新能力较强，具体表现在：较完善的城市科技创新制度设计、高水平的城市科技创新投入和基础条件、大规模的城市创新型企业和以科技创新为驱动力的城市发展模式。而杨贵庆和韩倩倩（2011）也强调了自主创新对创新型城市的重要性，认为创新型城市的社会经济发展需以科技创新为内涵、以原创性实践为特征、以知识创新及转化为动力。代明（2009）认为创新型城市是指基于新的城市发展观，具有良好的创新环境与创新文化，并以此支撑创新主体充分利用现有的创新资源实现高绩效创新的复杂创新系统。"创新城市评价课题组"（何平等，2009）则认为创新型城市是那些具备充分的创新资源和创新条件、理想的创新投入水平、有效的企业创新活动、较高的产业创新水平、达到一定规模的创新产出进而引发经济发展方式转变的城市，这与后续国家科技部对创新型城市定义基本一致。

2010 年，为加强对创新型城市试点工作的推动和指导，国家科技部发布了《关于进一步推进创新型城市试点工作的指导意见》以及《创新型城市建设监测评价指标》，对创新型城市的定义和内涵做了概述，指出"创新型城市是指自主创新能力强、科技支撑引领作用突出、经济社会可持续发展水平高、区域辐射带动作用显著的城市。"并从创新投入、企业创新、成果转化、高新产业、科技惠民、创新环境 6 个大类 25 个小类制定了创新型城市的监测指标。

本书在综合上述学者研究成果和国家对创新型城市指导思想的基础上，认为创新型城市的内涵主要包括以下五个部分：第一，市场化程度较高的开放、公平的创新环境。完善的市场环境是创新的基础支撑，公平开放的创新环境是加强自主创新的必要条件；第二，较为完备的创新资源与基础条件。拥有如人才、资金等创新资源以及创新必要的基础设施条件，是一个城市持续创新的基础支撑，也是提升城市创新效益的重要保障；第三，具有较大规模的创新产出与创新活动，这是一个城市自主创新能力的直接外在表现；第四，科技支撑引领作用和创新驱动能力较强。在创新型城市中，其科技对经济、社会发展的支撑引领作用都较为突出，创新成为经济持续发展的主要驱动力；第五，经济社会可持续发展水平较高，实现经济与社会可持续发展是创新型城市建设的根本目的。

5.2　创新型城市的构成要素与发展模式

5.2.1　构成要素

2005 年 4 月，世界银行以新加坡为研究范本，发布了《东亚创新型城市》的研究报告，提出了一系列建设创新型城市的先决条件：优良的基础设施，功能完善的城市中心区，充足的文化及学术活动场所设施，研究开发与创新能力，高素质的劳动力队伍，高效的服务型政府以及基于社会多元的多文化融合等（Poh Kam Wong, 2005）。同时，国内外许多学者也分别从创新型城市的主体要素、硬件条件、政策支持、文化氛围、创新意识等方面对创新型城市的构成要素进行了研究。

英国创新型城市权威研究机构 Comedia 创始人兰德利（C. landry）提出了创新型城市建设的七要素（Charles Landry, 2000）：富有创意的人、意志与领导力、人的多样性与智慧获取、开放的组织文化、对本地身份强烈的正面认同感、城市空间与设施和网络机会。皮特·豪（Peter Hall，2006）深入地探讨了未来城市的四个重要行为，即财政与服务、能力与影响力、创新性与文化、旅游，并指出创新型城市包含技术创新、文化智能性、技术性、技术组织性功能。

关于创新型城市的功能构成的理论，杨冬梅（2006）提出了创新型城市必须具备四个基本要素：（1）创新主体——创新活动的行为主体。包括城市人才创新主体，企业、大学、研究机构、中介机构、政府等机构创新主体，以及以产业集群、产学研联盟等形式存在的创新群主体。（2）创新资源——创新活动的基础。包括基础设施、信息网络、技术、知识、资金等。（3）创新制度——保障创新体系有效运转。包括激励、竞争、评价和监督等创新机制，以及政策、法律法规等创新政策。（4）创新文化——维系和促进创新的基本环境。包括城市文化观念、创新氛围等软环境，以及参与国际竞争与合作的开放的外部环境。并进一步地指出，创新主体是最为重要的能动要素，其余皆为创新型城市的环境支撑要素。相类似的观点还包括，邹德慈（2005）认为产业创新、基础设施建设以及制度创新是创新型城市构建的三大要素等；朱凌等（2008）认为创新型城市应当具备创新资源、创新机构、创新机制、创新环境四个要素；毛荐其和俞国方等（2006）强调了企业、产业链、产业集群三个层面构成的协同创新网络对于创新型城市建设的基础性推动作用。

由上海社会科学院主编的《国际城市蓝皮书：国际城市发展报告（2015）——国际创新中心城市的崛起》中指出国际创新中心城市需要同时兼顾科技与文化的发展，其基本功能体系应包含五个部分：一是研究开发功能，成为创新产业的孵化器和基地；二是资源配置功能，体现在创新要素的集聚功能和优化组合功能；三是科技辐射功能，对专利技术、专有技术、先进工艺、生产技术、管理经验等的推广和扩散作用；四是教育培训功能，提供符合市场需求多层次高级技术人才能力；五是发展标志功能，提供技术创新机制、政策、措施和制度的示范作用。

归纳上述各方观点，参考区域创新体系相关理论，本书认为创新型城市的构成要素主要包括以创新主体、创新资源、创新环境、创新机制为主的多因素，各要素协调互动、有机配合，形成创新型城市的自我平衡发展机制，推动城市形成持续创新能力，其中以企业为主的创新主体是创新型城市实现自主创新的最关键能动要素，优质的创新资源、开放公平的创新环境和良好的创业文化、完备的创新创业机制与政策体系是创新型城市支撑要素。

5.2.2　发展模式

所谓城市发展模式，是指在城市的发展过程中，通过融合某种特有的驱动元素（如文化、资源、区位等），经过长期的积淀或演化，以共有信念的方式主导城市发展方向，并贯穿城市发展过程的一种均衡路径的自我维持系统（毛艳华和姚华松，2014）。建设创新型城市是一项综合性的、高度集成的、复杂的系统工程，由于各城市的发展基础、产业结构、资源禀赋、区位环境、经济文化背景等存在一定差异，也就决定不同的创新型城市发展模式。

1. 创意文化驱动型和科技文化驱动型

依据城市发展过程中核心驱动力不同，创新型城市发展模式大致分为两类：创意文化驱动型和科技创新驱动型。

（1）创意文化驱动型。指在城市的发展过程中，其创新活动和战略重点偏重于文化艺术产业的突破，即依托繁荣发达的经济实力和较强的人力、物力、财力支撑，大力推进文化创新，通过文化艺术领域创新，打造全新的城市发展形态，如法国巴黎、美国纽约、意大利的米兰和芬兰赫尔辛基等城市，英国伦敦更是由于其发达的文化创意产业成为世界的金融、经济和创意文化中心。同时该类型的城市往往也较注重发展创意文化相关的知识密集型服务业，如教育及培训、金融服务、工业设计、时装设计、管理咨询等对人力资本及知识资本要求极高的高端服务业，不断提升城市的创新力。

（2）科技创新驱动型。该类型的城市其创新发展的战略与内容，主要是围绕知识与产品进行科技创新和技术集成，借助科学技术大力推动城市的经济、社会、文化与产业的创新发展。一般较注重汇聚和依托各类高等院校、科研机构、创新团队等创新资源，着力加强城市的知识创新能力、技术创新能力、成果转化能力，充分利用科技创新手段推动城市的制造业、信息产业、生物医药等高科技新兴产业的创新发展。

2. 政府主导型、市场主导型和混合型

依据市场与政府在城市发展过程中的主导成因进行分类，创新型城市的发展模式大致可以分为政府主导型、市场主导型和混合型三类发展模式（杨冬梅等，2006）。

（1）政府主导型发展模式。是一种自上而下的发展模式，城市政府制定明确的创新型城市发展战略，制定和颁布促进创新型城市建设的政策措施，不断加大基础设施投资，推动国际、国内的创新资源要素向城市集中，支持和鼓励创新主体之间形成互动和网络关系，营造有利于创新的文化氛围，引导全社会参与创新型城市建设。

（2）市场导向型发展模式。是一种来自市场的自下而上的发展方式，在市场充分配置资源的前提下，引导创新要素和产业要素向城市集中，创新主体在各自的利益需求和市场竞争压力下，不断寻求技术上的突破和科技创新。政府重在构建有利于创新的公平开放的市场环境与文化氛围。

（3）混合型发展模式。就是在创新型城市建设过程中同时注重政府与市场两种驱动力，是对自上而下和自下而上的有机结合。创新型城市建设与发展不仅需要充分利用市场机制推动创新要素向城市集聚与流动，还需要利用政府的推动力促进城市公共设施的完善，特别是增大对城市科技和知识竞争力的基础投入。城市作为公共产品与私人产品的统一体，城市的创新发展需要市场与政府、自发性与目标性等综合力量的推进。

除此之外，国内外部分学者按照城市侧重的产业不同，将创新型城市大体分为高新科技创新型城市、传统工业制造业创新型城市、服务业创新型城市和文化产业创新型城市（刘硕和李志堂，2013）；还有学者按照城市科技与经济实力的高低将创新型城市发展模式分为产业创新发展型、内拓外联资源整合型、科技创新驱动型、创新平台与环境塑造型（贾玉巧，2009）。

虽然按照不同的视角将创新型城市发展模式分成若干类别，但同时也注意到，目前国内外主要创新型城市并不仅仅是具备上述某单一发展模式的特征，而可能是同时符合多个模式，故将某一城市严格局限在某种发展模式中比较困难。一个创新型城市的发展主要符合哪类模式，关键是视城市"基础（资源）"、"政府"、"科教"、"文化（环境）"等具体情况而定。如新加坡国土面积狭小、资源匮乏，因而新加坡政府将城市定位为"新亚洲创意中心"，并制定了一系列符合城市现阶段情况的战略、政策和长远规划，大力发展低资源消耗的创意产业，使城市从制造业的衰退中重新焕发了生机。而美国的硅谷则凭借其雄厚的人才资源和资金大力发展高新技术产业从而使经济得以大力发展，现今美国的高新技术产品占全世界市场份额的32%。因此，城市创新体系目标的设定、主导产业和特色的培育、运行模式的选择等都应遵循客观规律，不能简单照搬照抄其他城市的成功经验，这需要城市决策者高超的智慧，以及在城市改革发展过程中对路径进行不断修正。

5.3 创新型城市建设的国内外经验

5.3.1 国外创新型城市建设典型案例

进入21世纪以来，发达国家及其城市都开始聚焦创新，伦敦、东京、新加坡等一大批城市先后形成面向未来的城市发展新战略，其共同的特点就是将发展知识经济、提升城市创造力作为城市战略议程的核心内容。美国的波士顿、新加坡、英国伦敦、以色列特拉维夫、日本东京是当今世界上典型的创新型城市，在建设与发展过程中各自都具有不同的特点。

1. 美国波士顿

波士顿是美国马萨诸塞州首府，是美国主要的高科技创新中心。作为信息时代高新科技创新型城市的典范，美国的波士顿具有全美一流的科技创新水平，在美国新经济发展中具有举足轻重的作用。总结波士顿高新科技创新型城市建设发展历程，不难发现：科教资源和人才资源的集聚、完善的创新环境、充足的风险投资、政府的刻意扶植成为支持波士顿创新发展的四大主要力量（刘硕和李志堂，2013）。

（1）科教资源和人才资源的集聚。从科教资源方面看，在波士顿大都会区拥有超过100所大学，波士顿市区拥有16所大学，其中更是包括了世界一流的哈佛大学和麻省理工学院，这些大学的科研力量是支持该城市发展的重要因素之一；从人才资源方面看，波士顿是全美人口受教育程度最高的城市，各大企业的研究和工作人员的受教育水平均位于美国前列。科教、人才资源的集聚以及波士顿这座城市对于这些资源的充分吸收利用，使得这座城市拥有得天独厚的科技创新能力和原动力。

（2）完善的创新环境与基础设施。波士顿拥有丰富的创新实践经验，创新文化深入人心，整座城市鼓励人们自由思考，激励人们不断创新，为波士顿营造了良好的文化氛围；同时，为了保护创新主体权益，波士顿建立了一套完善的知识产权法律保护体系，打消了创新者最后的后顾之忧，使得创新活动更为纯粹；波士顿完善的基础设施，如完善的地铁网络、医疗卫生设施、科技园区等从硬件环境为波士顿的创新提供了便利，形成了具有波士顿特色的创新产业集群。

（3）充足的风险投资。与世界其他高新科技创新型城市相比，波士顿拥有非常完善的金融体系，风险投资不断寻找具有潜力的创新活动，这使得波士顿拥有着充足的风险投资，这些投资为创新提供了强有力的资金支持；同时，由于波士顿优质的项目资源也为资本提供了丰厚的回报，从而使得金融资本进一步的聚集，久而久之形成了良性的、完善的创新投融资服务体系。

（4）政府的刻意扶植。在波士顿走上创新型城市发展之路的过程中，其原动力主要在于科教人才集聚、风险投资的注入和完善的创新环境，但政府的作用依然不可忽视。虽然政府对波士顿创新发展的直接支持并不像其他城市那么直接明显，但政府在确保完善的城市与生活基础设施、优质的自然生态环境、公平开放的市场环境等方面做了大量的投入，同时，波士顿通过大笔、巨额的政府订单为相关创新成果提供了稳定的市场，也进一步鼓励了创新活动。

2. 新加坡

新加坡有着"花园城市"的美誉，整个国家也即是一座城市，由世界知识产权组织发布的"全球创新指数"中，新加坡多次位居亚洲第一，是亚太地区最具创新能力的经济体，在总结其创新发展经验大约有以下四个方面。

（1）凸显创新的引领性地位。自1990年以来新加坡就持续制定了类似于中国的科技发展5年规划，在科技战略制定思路中着重凸显创新能力培育、创新投入、重视人才的引进等。如其第四个科技规划中，就明确提出"创新驱动的可持续发展"，第五个科技规划被直接命名为《研究、创新、创业2015：新加坡的未来》，充分说明了科技发展在新加坡的重要战略地位。

（2）加强政府科技预算投入。自1990年至今短短二十多年，新加坡政府在科技发展方面的预算投入增长了8倍，资料显示新加坡政府将在未来五年（2015～2020年）拨款190亿新元（约合874亿元人民币），以支持科研创新和企业活动，可见新加坡政府花巨资加大科技事业的发展力度，以及成为研究型、创新型和创业型经济体的决心。

（3）完善金融市场与创新环境。新加坡政府直接设立创业投资的种子基金，参与民间资本不愿意投资的创业融资，填补投资市场中的"空白"，鼓励创业者从事创新活动和承担商业风险。新加坡还为风险投资等设立了大量的税收优惠与减免政策措施。同时新加坡还具有富有成效的住房保障制度、公开透明的个人税收政策，以及和谐稳定的社会政治局势、廉洁高效的行政机关，这些都为新加坡的创新发展构建了优良的外部环境与保障。

（4）重视人才引进与培养。新加坡政府自李光耀时代就坚持走"精英治国"的路线，在新加坡历次的科技规划中一直都十分重视本土人才培养与海外人才引进。如《研究、创新及创业2015：新加坡的未来》中明确表述，其中7%的专项预算约7.35亿新元（约合35亿元人民币）将用于本土人才培养。

3. 英国伦敦

伦敦是欧洲创新型城市的典型，作为多元化的大都市，城市内融合了多种族的文化，城市历史悠久，得天独厚的文化积累使伦敦成为世界著名的金融、经济和创意文化中心，属于典型的创意文化驱动型创新城市。为了支持伦敦的创意产业发展，构建创新型城市，伦敦政府通过采取优惠政策促进文化创意产业发展、发展校研企合作式创新体系、营造城市创新文化氛围等手段，进一步加快伦敦的创新型城市发展进程。

（1）政府出台相应政策并组织专门机构推动文化创意产业发展。英国政府自 1994 年就开始重视其文化创意产业的发展，并将该项工作提升到国策层面，并先后出台了若干发展战略规划，提出"文化发展战略是维护和增强伦敦作为世界卓越的创意和文化中心的主要途径以及把伦敦建设成世界级的文化中心的目标"；同时，通过组建专门的创意产业委员会对创意文化产业进行专门的服务支持；此外，政府还通过完善金融服务、企业财政支持、完善知识产权保护等手段对文化创意企业进行大力扶植，凸显出政府力量在伦敦创新型城市发展进程中的导向作用。

（2）注重文化资源的有效整合。合理利用文化资源，打造本土文化品牌，注重专业化发展，是英国文化创意产业迅猛发展的重要原因之一。例如，伦敦以电影节、时装节、设计节、游戏节为基础，发展艺术、演艺、电影、时装、设计、数字传媒、音乐等产业，成为全球"创意城市"的典型。同时，为推动创意文化产业发展，推动高校、研究院所创新成果的转化，伦敦鼓励通过发展校研企合作式创新平台来加强区域创新体系建设，并以这些区域为中心向外辐射，以提高区域和城市的影响力，进一步推广自身的文化创意产业。

（3）营造城市创新文化氛围。伦敦市积极营造创新文化氛围，将文化创新植入到公民生活，提供给市民接触文化创新的机会，为其文化创意产业的发展提供良好的外部环境；同时，伦敦市积极开展各类民间国际交流活动，学习吸收外界先进文化理念。英国的这种"全民创新"模式实现了城市创新发展内生性和可持续性。

4. 以色列特拉维夫

以色列是世界上最负盛名的创新国家，而处于以色列西海岸的特拉维夫，人口大约为 40 万，不到以色列总人口的 1/20，却是以色列的经济和科技中心，占据以色列 60% 以上的创新种子公司，每年有 40 多家创新企业被谷歌等高科技公司收购，并被誉为"欧洲创新领导者"和"仅次于硅谷的创业圣地"。

（1）服务型政府提供灵活多样的创新创业服务。特拉维夫政府将自己定位为服务型政府，并且与其构建全球创新中心的城市领导意志相匹配。特拉维夫打破了耶路撒冷的文化传统与相对保守的文化氛围，以一种更加开放的姿态迎接世界各地的创新创业人口，举办各式国际创新活动，邀请全球各国的商界、政界精英人物参与创新机制与城市创新发展的讨论。特拉维夫还建设了国际媒体枢纽空间，通过媒体记者对城市的创新创业生态进行大肆宣传。以及建立聚集、高效的一站式创新创业政府服务中心，覆盖全城的免费、高速的 Wi - Fi 办公网络，以及各式政策信息平台、融资信息平台和公众图书馆、创业办公空间等。

（2）良好的创业生态系统和创业氛围。特拉维夫市政府，每年会举办几场大型的创业活动，活动期间整个城市弥漫着一种"节日"一般的创业氛围，比如每年举办的特拉维夫创业公司开放日（Startup Open Day），对创业与科技充满热情的年轻人们，便会参观不同的创业公司，和创始人及员工们随意聊天。创业公司们，也各种方式欢迎更多的人参观了解自己的公司及产品，比如进行公司展示与演讲，深入与参观者进行互动与沟通等。

（3）政府研发投入与金融系统支持。从 1999 年到 2010 年的 10 年间，以色列的研发经费占 GDP 比重超过以科技著称的美国、日本和德国，居于世界首位。另外，以色列还具有成熟、活跃而庞大的风险资本市场。根据相关机构统计数据显示，以色列的人均风险投资 2015 年达到 423 美元，大约是美国的 2.3 倍、欧盟的 26 倍、中国的 30 倍。特拉维夫政府在专注于小企业的发展过程中，建立了详细的企业数据库与融资分析工具，以及财政资金的双向流动机制，从根本上降低了资金的失败几率，形成了风险投资的正向效应。

（4）创新教育以及自由思辨精神。长期以来，以色列较注重对创新意识的教育培育，特别强调学生提出问题和解决问题的能力，并且，高校多以顶尖科学家领衔安排各类科研教育，行政干预较低。同时犹太民族具有较强的自由思辨、团队合作精神，以及国防军工科技创新基础也为特拉维夫的创新发展提供了保障。

5. 日本东京

与波士顿和特拉维夫相比，东京的创新型城市发展模式更趋近于服务行业创新，这使得东京成为亚洲地区经济最有活力的城市之一。对于高新技术实行优惠政策、为高新技术产业提供金融服务、鼓励校企合作、促进交流研究等成为支持东京持续创新发展的主要动力。

（1）对具有自主知识产权、拥有较强创新能力的企业实行优惠财政政策。首先，对创新型企业减免设备税，降低企业设备采购成本；其次，允许电子设备进行大比例特别折旧，以促进创新型企业设备的更新换代；此外，还对信息产业增加贷款、进行减免技术开发资产税等。这些优惠政策大大减轻了创新型企业的创新成本，鼓励并促进了这些拥有自主创新能力企业的创新活动。

（2）为高新技术企业提供完善的金融服务。创新离不开资金的支持，为了促进高新技术企业的创新活动，东京为这些企业提供了长时限、低利息贷款，降低企业创新信贷成本；同时，通过 OTC 股票交易市场，为科技型中小企业提供低门槛、便捷的上市融资渠道。充足的信贷资金和金融资本极大支持了东京高新技术企业的创新活动。

（3）优化创新创业环境。针对东京高商务成本的现实，通过政府补贴、社会力量投入等多渠道多方式降低企业综合创新成本。包括为研发中心提供低廉甚至免费的场地，保障研发活动在无经济压力下的顺利开展；促进创新资源开放协同，东京各区大学和研究机构积极开展设备共享和协同研究，为研发提供必要的设备以及相关支撑系统，进一步降低企业的研发成本；提供配套生活条件，向研究者及其家属提供方便的生活居住环境，确保研发人才能够有效集聚；改革制度约束，在制度制定中注重采取各种措施降低商务成本、简化各种行政手续、确保各类研发企业的国际化人才需求等。

（4）打造东京"亚洲总部特区"。为进一步巩固东京亚洲研发中心地位，东京政府提出建设东京"亚洲总部特区"，并将东京建设成为国际商务中心、生命科学研究中心、国际金融中心。主要手段包括提供免费咨询服务、创新资金援助、总部办公场所补助、优惠的税收制度以及一站式的行政服务等措施。从而吸引外国企业的全球创新网络布局，形成全球化企业的亚洲综合中心及研究开发中心，并利用溢出效应带动东京本土企业发展。

5.3.2　国内创新型城市典型案例

自 2006 年全国创新大会上提出至 2020 年将中国建成创新型国家后，许多城市先后揭出了建设创新型城市的目标。国家发改委、科技部也先后开展了全国创新型城市的试点工作，但在推进创新型城市试点工作上各有侧重，国家科技部较侧重创新型城市建设内容，强调要充分发挥城市在推进自主创新、加快经济发展方式转变中的核心带动作用。而国家发改委则将创新型城市建设当作一项系统工程，强调应从宏观管理与调控着手，系统推进、整体布局、统筹指导，创建内容包括经济、社会、文化、统筹城乡发展、体制机制等多领域的创新。国家发改委在 2006 年同意深圳作为创新型城市试点工作的基础上，于 2010 年原则同意大连、青岛、厦门、沈阳、西安、广州、成都、南京、杭州、济南、合肥、郑州、长沙、苏州、无锡、烟台等城市申报的创建国家创新型城市总体方案，进一步开展创建国家创新型城市试点。而国家科技部也分别于 2010 年、2013 年分批批复同意了上海市杨浦区、北京市海淀区等 32 个市（区）为国家创新型城市试点市（区），同时也单个批复了济宁等多个创建国家创新型城市试点工作的申请。同时，自 2013 年始，国家科技部及部分省份开始了创新型省份的创建工作，并于 2016 年 4 月科技部制定了《创新型省份工作指引》，提出了建设创新型省份的总体要求、建设任务、建设程序和具体的指标体系。我们选取了北京、上海、深圳、广州 4 个现代城市作为国内创新型城市创建的典型代表，分别介绍他们在创新型城市建设过程中的经验。

1. 北京

2006 年 4 月中共北京市委、北京市人民政府发布了《关于增强自主创新能力建设创新型城市的意见》，提出到 2020 年，首都创新体系更加完善，自主创新能力显著增强，成为推动创新型国家建设的重要力量，北京进入世界创新型城市的先进行列，总结梳理北京在创新型城市的建设经验，主要有如下三个部分。

（1）加强产业核心技术和关键技术的研发与突破，着力提升自主创新能力。一方面实施"科技奥运"、"科技北京"行动计划，开展城市可持续发展的关键技术攻关，研究能源节约利用、水资源节约利用、生态环境治理等技术，提升城市基础设施与管理服务水平，加快资源节约环境友好型宜居城市建设。另一方面注重基础研究与应用研究相结合，在开展知识创新的同时开展技术创新，实施北京技术创新行动计划，先后围绕信息产业、生物医药、新材料、先进制造等高端产业，加强产业核心技术的研发突破。

（2）创新体制机制，构建首都创新体系。强化企业技术创新主体地位，吸引跨国公司和国内大企业在京投资设立研发中心或研发总部，通过共建实验室、人才交流、研发外包等形式，凝聚创新资源，使北京成为重要的国际研发中心。积极探索在京科研院所之间、科研院所与高等院校之间、企业与高校科研院所之间的创新资源的集成与整合。充分发挥中关村科技园区在首都创新体系中的龙头带动作用，积极加强创新人才、金融资本、技术孵化、科技服务等多方面政策扶持引导、财政投入。

（3）加大高端人才引进与培育。积极加大政府人才投入力度，开展国家"千人计划"、"北京海外人才聚集工程"、"科技北京百名领军人才培养工程"、"北京市科技新星计划"和"中关村高端领军人才聚集工程"等。持续的投入使得北京创新资源的存量和增量均有提升，2014 年，北京每万劳动力中研发人员数达 212.14 人；留学回国人才达 10 万人，占全国的 1/4；累计入选"千人计划"1 103 人，接近全国 30%。

2. 深圳

2006 年深圳市委市政府发布了《关于实施自主创新战略建设国家创新型城市的决定》1 号文件，正式开启了创新型城市的发展历程，并于 2008 年编制发布了《深圳国家创新型城市总体规划（2008～2015）》。深圳长期作为全国改革开放"窗口"和综合配套改革试验区，使其具有更为强大的政府行政管理权限和管制力，为深圳城市的创新发展提供诸多便利与保障。在建设国家创新型城市道路上，深圳做到"四个密集"：创新型人才密集、创新型企业密集、创新型产业密集和创新型知识产权密集；总体来说，深圳创建创新型城市经验可归纳为三点：以产业为基础、以企业为主体、以市场为导向。

（1）以产业为基础。在对外开放发展的过程中，深圳由于早期的"三来一补"等积累了较为扎实的产业基础，在后续的创新发展中，深圳的创新活动都基本上是围绕产业的转型升级和发展高新技术产业而进行，先后通过一系列政策引导与政府扶持，其自主创新行为主要发生于这些产业的产品研发与创新过程中。

（2）以企业为主体。深圳的自主创新活动，几乎全部集中在企业内部进行，企业成为研发投入与创新产出的主体。企业根据自身发展战略及利益实现的需要，自主确定科技创新方向，每个企业无论大小，都是独立的自主创新单元。

（3）以市场为导向。这指的是深圳在创新发展过程中，坚持以客户需求、以产品的技术需要为本，主要作用于产业提升。政府主要职责是环境的营造者和维护者，用一言以蔽之，就是创造企业自主发展环境。值得一提的是，近些年来深圳市为进一步加强基础应用研究，促进原始创新，通过政府引导和市场化的运营体制机制，先后建立了以深圳光启理工研究院、华大基因研究院为代表的200多家民营非企的新型研发机构，开创了一个跨越式提升源头创新能力并快速实现产业化的新型科技研发模式。

3. 上海

上海作为全国最大的经济中心城市，处于改革开放的最前沿，科技创新资源高度密集，在科技创新投入、科研基础设施建设、专利拥有量和高端人才拥有量等方面不断积累优势。据国家科技部与国家统计局联合发布的《2013年全国科技进步统计监测报告》显示，上海综合科技进步水平指数已连续五年排名全国榜首。上海创新型城市的建设表现出明显的高新技术产业集聚能力和良好的周边辐射能力，有力地带动了周边地区的发展，其主要经验有两点。

（1）依托金融创新推动科技创新。作为中国的金融中心，上海城市创新融资能力较强，具有国际化的融资环境和人才优势。通过政府引导、政策扶持，上海市科技创新委先后建立了科技小巨人信用贷、科技型中小企业履约贷、信用担保、小额贷款等科技信贷与担保体系，以及成立上海天使投资专项引导基金、大学生科技创业基金、创业投资引导基金等创业及风险投资体系，培育和引进一批担保和再担保机构、小额贷款公司、融资租赁公司等新型金融机构，构建了融资担保、投贷联动等多层次科技金融服务科技金融服务链。

（2）坚持"三区融合、联动发展"，整合创新资源。通过打破高校技术转移的围墙，推动大学校区、科技园区、公共社区的三区融合，建立更加广泛的产学研战略联盟，汇聚和丰富各类创新要素。推动高校、科研院所的科研和教学资源开放共享，依托高校优质资源推动基础教育的创新试验和创新发展、提升社区医疗卫生事业发展。加大科技园区载体建设力度，坚持特色化、品牌化、国际化的发展方向，强化大学科技园与大学强势学科结合，增强大学科技园接受大学技术转移、人才流动、学生培训等方面的能力。

4. 广州

广州市政府正式提出开展创新型城市建设要比同省临近的深圳市稍许晚些，2011 年 8 月，广州市政府才正式发布《广州国家创新型城市建设总体规划（2011～2015 年）》，提出到 2015 年，将广州建设成为充满活力、特色鲜明的华南科技创新中心，成为国家知识创新和技术创新高地、国家发展战略性新兴产业的重要基地、亚洲领先的信息化都市和国际先进的区域创新发展引领示范区，成为创新环境友好、创新体系健全、创新效率高、创新效益好、创新辐射范围广、创新引领作用强的国家创新型城市。并通过建设区域创新体系、加强民生科技与智慧城市建设、超前部署基础设施等方面推进实施。

（1）区域创新体系建设。充分利用广州的高等院校和科研院所等创新资源，大力推进产学研结合与科研成果转化，组建产学研合作创新联盟，建立企业主导的产业技术联盟，激发产学研各方的创新活力。制订重点产业技术路线图，开展重大科技专项，实现产业核心技术和关键技术的重点突破，增强广州关键共性技术攻关突破能力。

（2）加强民生科技与智慧城市建设。广州以建设"信息广州"为切入点，着力加强基础网络设施建设、信息资源开发利用和民生科技突破，促进信息、网络、智能化等新兴技术在国民经济和社会发展各领域的渗透和应用，大力建设超算中心、云计算、大数据等智慧体系与基础设施，提升城市信息化和智能化水平。

（3）超前部署基础设施。自提出建设创新型国家城市以来，广州大力加强包括地铁、城市交通、海港航空等城市基础设施和诸如创新园区、孵化器、企业研发机构等科技创新载体与网络建设，先后深度推进了中新广州知识城、广州国际生物岛、广州超算中心等，2014 年度广州国家级孵化器优秀数量全国第一，广州连续 5 年位列中国城市创新创业环境排行榜第二（不含直辖市）。

5.4 广东省创新型城市建设实践

——以佛山与江门为例

当今世界，科技创新已成为推动经济社会发展的主导力量，党的十八大明确提出要实施创新驱动发展战略,强调科技创新是提高社会生产力和综合国力的战略支撑,必须摆在国家发展全局的核心位置。

改革开放以来,城镇化快速发展,取得了举世瞩目的成就。但城镇化过程中长期以来形成的粗放型外延型发展模式,严重困扰着城镇化进程。将科技创新融入城镇化,将创新发展战略作为城镇化的主导发展战略,以创新为驱动转变经济增长方式,调整经济结构,提高城市综合竞争力,有利于突破城镇化道路所面临的瓶颈,实现城镇化的战略转型。

广东省佛山和江门两市都处于新型城镇化转型的阶段,且都具有较为典型的特色产业集群,结合目前掌握的调研数据和资料,本书中选取了这两个城市为代表,研究总结它们在城镇化进程中创新型城市建设的一些做法和成效。

5.4.1 佛山建设创新型城市的实践[①]

佛山作为中国改革开放的先行区和重要的工业中心城市,在全国经济社会发展和改革开放大局中具有重要的战略地位和示范作用。改革开放以来,在中央、国务院和省委、省政府的正确领导下,佛山锐意改革、开拓创新,实现了经济社会发展的历史性跨越。但同时也面临着土地、环境、资源、人口等发展要素的多重制约,特别是区域创新体系不够完善,高等院校、科研院所等创新资源匮乏,科技创新投入严重不足,企业自主创新动力不足、能力不强、核心技术和高端人才缺乏,激励创新创业的政策体系不完善,鼓励创新、宽容失败的创新文化尚未扎根,严重挤压了佛山可持续发展的空间,成为佛山产业转型和城市升级的重大瓶颈。

当前,国内外经济形势发生深刻变化,佛山正处在经济结构转型和发展方式转变的关键时期,进一步的发展既面临严峻挑战,又孕育着重大机遇。以建设国家创新型城市为契机,全面实施创新驱动发展战略,走"创新驱动、内生增长"的发展道路,系统构建以企业为主体、市场为导向、产学研相结合的开放型区域创新体系,激发全社会的创新创业活力,持续支撑和引领佛山产业和城市的转型升级,是佛山再创科学发展新优势的根本出路。

1. 佛山建设创新型城市的定位和目标

(1)战略定位。2013 年 1 月,佛山市正式发布了《佛山市建设国家创新型城

---

① 主要内容来源自《佛山市建设国家创新型城市总体规划(2013～2020 年)》,本书作者参与了该规划的制定工作。

市总体规划（2013～2020年）》，提出了佛山市建设创新型城市的发展战略定位：

一是国际高端制造业基地。坚持高端发展的战略取向，引领佛山优势制造业向产业链高端环节延伸，培育一批具有国际竞争力的企业和品牌，打造若干最具创新活力、规模和水平居世界前列的先进制造产业基地。

二是国家产业技术创新高地。全面建立市场为导向、企业为主体、产学研用紧密结合的技术创新体系，通过全方位、多层次、宽领域的产学研合作，高效集聚和配置国内外优质创新资源，加速创新成果的转移转化和产业化，抢占市场竞争的制高点，打造国家区域技术创新中心。

三是全国科技、产业、金融"三融合"示范区。先行先试，全面创新科技与金融结合的综合服务体系，促进技术创新链条、产业链条的紧密结合，提高创新体系的效率和水平，为全社会创新创业提供强大的金融支撑。

四是国家创新驱动发展示范城市。构建创新机制灵活、创新人才集聚、创新生态优越、内生增长、绿色和谐的城市发展新模式，实现科技创新、产业创新、管理创新、商业模式创新、金融创新，成为具有鲜明特色的国家创新驱动发展示范城市。

（2）发展目标。实现科学技术、产业发展、社会文化、人文环境等领域的全面创新，创新理念深入人心、创新资源高度集聚、创新队伍激情灵动、创新政策集成配套、创新体系完备合理、创新效率全国领先、创新环境更加优越，建成具有鲜明岭南特色和强大示范引领作用的国家创新型城市。

到2017年，建立较为完备的技术创新体系，市场配置创新资源的机制体制健全，创新投入、创新能力、创新绩效和城市发展水平大幅提升，整体创新水平实现新跨越，基本建成国家创新型城市：全社会R&D经费占GDP比重达到2.5%，地方财政科技投入占地方财政支出比重达到3%；研发人员达到8万人，万人口研发人员密度达到80人；各类国家级创新平台达到20个，省级创新平台达到100个；发明专利年申请量达到6 000件，百万人口年发明专利授权量达到200件；高新技术产业产值占工业总产值比重达到40%，战略性新兴产业增加值占地区生产总值的比重达到15%，科技进步贡献率达到66%。

到2020年，全面建成国家创新型城市，自主创新水平进入全国前列，在广东省乃至全国具有重要的辐射带动作用。全社会R&D经费占GDP比重达到2.8%，高新技术产业产值占工业总产值比重达到45%，战略性新兴产业增加值占地区生产总值的比重达到20%，科技进步贡献率达到70%。

2. 佛山建设创新型城市的实施路径

经过多年来的不断探索和实践，佛山的科技创新总体跃上了一个新的台阶，开始进入一个全面部署、整体推进的崭新发展时期。到 2017 年，建立较为完备的技术创新体系，市场配置创新资源的机制体制健全，创新投入、创新能力、创新绩效和城市发展水平大幅提升，整体创新水平实现新跨越，基本建成国家创新型城市。

（1）建设具有佛山特色的技术创新体系。立足佛山产业特色和重点领域，全力打造产业创新平台、产业基地等产业发展载体和平台，助力企业提升自主创新能力，全面建设以企业为主体、市场为导向、产学研紧密结合的开放型区域创新体系。

第一，加快建设一批高水平产业创新平台。建设综合性创新服务平台，强化创新服务。建立一批面向产业关键、核心技术的工程化开发与试验技术平台，一批面向前沿技术开发的公共创新平台，一批面向科技型中小企业的公共创新服务平台，提供研发、中试及配套化服务，提升科技资源公共服务能力。

——加快建设佛山中国科学院产业技术研究院。搭建研究院知识中心、知识产权与技术交易中心、产业技术标准应用联盟、国际产学研平台、科技金融服务、产业园区等 6 大业务平台。用 5 年时间，将研究院建成初具规模、独具创新优势的产业发展基地和研发平台、一流的公共技术输出平台和公共检测测试平台。

——推进中科院佛山育成中心建设。重点建设佛山市功能高分子材料与精细化学品专业中心、佛山市环保技术与装备研发专业中心、中科院佛山陶瓷技术创新与育成中心、南海中国科学院中医药生物科技产业中心、顺德工业与信息技术研究中心有限公司、高明区（中国科学院）新材料专业中心、三水区中国科学院能源环境技术创新与育成中心等 7 大专业中心，完善专业中心管理机制和运作模式，加强对中心建设的考核评估，提升其对企业的服务功能和水平。

——推动广东西安交通大学研究院建设。在动力能源、装备制造、电子信息、新材料、电力电气、医药及医疗器械等领域分阶段设立重点实验室、工程研究中心、测试咨询中心、人才培养基地及成果转化基地，建成国内一流的科技创新、人才培养、成果转化及企业孵化和高新技术产业化基地。

——新建广东工业大学佛山机械数控装备技术研究院。建设创新服务中心，开展企业孵化培育，行业关键共性技术研发，成果转化，人才引进与培育，成为广东数控装备产业技术创新资源池、人才培养高地和创新创业孵化福地。

——全面建设广东省半导体照明产业技术联合创新中心。以"LED 照明标准光组件项目"为突破口，面向 LED 产业链各个环节的创新需求，构建七大产业服务平台，全面整合 LED 产业创新资源，全力打造 LED 产业发展战略智库、信息交互中枢、检测认证基地、技术创新桥梁、金融服务尖兵、人才培养高地、成果展示舞台。

——加快建设汽车行业技术创新公共平台。集成 PCM 无模快速制造、PDM 铸型直接制造、CNC 精密加工、新材料等技术和先进的检测设备，打造"数字化快速制造系统"，提供三维设计、铸造模拟、快速铸造、批量生产整套技术交钥匙工程等高技术服务，缩短研发周期，降低研发成本和风险，带动汽车和相关产业的升级发展。

——加快推进国家环境服务业华南集聚区环保产业促进平台建设。定位为国家级环保产业公共服务平台、对外展示窗口、产学研金融合作载体、环保新技术和新产品不落幕的博览会、产业发展引擎和助推器。促进平台包括宣传展示、检测认证、方案解决、科技金融合作、信息发布、企业招商服务、对外交流合作等七大功能，为华南地区环保企业提供共性和个性化服务。

——新建广东（顺德）高端制造装备研究院。依托华南理工大学和广东省机械工程学会，建立面向高端制造装备产业的技术创新中心，为高端制造装备共性关键技术的研究及产业急需高端制造装备产品的开发提供条件支撑；建立技术服务中心，负责研究院技术成果评估、转化和交易；建立人才培养中心，推动专业技能等多层次人才培养；建立国际科技合作中心，构建集人才培养和科学研究为一体的国际化协同创新平台，大力提升国际化水平。

——加快建设广东产业金融研究院。致力于加强"产业金融"理论、学术及政策研究，为广东金融高新技术服务区创建"广东产业金融中心"和"国家产业金融试验区"提供高端智库服务和战略支持；为金融机构产品创新及企业投融资需求提供专业服务；推动产业金融发展和地方经济转型升级。

——打造高明荷城塑胶材料专业镇技术创新中心。建立公共检测、研发平台，人才培养平台，建立塑料产业技术创新联盟，推动特派员工作站的建立。直接为企业提供技术攻关与成果转化、产学研合作、产品检测、人才培训、技术咨询、行业交流、科技服务、知识产权服务、信息化建设等多项服务，推动企业提高自主创新水平。

——建立佛山城市与产业发展战略研究中心。以佛山科学技术学院为依托，联合省内外院校研究力量，建立佛山城市与产业发展战略研究中心，致力于加强对佛山城市、产业双转型的战略和理论研究，为各级政府部门提供战略规划，为企业提供咨询和战略引导，为佛山创建国家创新型城市提供决策依据。

第二，加快打造一批高科技产业创新基地。加快发展高科技产业创新基地，带动科技、金融和产业的融合发展，加快重塑我市的产业形态，实现城市的集约化发展，促进科技型企业和企业家迅速成长。

——推动高新区实现跨越式发展。赋予佛山国家高新技术开发区市一级权限，对佛山高新区发展进行重新规划，将佛山高新区建设成世界一流的高科技园区、战略性新兴产业和发展高新技术产业的核心阵地，力争 2017 年跨入全国高新园区 20 强行列设立国际科技合作的主题园区，建设国际制药与医疗器械产业园、深圳清华大学研究院北美中心、英国牛津大学 ISIS 中心和美国科技产业孵化投资机构，引进欧美的高端人才和创新团队，实现国际创新资源向佛山高新区的转移转化，形成从技术研发到生产制造的产业链条。加强与金融机构的合作，形成从企业孵化到上市走向资本市场的服务链条，推动佛山高新区成为"新三板"试点的相关工作。

——打造佛山国家火炬创新创业园。将佛山国家火炬创新创业园建设成为国家级的科技企业孵化器，引入一批科技含量高、效益好、有发展前景的科技项目；汇聚一批一流的研发机构和服务机构；建立一批高度协作的特色产业创新服务平台；培育一批国际知名企业、产品和品牌。到 2017 年，引进 10 个以上创新团队，引进 10 家以上研发服务机构，引进和培育 200 家以上科技型中小企业。

——规划建设华南智慧新城。依托中心城区区位优势，建设世纪互联云计算南中国总部基地和神州数码南方总部等重点项目，引进一批世界 500 强企业、国内 500 强企业项目，打造成为现代产业高地、科技创新高地和智慧人才高地。

——建设华南电源创新科技园。以 UPS 为基础，向通信开关电源、逆变器、EPS 等电源产业延伸，全力打造集产品研发、检测、展示、交易、人才培训、孵化中心等于一体的绿色电源产业总部基地，新建中国科学院功率器件公共检测分析认证平台，培育集聚一批绿色电源生产企业及科技型中小企业，打造全国一流的绿色电源产业基地，绿色电源及节能科技园区的标杆。

——做大做强国家环境服务业华南集聚区。以瀚天科技城为核心园区，打造国家级环保产业促进平台；以广东新光源产业基地为基础，打造节能环保产品专业生产基地；以广东省新材料基地为基础，打造环保新材料专业生产基地；以国家生态工业示范园区为基础，打造国内知名的环保装备制造基地；以国家级再生金属物流加工基地为依托，打造国内知名的资源综合利用产业基地。建设成为环境服务模式、环境服务政策、环境服务产业三大高地，集技术研发、产品生产、工程建设、咨询服务和运营服务等功能于一体的全国性环境服务业集聚示范区。

——建设国家（南海）高端装备产业园。重点发展以汽车整车、汽车关键零部件及与之相关配套的专用机械装备制造产业、智能光电装备制造产业、智能电网成套装备产业等重大技术装备制造产业。在重点技术利用上有突破性进展；加大智能装备制造技术开发力度，构建智能装备制造产业链，提高产业的集聚效应，提升南海高端装备制造产业的产业层次。

——高标准建设千灯湖科技金融结合示范区。以广东金融高新区为依托，加快千灯湖片区的粤港金融科技园、国际金融信息科技产业园、佛山市电子商务产业园等高端科技园区建设，引进金融科技企业总部，集超甲级写字楼、科技研发、产业孵化、电子商务、商业配套、高端人才聚集于一体配套完善的企业总部聚集区和高科技产业社区，打造"科技金融结合示范区"发展平台，力争建设成为国家级产业金融试验区。

——全方位建设中国"南方智谷"。通过产城一体化，重点发展以科技研发为核心的生产性服务业，建设产业技术联盟、各类公共服务平台、孵化器，引进和培育科技型企业、重大科技创新项目、企业研发中心，领军型人才或创新团队，形成全球高端创新创业人才驿站，成为珠三角智造中心和全球新一代科技创新中心。

——打造物联网应用产业基地。以物联网信息产业为基础，以资本为依托，以科技都市为载体，打造具有国际竞争力的产业综合开发与运营服务园区。业务范围涵括物联网技术研发及系统工程、物联网通信与基础服务、物联网应用与集成服务、物联网高端智能制造、智慧城市运营与科技交易、投融资服务。

——省市共建战略性新兴产业（高明新材料）基地。以先进高分子材料、先进金属结构材料、新型建筑材料、化工新材料、电子信息材料为产业重点，建立战略性新材料产业基地，优化提升高明新材料产业结构，推动产业向重点园区和基地集聚发展，产业国际竞争力和可持续发展能力得到全面提升。

第三，加快提升企业自主创新的主体地位。

——实现创新型企业研发机构全覆盖。以"有场地、有人员、有投入、有装备、有特色业务"为基本要求，多模式建设研发中心、检测中心、设计中心、中试基地等研发机构，2017年实现大中型高新技术企业、创新型企业研发机构全覆盖。对新建的国家级、省级企业工程中心分别给予一次性资助；市区各类科技计划优先支持建有研发机构的企业。

——推动企业技术创新能力的提升。依托院市合作、校市合作的良好基础，支持行业龙头企业与高等学校、科研机构联合组建研发平台和产学研创新战略联盟，合作开展核心关键技术研发，引导高等学校、科研机构的人才、技术、成果等创新要素向企业集聚。引导创新型企业组建研究开发院，制定创新路线图，支持企业研发机构建立健全组织管理制度和知识产权制度。推动企业研发机构升级，支持创新型龙头企业申报国家、省级工程中心或技术中心、重点实验室或工程实验室，建设院士工作室、博士后工作站、科技特派员工作站等机构。

——实施科技型中小企业扶持计划。设立科技型中小企业扶持资金，市级财政每年投入不少于1 500万元，各区财政按1:1配套扶持高成长性科技型中小企业。加强高新技术企业的培育认定工作，积极推进创新型企业试点工作培育100家创新型企业。建立科技型中小企业优秀项目库，为企业科技创新提供信息、咨询和培训服务。组织认定500家高成长性科技型中小企业，挖掘和储备一批重点扶持的科技型中小企业，优先享受产业扶持政策。实施"科技型中小企业金融扶持计划"，组织 50 家金融合作机构与科技型中小企业对接，组织科研机构研发成果与企业嫁接。

——探索"哑铃型"企业研究院建设模式。鼓励行业优势企业在北京、上海、广州等创新人才集聚区设立研究院，构建技术合作、协同研发、人才引进的创新通道，促进创新资源的引进共享，形成佛山科技产业和科技应用为一头，人才富集区研发和基础研究为一头的"哑铃型"创新合作体系。

第四，加快建立开放融合的科技交流与合作新机制。

——以新模式建设国际技术合作新载体。重点建设中德工业服务区，构建与国际高标准制度规则接轨、符合中国国情特点的工业服务体制机制，努力建设成为国家工业服务综合配套改革试验区、国家工业服务国际合作先导区、国家工业服务集聚发展示范区和广东制造业转型发展驱动区。推动佛山高新技术开发区核心园建设珠三角国际科技园，实现产业国际化、人才国际化和公共配套服务国际化，形成具有国际竞争力的高端产业集群。

——全面拓展与港澳台科技合作空间。与港澳台地区共建科技创新平台，深入开展科技交流合作，继续保持与香港生产力促进局的合作关系，重点推动南海区与香港科技园共建粤港科技产业合作试验区，在孵化器共建、联合招商、高新技术产业培育等方面展开深度合作，加快佛山市香港科技大学 LED—FPD 工程技术研究开发中心建设，承接港澳台的研究成果并进行产业化开发。

——加强广佛肇科技交流合作。落实广佛肇科技合作协议，构建完善统一的科技服务网络，推动三市科技服务资源合理、便捷流动。鼓励三地高等院校、科研单位和企业共建研发机构，联合开展项目攻关。加快重点实验室建设合作，推动组建一批产学研技术创新联盟，共建研发和产业基地。

——推进本土科教资源与产业的融合。鼓励佛山科学技术学院、佛山职业技术学院等本土高校开展关键和共性技术研究，建设开放的资源共享技术平台和信息网络体系，建设大型科学仪器设备、科学文献共享平台，与企业共同建设技术开发联合体，就地转化科技成果，共同培养创新人才。

（2）建设现代产业体系。禅城、南海、顺德、高明、三水、佛山新城和佛山高新区要根据自己的产业基础和区位优势，做好相关规划，明确各自的定位和目标，优化产业布局。

第一，大力推动优势传统产业转型升级。在机械装备、家用电器、建筑陶瓷、纺织服装、有色金属等优势传统产业进行新技术、新工艺、新装备的示范应用，优化提升产业结构，提高产品附加值。

——机械装备。开展数控化装备创新设计、加工工艺、专业化数控系统和集成应用等行业共性关键技术攻关，开发典型装备的专业数控系统和数控化机械产品，重点突破数控化整线生产技术、专用网络化数控技术、CAD/CAPP/CAM 一体化集成技术、生产线的网络化和信息化技术、热压机液压系统节能技术等一批关键核心技术，开发出有自主知识产权和较强国际竞争力的产品和服务，提升机械装备自主创新能力。

——家用电器。支持电力电子技术、热泵技术、热交换技术、蓄能技术和余热回收利用技术等节能环保与资源再利用技术的研发，加强人机工程、智能传感器技术、MEMS 技术等家电智能化技术研究，开展新材料、材料替代技术、材料减量化的应用研究，进一步提高产品的质量和档次。

——建筑陶瓷。重点开展陶瓷原料的绿色化和高效利用技术、陶瓷产品的薄型化和轻量化技术、生产过程中的节能技术、清洁生产技术和装备的研究开发，提升陶瓷产业节能减排水平，支持陶瓷喷墨打印技术和装备、无机复合产品制造技术、高导热系数陶瓷产品制造技术等应用推广，发展特种陶瓷，提高产品附加值和效益。

——纺织服装。加强高档面料、功能型面料、医用保健纺织用品、汽车内饰产品以及产业用纺织品开发，开展高速数控一代织机的技术，智能针织横机的研制，在纺织终端产品使用 CAD/CAM 技术、RFID 技术，重点支持印染废水治理及回用技术等节能减排技术的应用推广。

——有色金属。重点推进铝型材表面处理行业共性技术研究及应用示范建设，突破无铬钝化技术、无氟无铵表面预处理新技术、无镍封孔技术，建立铝表面处理技术集成创新与中试验证平台，对大型、复杂截面铝型材挤压技术和装备，大截面高合金化铝铸锭的热顶铸造工艺及装备进行研发。

第二，大力培育发展战略性新兴产业。在光电产业、新材料、现代服务业、生物医药、节能环保、新能源汽车等新兴产业组织开展新兴产业关键共性技术攻关与应用示范。2013～2017 年组织实施 40 项以上重大攻关计划项目，形成一批核心知识产权以及行业技术标准，以新技术突破带动新产业快速发展。

——光电产业。突破 LED 外延及芯片制备、大功率器件封装等关键技术，开展白光 LED 光源系统集成及智能化、产品标准化规范化、关键设备及原材料的国产化等技术攻关。重点建设规模化外延芯片、大规模 LED 封装、LED 背光及照明应用、关键配套材料及部件、设备等产业化项目。

——新材料。重点发展具有优异的力学性能、电性能，耐化学性、耐热性、耐候性等特点的先进高分子材料合成关键技术，高性能纤维增强聚合物基复合材料制备与成型加工关键技术，超材料制备关键技术。支持强韧、耐磨的金属基复合材料制备技术，成形性能优异的强韧、耐蚀轻质合金制备技术，可替代 ITO 的新型透明导电薄膜及其应用关键技术的研发。

——现代服务业。完善科技和信息服务体系，支持各类科技和信息服务机构专业化、网络化发展，重点支持研发设计、技术转移与科技孵化、检测认证、知识产权服务等机构发展。提高工业设计发展水平，培育工业设计龙头企业，支持我市工业设计企业积极承接设计外包，创新服务模式，提升服务能力和水平，引导工业设计企业专业化发展。

——生物医药。提升生物技术药物规模化生产能力，重点开发具有自主知识产权的单抗药物、治疗性疫苗、多肽药物等生物技术新药，大力推进高效、安全新型化学药物产业化发展。加强中药的剂型改造和二次创新，支持中药饮片及中药配方颗粒的产业化，现代制药技术和方法在中药产品生产、质量控制等过程中应用，提高佛山中药产品的产业化水平。

——节能环保。研究环保产业生态系统的构建，支持绿色制造关键技术与装备、变频调速控制技术、高压和低压智能节电技术等技术的开发与推广应用。开展城市污水、工业废水处理技术和成套装备，污泥处理技术和设备，大气污染控制技术与装备，清洁生产技术与装备，环境咨询与方案解决，环境金融与贸易，排污权有偿使用和交易等研究，提高我市环保装备工业水平和环保服务水平。

——新能源汽车。重点发展电动汽车动力电池、电机和电控等关键零部件研发及产业化，加快发展锂离子电池隔膜等关键材料，推进电芯及单体电池制造、成组和系统管理技术研发。支持燃料电池研发及产业化，掌握自主知识产权。重点发展混合动力、纯电动乘用车和客车，鼓励发展 LNG（液化天然气）汽车，支持新能源汽车整车生产企业和项目获得国家核准和行业准入。

第三，大力发展高端生产性服务业。

——加快培育一批高端服务业集群。以高新区、工业园区为依托，集聚发展高端服务业，为城市、产业转型升级提供动力。高标准建设佛山新城高技术产业服务城核心区，吸引外资机构建设总部大厦、高技术企业服务中心，建成各国高技术服务企业华南总部基地。加快建设华南国际采购与区域物流配送中心，建设世界级贸易平台、电子商务平台、金融交易结算平台、现代物流平台。提升广东工业设计城建设水平，建设广东省工业设计服务外包基地、国家级创新成果产业化基地、知识产权保护与转化服务基地。加快推进广东省（佛山）软件产业园的建设，积极推动云计算、物联网和移动互联网等新 IT 产业，发展软件和信息服务外包业。积极建设佛山新媒体产业园（佛山新媒体电子商务园），发展数字媒体、数字出版、电子商务、网络通信、数字内容加工等现代都市型服务业，打造高新技术总部基地及智慧产业核心的服务配套园区。加快三水新城省级现代服务业集聚区建设，完善城市服务功能，增强对产业基地的支持服务能力，促进现代服务业集约化、节约型发展。

——做强一批高端生产性服务平台。围绕产业发展需求和趋势，重点建设一批服务平台。以云计算和数据中心为平台，发展探索建立服务于"总部经济"建设的各类后台数据中心和技术支持中心，培育发展新型网络信息服务业。推动建设世纪互联云计算绿色数据中心、绿岛湖产业技术服务中心、广东华南生物质能研究院等重点项目建设。重点支持中国（佛山）赛宝实验室建设打造华南首个国家级一站式光电显示产业公共技术服务平台。重点建设佛山市质量计量监督检测中心等综合性多功能检测机构和一批具有地区优势的行业检测中心，加快建设国家汽车零部件质量监督检验中心、华南汽车配件检测中心和中小企业科研试验平台，提高佛山检验检测的水平和对外辐射能力。加快完善广东省饮料与食品添加剂产品监督检验站。促成与德国 VDE 检测认证研究所的合作，推动中标国际检测认证认可服务平台的建设。

第四，大力发展科技服务业。加快建设中小微企业综合服务平台。推动省部院产学研合作制度化、常态化。实施"一校一镇"、"一院（所）一镇"行动，推动各专业镇结对选择高校、科研院所，以市场化运作方式加快建设专业镇生产力促进中心，以及技术创新服务、信息网络服务、质量检测服务、知识产权服务、人才培训服务、企业融资服务、企业孵化服务、电子商务服务、工业设计等中小微企业服务平台，着力解决产业和行业发展中的共性问题，打造一支专业化服务团队，建成服务功能比较完善的中小微企业服务体系，促进社会资源优化配置和专业化分工协作，切实改善中小企业发展环境，引导中小微企业从传统加工型向"专精特新"型转变。

（3）构建支撑创新创业的科技金融服务体系。

第一，全力支持广东金融高新服务区建设。以广东金融高新技术服务区为战略实施载体，大力引进和培育私募创投、融资租赁、资产管理中心等创新型金融机构；大力发展智力密集型高端金融后援产业，建设一批知名金融机构的研发中心、数据处理中心、呼叫中心、培训中心等后援创新服务中心，打造亚太金融后援服务产业基地和广东产业金融中心。以粤港金融科技园、国际金融信息科技产业园、佛山市电子商务产业园、区域性股权交易市场（OTC 市场）、广东技术交易市场、区域债券发行平台等园区为载体，建设"科技金融结合示范区"和广东产业金融中心，到 2015 年建设成为国家级产业金融试验区，引进全国性和全球区域金融后台服务机构达 20 家，金融服务及外包服务增加值达 200 亿元，私募创投、融资租赁等创新型金融机构达 200 个，募集及注册资金 600 亿元。

第二，搭建高水平公共金融服务平台和创新平台。重点建设广东新型技术产权交易中心，探索开展知识产权的风险交割、分期交易等创新交易服务；建设

"科技金融网上超市"和"科技金融俱乐部",分别实现科技金融的线上无缝对接、线下面对面对接。成立广东产业金融研究院,为建设"广东产业金融中心"提供高端智库服务和战略支持。建设广东技术交易市场、区域 OTC 市场、区域发债平台,电子商务产业园等资本交易市场,为经济转型升级提供有力支撑。推动中小企业区域集优债发行平台落户广东金融高新技术服务区,打造华南创业风险投资和私募股权投资基金区域中心。

第三,建立多层次创业投融资体系。制定优惠政策,鼓励设立风险投资、创业投资、私募股权、基金信托等创新型金融机构,引导社会资本投向高新技术产业和战略性新兴产业。推动设立财政风险投资"母基金",投资风险投资企业,探索投资风险多方分担的新模式。引进广东粤科风投集团服务平台,推动科技企业与粤科风投集团建立长效对接机制。创建知识产权投融资综合试验区,吸引国内外知名知识产权高端服务机构、投融资机构以及知识产权产业化项目落户,搭建知识产权与金融资本对接平台。扩大知识产权质押融资、中小企业集合信托计划等规模,扶持高新技术企业成长。成立市科技型中小企业投融资服务中心,为科技型中小企业提供小额贷款等投融资服务。实施金融对接产业扶持计划,推广"商圈"融资模式,发挥商会、协会等在引导民间资金投向方面的积极作用,创新融资保证方式,缓解企业抵押难的问题。提高新型(准)金融机构覆盖面,重点培育注册资本 5 亿元以上小额贷款公司 10 家、融资性担保公司 5 家。设立政府发起的政策性小额贷款公司、政策性融资性担保公司(科技再担保公司),加大对科技型企业融资支持。采取市场化运作的模式,成立政策性基金管理公司,由市、区财政共同出资,分别在各区设立股权基金,吸引国内外更多风投企业入驻佛山各区投向科技型、创新型企业。

第四,实施科技型企业上市培育工程。加快推进佛山高新技术产业开发区申报国家新三板试点。完善企业上市扶持政策,创新培育上市企业梯队各项机制:实施市领导联系重点镇街、区领导联系重点拟上市企业制度,完善"绿色通道证"服务制度,强化部门联动制度。加大对科技型中小微企业的金融支持。挖掘和储备一批重点扶持的科技型中小企业,认定一批金融机构为合作机构,组织金融机构与企业对接,引入科研机构研发成果与企业嫁接,从而加快一批科技型中小企业成长。

(4)构建开放高效的人才创新体系。

第一,实施"高层次创新人才引进计划"。重点引进具有国内外领先水平的创新科研团队、学科带头人、行业技术领先人才和科技开发人才、掌握高新技术或先进工艺的高级技能人才、具有专业优势的经营管理和知识产权管理人才、创业型人才,力争 5 年内引进 10 ~ 20 个创新科研团队。发挥企业科技特派员的作用，吸引高校、科研机构、企业的创新人才到佛山创新创业。

第二，启动"技能人才培养计划"。支持企业自主开展职工技能培训，充分发挥企业开展培训的主体作用。加快职业技术教育统筹发展，注重发挥佛山职业技术学院、顺德职业技术学院、佛山市南海技师学院、南海东软信息技术职业学院等本土职业技术院校培养技能人才的基础性作用，深化技能人才校企合作订单式培养制度，提高技能人才培养的针对性、实效性。加强对农民生产技术的职业培训。充分发挥生产力促进中心培养技能人才的网络、信息、技术等综合优势。到 2017 年初步构建技能人才公共培训体系，完善技能人才社会化培养评价方式和办法。

第三，推动实施"科技型企业家成长计划"。围绕先进制造业和战略性新兴产业发展需求，积极引进海内外知名企业及具有战略眼光的企业家来佛山创新创业，开展技术路径、市场开拓、商业合作和投融资等方面的交流合作。鼓励各区、佛山新城、开发区组建企业家协会，搭建合作交流平台，每年重点培养 30 名科技型企业家，对在科技创新和产业化方面作出突出贡献的企业家给予奖励。

第四，大胆探索灵活高效的人才激励政策。以户籍、编制、分配、激励、流动等方面为突破口，全力打造"无门槛"的引才政策品牌，推动建立从审批制向准入制转变的"绿色通道"流动品牌，逐步建立特色的人才政策体系，营造宽松的人才政策环境优势。重奖来佛山创新创业的高端人才、创新科研团队，对认定的创新科研团队，根据不同层次给予 100 万 ~ 800 万元的经费扶持。对被认定的高层次创新人才和科技型企业家所在或新办的科技企业，市科技计划予以优先支持，市属各类政策引导型创业投资基金予以重点支持，优先提供工作场所、依法享受税收减免等优惠政策。

第五，依托广佛同城优势配置人才资源。用好用足广佛同城的各项优惠政策措施，为密切广州高校、科研机构与佛山产业的合作提供具有竞争力的交通、工作、生活等配套条件。鼓励建立市场为导向的利益共享机制，采取校企共建研发机构、技术合同委托、企业科技特派员、人才培养、共建科研基础条件公共平台等方式，促进广州人才资源向佛山柔性流动和高效集聚。

（5）构建服务创新的强大行政支撑体系。

第一，牢固树立创新驱动的核心理念。各级政府及其财政、税务、组织、人事等部门要破除一切妨碍创新的思维定式、行政障碍，广泛凝聚发展共识，加大工作力度，提高创新服务效率，为创新开绿灯、出实招、求实效，为创新型城市建设保驾护航，营造有利于创新创业的政务环境。

第二，推动行政体制改革。加快行政体制改革，建立高效能政府。在大部制改革的框架下，更加突出科技的主角地位，推动各区（镇、街道）科技部门的机构、编制、经费"三落实"，充分发挥科技部门的统筹协调和组织作用，牵头整合各级各类创新资源，形成"大科技、大开放、大协作、大发展"的强大合力。加强政务信息资源中心建设，推动部门和区域间的信息共享与业务协同，提升城市管理和公共服务水平，以政务信息资源共享带动社会信息资源共享，提高创新资源流动速度和配置效率。

第三，探索创新环境新机制。

——简化科技企业注册程序。加快以备案制为主的企业投资管理体制改革，简化技术入股创办企业的注册办理手续。申请设立注册资本在 10 万元以下的科技型企业办理注册登记时，其资本注册实行"自主首付"，其余出资额两年内缴足。

——支持商业模式创新。积极运用商业模式创新，推动战略性新兴产业相关产品商业化、产业化进程。采用合同能源管理、重大技术设备融资租赁、电子商务等商业模式，开展新产品开发及推广应用工作，提升商业运营能力，加快培育形成新兴市场。

——落实企业创新的税收优惠政策。抓好高新技术企业税收优惠、研发费用税前加计扣除和政府采购自主创新产品等政策的落实，引导企业增加技术创新投入，提高企业开发新技术、新产品和新工艺的积极性，为企业开展技术创新营造良好政策环境。

——探索科技园区运营新模式。制定出台民营科技园区产权分割与产权登记的具体实施办法，提高土地集约利用水平。支持民营科技园区设立中小企业融资服务平台，引导园区对多家企业融资需求进行整体打包，统一对金融机构进行招投标，提高企业融资议价能力，降低借贷成本。

（6）发挥知识产权引领保障作用。

第一，实施企业专利运用、管理和保护提升行动。对首次申请和维持发明专利的企业，给予指导和扶持。为申报国家、省专利奖遴选好的专利项目，培育一批充分利用知识产权制度、具有创新能力和竞争实力的专利密集型企业。推动科技成果向技术标准转化，形成一批具有自主知识产权的先进标准，夯实企业实施品牌战略的基础。促进专利联盟发展，提升企业专利运用和管理水平。

第二，开展商标培育计划。每年选择具有一定规模、成长性良好的 40 ~ 50 家企业，按照"积极培育、着力扶持、重点推荐"三个层次搭建广东省著名商标、中国驰名商标的培养申报梯队，并开展针对性培育，做到梯次推进，有序发展。全力推动促进辖区内家电、陶瓷、纺织服装、不锈钢等其他集体商标和证明商标的申请和应用工作，并引导新兴行业集群打造区域品牌。分类指导外向型企业开展商标国际注册，并逐步落实责任人，形成重点企业品牌国际化帮扶机制。

第三，构建制造业先进标准体系。在优势先进制造业中，重点在光电、新材料、机械装备、陶瓷产业，以提高技术标准的适应性和竞争力为核心建立能提高产业竞争力的先进标准体系，推动企业参与国际标准、国家标准、行业标准和地方标准制定和修订。在我市传统优势产业如家电、陶瓷、纺织等产业建立高水平的标准体系，促进传统产业转型升级。

第四，搭建知识产权公共服务平台。依托已经建立的"分片到组，责任到人"网格化监管模式，推进实施"精细化"和"动态性"商标监管工作。同时，进一步完善商标数据管理，加强商标注册信息的统计服务。利用佛山专利信息服务平台，为企业与行业开展专利数据库建立工作，为企业、行业和公众提供专利信息检索、研发前期专利信息高端咨询和行业专利分析报告等服务。深入研究我市传统优势产业和战略性新兴产业相关的国家、行业标准以及重要的国际、外国国家标准中涉及专利的具体特征和信息内容，加快建设产业标准中涉及专利的综合信息库。建立和完善集标准采集、加工、研究、培训、服务、交流于一体的标准信息公共服务平台。

第五，引进和培育一批优质知识产权服务机构。加快佛山新城中德知识产权服务区、技术标准研究院、知识产权维权援助中心等重大知识产权服务载体建设，集聚知识产权资源，打造一批枢纽型知识产权服务机构。积极鼓励企业和社会组织创办知识产权中介服务机构，推动知识产权服务市场化、产业化经营。开展"知识产权服务机构下基层"计划，定期组织一批知识产权服务人员"入园进企"，为企业提供优质的知识产权服务。

第六，实施知识产权和科技融合行动。建立科技创新和知识产权相融合的长效发展机制。突出知识产权政策在创新中的引领作用，强化知识产权在各类评审指标体系中的内容和比重，将知识产权的数量、质量及管理情况作为市、区级科技立项、奖励、工程中心或技术中心、高新技术企业、园区和其他科技资质认定、审核的重要条件。

（7）营造创新文化。

第一，科技惠民共享创新成果。开发和应用科技手段，加快社会管理与民生领域科技成果的应用推广，大幅提高科技支撑社会可持续发展的能力，提升民众城市生活品质。加强城市节能减排工作，建设环境友好、绿色和谐的智慧城市。

——提高公共安全信息化水平。开展重大自然灾害监测与防御、重大生产事故预警与救援、突发公共事件防范与快速处置、食品药品安全与出入境检验检疫、重大公共卫生事件防范、公共安全应急技术研究平台等关键技术攻关，提升城镇建设和管理的规范化、精准化、智能化水平。

——开展绿色环保技术创新示范。重点开展城市生态修复、工业园区生态化改造、土壤污染高风险区及其污染修复技术、水污染防治、大气污染防治、固体废物与化学品污染防治、有机固体废弃物资源化、能源化综合利用技术体系与重大装备的研究与示范、典型流域农村面源污染综合控制技术与示范。

　　——提高医疗保障技术水平。积极开展地方性疾病、常见病、多发病的防治研究，开展医学优势领域研究、人口质量与优生优育研究，加快中医药现代化诊疗关键共性技术攻关，建设 3~4 个国家级重点学科、5~6 个省级重点学科。开展科技惠民示范工作，推动社会保障、医疗卫生、文化教育等信息系统及技术服务平台的建设。

　　——快速推进数字化城市管理。加快城市突发事件应急指挥系统建设，提高应急处理能力。集成数字化、网络化技术，整合公安、应急、交警、卫生等各部门的应急救助资源，实现统一的应急救助联动指挥调度。构建"数字城管"，建立数字化城市管理系统，实现城市事件管理的数字化、网络化和空间可视化，进一步提高城市管理水平和运行效率。构建高效在线化公共服务，促进各级公共信息网络资源的有效共建和高度共享，打造"一站式"公共服务平台，打造服务型政府，提高行政效率。

　　——加强公益性数字文化服务。开展街区智能图书馆、数字图书馆、数字博物馆、数字美术馆等项目，提高文化信息资源共享工程建设水平，发展公共电子阅览室，以数字化、网络化手段提升公共文化服务的便利性和服务品质。

　　第二，弘扬佛山特色的创新文化。充分发挥报刊、电视、网络等新闻媒体的作用，加强对佛山创新文化和科技创新精神的挖掘、研究与宣传，培育最具创新活力的创新土壤，激发全社会创新热情，提高公众科学素养，加强科研诚信建设，着力营造开放包容、鼓励创新、宽容失败、全民参与的创新文化环境，让创新成为全社会的共识和实践。深入开展"科技进步活动月"活动和知识产权宣传活动，不断丰富科普宣传工作的形式和内容。建设创新文化载体，支持新博物馆、图书馆、科技馆、青少年宫等文化基础设施建设，支持产业博物馆、企业博物馆建设，深入实施青少年、农民工、社区居民科学素质提升行动，大力发展素质教育和创新教育。让创新文化融进产业发展、融进城市升级建设中来。

5.4.2　江门建设创新型城市的实践①

1. 江门建设创新型城市的定位和目标

2015 年 5 月，江门市发布《关于实施创新驱动发展战略加快创新型城市建

---

　　① 主要内容源自于《中共江门市委江门市人民政府关于实施创新驱动发展战略加快创新型城市建设的意见》，本书作者参与了该意见的制定工作。

设的意见》，明确了江门创新型城市建设的战略定位和发展目标。

（1）战略定位。通过实施创新驱动发展战略，提高区域创新能力和综合竞争力，打造新一轮改革发展的"开放之门"，粤西进入珠三角的"方便之门"，珠三角通向粤西、广西乃至大西南的"辐射之门"；使"中国侨都"成为粤港澳合作交流的前沿阵地，华南地区重要的先进装备制造业高地，珠江西岸新的创新中心和经济中心。

（2）发展目标。围绕建设创新型城市、珠西新的创新中心和创建珠三角国家自主创新示范区，实施八大创新工程，优化配置科技资源和创新要素，着力引进一批创新型人才（团队）、培育一批创新型企业、建设一批新型研发机构和打造一批新型产业社区，主要科技创新指标的增速位居珠西前列。

到 2017 年，全社会研究与开发（R&D）投入占地区生产总值（GDP）的比重达到 2.0% 以上；高新技术企业 250 家；全市年发明专利申请量、授权量达到 2 300 件和 530 件以上；高新技术产品产值占规模以上工业总产值比重达到 32%；成为广东省创新型城市。

到 2020 年，全社会研究与开发（R&D）投入占地区生产总值（GDP）的比重达到 2.6%；高新技术企业 350 家；全市年发明专利申请量、授权量达到 2 800 件和 920 件以上；高新技术产品产值占规模以上工业总产值比重达到 35%；成为珠西新的创新中心。

2. 江门建设创新型城市的实施路径

（1）实施创新企业培育工程。

第一，培育一批高新技术企业。加大对高新技术企业的扶持力度，实施江门市创新型企业提升计划，选取一批重点企业进行"一企一策"帮扶，促进重点企业做大做强，对新认定的国家级、市级高新技术企业给予资助。5 年时间实现高新技术企业数量倍增。到 2017 年、2020 年，全市高新技术企业达到 250 家和350 家。

第二，推动企业研发和技术改造。制定江门市激励企业研究开发财政补助试行细则和江门市科技创新券后补助资金试行方案，推动企业普遍建立研发准备金制度和向高校、科研机构、科技服务机构购买科技成果和技术创新服务，落实企业研发费加计扣除优惠政策，引导企业加大研发投入。制定江门市创新产品与服务政府采购的试行细则。实施《江门市推动工业企业开展新一轮技术改造行动方案》，重点支持先进制造业和优势传统产业技术改造和科技创新。加快智能机器人、数控装备等先进制造技术在生产过程中的应用，促进信息化和工业化深度融合。2015～2020 年，工业技术改造投资年增长 25% 左右，至 2020 年累计完成投资 720 亿元。

第三，引进和培育一批创新型企业。加强科技招商，通过政策引导、科技孵化、招商选智等方式，加快引进一批创新型企业。构筑"创业苗圃—孵化器—加速器—专业园区"孵化链条，孵化和培育一批创新型企业。通过科技创新创业大赛，筛选一批高成长性的创新型企业。通过创新基金、科技项目贷款和知识产权质押融资贴息、科技风险投资、股权众筹等方式推动创新型企业快速发展。

（2）实施创新载体建设工程。

第一，提升"1+6"园区科技创新能力。以江门高新区为核心创建珠三角国家自主创新示范区。全面推动高新区"二次创业"，建设总部科技园，建成集"高新技术集聚效应""总部经济驱动效应""区域品牌辐射效应"三位一体的珠西示范性高新技术产业园，成为珠西创新型城市示范区，力争到 2020 年综合实力进入全国高新区前 60 名。整合创新资源，以产业转型升级为重点，推动江门高新区、蓬江滨江新区、新会银洲湖新城、鹤山工业城（鹤城—共和—址山）、台山工业园、开平翠山湖产业园、恩平工业园（米仓—大槐）（简称"1+6"园区）与专业镇产业集聚发展，建设一批产业技术创新联盟、公共技术创新服务平台和中小微企业服务平台，打造一批新型产业社区。力争到 2017 年、2020 年，分别建成 5 个和 10 个新型产业社区。到 2020 年，"1+6"园区的科技创新能力达到珠西的先进水平，成为珠西示范性的科技园区。

第二，加快建设"珠西智谷"。制订珠西智谷建设工作方案。率先启动核心区域建设，加强研发技术服务中心、创新孵化集聚区、高端创新创业人才集聚区、科技金融创新中心、产业城市和产业社区融合示范区等功能区的规划与建设，重点发展城市经济、创意经济、总部经济。到 2020 年，建成孵化器面积 100万平方米、引进各类企业超 700 家。推动智慧产业提升先进装备制造业发展模式，努力成为全国高智能创新平台、珠三角国家自主创新示范区的重要节点。

充分发挥五邑大学在珠西智谷建设中的作用，一是成为吸引人才的平台，利用学科、专业与各级各类科研平台，充分对接智谷产业发展的创新需求，引进和联络各种人才。二是建立协同创新机制，与行业企业共同组建产业公共技术研发中心，通过自主研发和技术引进，解决产业发展的关键与核心技术。三是调整专业方向，建立新的人才培养模式，培养出满足智谷建设所需要的高质量人才。

第三，加快科技企业孵化器的建设。引导社会资源和市场资本参与，支持与高校和科研院所、企业合作经营模式建设孵化器。鼓励混合所有制和民营科技企业孵化器发展。落实科技企业孵化器建设扶持政策，利用新增工业用地开发建设科技企业孵化器，可按一类工业用地性质供地。工业用地建设的科技企业孵化器，在不改变科技企业孵化器用途的前提下，其载体房屋可按幢、层等有限固定界限的部分为基本单元进行产权登记并出租或转让。制定江门市关于科技企业孵化器后补助的试行办法和江门市关于科技企业孵化器后投资及信贷风险补偿资金的试行细则。对新认定为国家级、省级和市级科技孵化器给予经费资助。力争到2017年、2020年，国家级孵化器分别达到2家和5家；省级孵化器分别达到3家和6家；市级孵化器分别达到7家和12家。在孵企业分别达到500家和1 000家。

（3）实施创新平台构建工程。

第一，加快新型研发机构建设。推动各级政府、企业、社会团体与高等院校和科研机构以产学研合作形式创建新型研发机构。制定江门市支持新型研发机构发展试行办法，对新认定的省、市级新兴研发机构给予经费资助。重点推动与天津大学合作共建广东广天先进装备制造业研究院。力争到2017年、2020年，全市新型研发机构分别达到10家和30家。

第二，加强科技公共服务平台建设。加强行业技术检测中心、重点实验室、科技金融综合服务中心等科技公共服务平台建设。提升国家摩托车及配件质量监督检验中心（广东）、国家（江门）半导体光电产品检测重点实验室的服务能力。全力配合中微子实验项目的建设，将其打造成为科普中心和国际科技交流中心。

支持五邑大学、江门职业技术学院在机械工程、交通工程、电子信息、互联网、纺织工程、光电技术、新材料和工业设计等重点领域的研究，建设先进装备制造和纺织服装等产业的重点实验室和公共技术服务平台。推动技术法规、标准、信息等技术服务机构建设。

加强企业研发中心建设。突出企业在科技创新中的主体地位，重点推动产值超10亿元的企业建立省级及以上工程技术研究中心和企业技术中心。修订完善江门市工程技术研究中心建设管理办法，对新认定的国家级、省级工程技术研究中心、企业技术中心和市级工程技术研究中心给予经费资助。到2017年，建立省级及以上研发中心120个，国家级研发中心4个；到2020年，建立省级及以上研发中心150个，力争国家级研发中心达到6个。

（4）实施创新科技引领工程。

第一，实施重大科技专项。省市联动，重点实施"可见光通信技术及标准光组件"、"新能源汽车电池及动力系统"、"智能工业机器人"和"增材制造（3D打印）"等四个重大科技专项，力争突破一批关键领域核心技术。对获得省重大科技专项立项的项目给予资金配套。

推动轨道交通装备、船舶、智能制造装备等先进（装备）制造业，高端电子信息和节能环保等战略性新兴产业，机电、食品、纺织、造纸等传统产业的技术创新，优先支持其省、市级科技计划立项。

第二，推动"互联网＋"行动。重点促进以云计算、物联网、大数据为代表的新一代信息技术与现代制造业、生产性服务业等的融合创新，发展壮大新兴业态，打造新的产业增长点。推进阿里巴巴江门产业带平台项目建设。落实与浪潮集团合作协议，建设江门大数据产业基地。

促进工业设计、文化创意、电子商务和物流等现代服务业与现代制造业有机融合、互动发展。建设好工业设计城，形成明显的工业设计产业聚集效应。大力发展内贸电子商务，全面实施"江货网店培育工程"。积极发展跨境电子商务，建立专业的电子商务产业园并组建跨境电子商务聚集地。

第三，推动农业和社会科技发展。推动农业、林业、海洋与渔业科技创新，强化农业科技创新驱动作用，加大农业科技攻关力度，加强农业新技术、新品种的引进与示范推广，加强区域特色品种的提纯与复壮。推动农业地理标志产品科技创新。加强水产养殖及加工业产业发展。建设好开平市国家现代农业综合示范基地等农业科技园区。推动农业企业与中科院等在航天育种等领域进行产学研合作。支持农林水产等科研机构建设。推动旅游专业镇转型升级。促进生态环保、节能减排、安全生产、医疗卫生、防灾减灾等社会发展领域的技术创新。

（5）实施创新人才聚集工程。

第一，完善科技人才的引进、培养、使用机制。实施人才强市战略，进一步完善人才引进和激励政策，建立有利于科技队伍壮大和人尽其才的体制机制。科技人员参与职称评审与岗位考核时，发明专利转化应用情况与论文指标要求同等对待，技术转让成交额与纵向课题指标要求同等对待。优化人才科研与生活环境，加大对科技成果和创新人才的评定与激励。加强管理服务性人才、高技能人才的培养，加强科技管理人员、高层企业管理人员的培训。

第二，加强高层次创新人才队伍建设。制定江门市引进和培育创新团队和领军人才试行办法和江门市高层次人才安居暂行办法，落实科技人员职称评审和高层次人才居住保障政策。进一步健全市级科技和专利激励制度。加强院士工作站、科技特派员工作站等载体建设，对通过评审的院士工作站、科技特派员工作站给予经费资助。力争在创新团队和"千人计划"的引进取得突破，到2020年，引进创新团队4个和领军人才10名。

第三，完善创新人才供应体系。整合教育资源加快发展中高等职业教育，引导五邑大学、江门职业技术学院、市广播电视大学、广东南方职业学院和市技师学院等院校结合我市产业发展实际，适时调整专业设置，加快培养我市产业发展需要的高级职业技术人才。

（6）实施创新成果转化工程。

第一，推进国家知识产权试点城市建设。落实知识产权资助办法，力争专利、商标申请及版权登记总量增长速度高于经济增长速度。促进专利数量和质量双提升，提高发明专利比重。将专利创造、标准制定及成果转化作为职称评审的重要依据之一。提高知识产权的运用能力，开展先进制造业专利导航工程，推动专利技术产业化和商业化，引导企业开展知识产权质押融资和贯标等工作。加快培育知识产权优势企业和示范企业。到 2017 年，全市省级知识产权示范企业和优势企业分别达到 3 家和 30 家。到 2020 年，全市省级知识产权示范企业和优势企业分别达到 6 家和 40 家。

建立科技创新和知识产权相融合的长效发展机制，强化知识产权在各类评审指标体系中的内容和比重，将知识产权的数量、质量及管理情况作为市区级科技立项、科技激励、工程中心或技术中心、高新技术企业、园区和其他科技资质认定、审核的重要条件。强化知识产权保护，发挥知识产权维权援助中心作用，加强知识产权行政执法与刑事司法"两法"衔接，依法公开知识产权案件信息，严厉打击侵权假冒行为，营造良好的创新环境。

第二，推进科技成果的转化。制定江门市发展技术交易促进科技成果转化试行办法，促进国内外高校和科研院所的科研成果在江门市交易并产业化。对购买技术成果的企业及提供服务的中介机构给予资助。落实促进科技成果转化有关政策。高等学院、科研机构科技成果转化所获收益全部留归单位自主分配，纳入单位预算，实行统一管理，处置收入不上缴国库。高等学校、科研机构转化职务科技成果以股份或出资比例等股权形式给予个人奖励时，获奖人可暂不征收个人所得税。

加强市技术交易中心与国内同类机构的合作及资源共享，完善网上技术交易平台，构建线上、线下交易结合的运行模式，为各类技术交易主体提供网络化、专业化、标准化的交易服务。到 2017 年、2020 年，全市技术合同交易额分别达到 2 亿元和 3 亿元。

（7）实施创新服务优化工程。

第一，加快推进科技金融服务体系建设。加快科技信贷专营机构的建设，推动金融机构在"1+6"园区和专业镇设立科技支行，对科技项目贷款和知识产权质押融资进行贴息。推动各市区和产业园设立科技贷款"风险池"，撬动更多社会资本投向创新型企业。

完善创业风险投资机制。设立政府引导资金，引导社会资本设立天使基金、股权投资基金和风险投资基金等。各市区设立创业投资引导基金。到 2020 年，各市区要成立 1 支以上风险投资基金，全市成立 10 支以上风险投资基金，实收资本规模总额 15 亿元以上。

积极探索开展股权众筹等互联网金融业务，为创新型企业提供新型金融服务。培育一批高新技术企业上市，力争到 2020 年，全市创新型企业在多层次资本市场上市新增 10 家，直接融资资金新增 20 亿元；增加科技型小额贷款公司 3 家，增加金融机构科技支行 5 家，创新型企业贷款每年保持增长。

第二，加强区域与国际合作。推进与珠西各地多层次、宽领域的合作。推动江门高新区与佛山高新区对接，重点在先进装备制造业的研发和成果转化等方面加强合作交流。以大广海湾经济区为主要依托，全面深化与港澳台及"一带一路"国家和地区的科技合作与交流。

发挥"中国侨都"优势，"以侨引智"。通过市海归人员发展联合会等协会，并加强与五邑籍院士的沟通，构建海内外创新资源网络，拓展国际科技交流合作，积极引进海内外创新人才和技术。

（8）实施创新环境优化工程。

第一，加大科技投入。加大政府科技投入力度。2015～2020 年财政科技创新投入总量不少于 30 亿元，其中，市财政投入不少于 10 亿元，各市区投入总共不少于 15 亿元。

设立市级金融科技产业融合发展扶持基金，统筹整合现有科技、经信、商务等部门相关财政专项资金，建立跨部门长效协作机制，集中财力重点支持科技创新。

各市区加大科技创新的财政投入，对各市区贯彻落实本意见及配套政策所需资金，市本级与各市区财政按 1:1 比例分担。

第二，创新财政投入机制。优先支持企业科技创新，今后对招商引资及企业增资扩产等优惠扶持主要通过支持企业科技创新项目落实。对原有一企一策的扶持政策进行调整，各市区及相关部门要研究探索通过补助研发投入、技术改造、人才引进等方式继续支持企业。

引入市场机制，建立无偿与有偿并行，事前与事后结合，覆盖产业链、创新链全过程的多元化投入机制。建立健全财政投入监督管理机制，加强科技计划项目的跟踪服务、监督指导和信息交流，提高财政专项资金使用效率。

第三，激发创新创业热情。深入实施全面科学素质行动计划，大力普及科学思想、创新精神，营造热爱科学、勇于创新、宽容失败的创新文化。建立科技创新创业大赛常态化机制，激发大众创业、万众创新的新动能。探索成立市中小微企业创新帮扶专家团，为中小微企业提供创新辅导及专业化服务。依托孵化器和大学生创业基地等建立"创客空间"，为创业者与投资人、专业管理机构提供交流与合作平台。到 2017 年、2020 年，全市建立"创客空间" 5 个和 15 个。

本 章 小 结

建设创新型城市是加快国家新型城镇化进程和建设创新型国家的重要载体，也是探索城市发展新模式和推进城市可持续发展的迫切要求。在新形势下，进一步厘清科技创新引领城镇化发展的基本规律，加大城镇化科技创新力度，对于促进新型城镇化持续健康发展非常关键。

新型城镇化强调内在质量的全面提升，强调从外延式扩张向内涵式发展转变，实现这一重大转变，必须加强体制、政策、经济、社会等各方面的协调和配合，其中科技创新的作用尤为重要。以建设创新型城市加快新型城镇化进程，还需进一步加强新型城镇化科技创新的总体设计，构建引导新型城镇化相适应的技术体系，加快科技成果面向新型城镇化的转化应用，建立有利于城镇科技创新发展的政策体系，充分发挥基层科技部门在新型城镇化中的作用。

第 **6** 章

广东专业镇的区域创新系统
及其服务体系建设

　　构建广东专业镇的区域创新系统及其服务体系是利用产业集群推动新型城镇化进程和创新型城市建设的重要抓手。本章内容主要分为四个部分：一是在一般意义上，对区域创新系统等概念进行介绍，并结合广东省相关政策探讨区域创新系统建设的基本内容。二是基于科技创新服务体系构成和广东省专业镇产业集群的具体实际，分析专业镇科技创新服务体系对广东省专业镇产业转型升级的作用，并针对科技创新服务体系建设过程当中暴露的问题，提出相应的政策建议。三是以广东省现有的创新资源为切入点，研究了广东省专业镇的技术创新资源整合机制——产学研合作机制，并分析了当前广东省专业镇的技术需求与全国高校创新资源的对接现状。四是探究广东省专业镇科技服务业的重点发展领域，并指出其未来发展趋势。

6.1　区域创新系统的内涵与结构要素

6.1.1　区域创新系统的内涵

　　最早提出国家创新系统这一概念的，是英国著名技术创新研究专家弗里曼，他认为，国家创新系统是指由公共和私有部门、机构组成的网络体系，同时，他强调了体系中各行为主体间的相互作用。网络中每一个参与者的活动及其相互作用都旨在创造、引进、改进和传播新的知识与技术，让国家在技术创新方面取得更好的表现。中国学者普遍认为国家创新系统是由政府和社会部门组成的，以推动技术创新为目的机构和制度网络。在区域化趋势日益明显的当下，区域创新系统与区域发展的关系越来越密切，区域创新系统已成为国家创新体系的重要组成部分。

1992 年，英国学者库克菲利普尼古拉斯最早提出了区域创新系统主要是由在地理上相互分工与关联的生产企业、研究机构和高等教育机构等构成，这些行为主体在系统中相互作用产生并促进了创新。经过大量的研究后库克在 1998 年对其原来的定义做出进一步解释说明，认为区域创新系统指的是在一定的地理范围内，密切地、经常地和区域企业的创新投入相互作用的创新网络和制度的行政性支撑安排。

道罗雷克斯（Doloreux，2002）的研究显示，区域创新体系应至少该包括这两个方面：一是创新和活力，它包含生产企业与各类"知识组织"（研究机构、大学等）间的互动，这些组成一个支撑性"知识基础设施"；二是区域作为一种政府形式，可以利用某种政策安排来支持和促进这些互动。而另外一位在区域创新系统研究方面做出了重大贡献的学者阿什海姆（Asheim，2002）则认为，区域创新系统是由各类支撑机构环绕的区域产业集群。在他看来，有两大类主体以及他们之间的互动构成了区域创新系统：第一类主体是区域主导产业集群中的生产企业；第二类主体是制度基础结构，如行业协会、高等教育机构、金融机构、创新服务机构等，这些机构对区域创新起着重要的支撑作用。

国内引入区域创新系统这一理论最早可追溯到 1997 年，柳卸林（2002）等人在国家科委工业司的支持下与澳大利亚学者特平（Turpin）共同开展了对区域创新系统的研究。他们主要对中国广西的柳州、福建的泉州以及宁夏这三个地方和澳大利亚的三个地区进行了比较分析，探讨区域经济发展与科学技术发展的联系。国内的学者顾新（2002）认为，区域创新系统是在一定的区域范围内，把新的区域经济发展要素和要素新的组合方式引入到区域经济系统中，进而创造出一种新的有效的资源配置方式，使区域内各种资源得到更有效的利用，实现区域创新能力的提升，推动产业结构升级，形成区域竞争优势，促进区域经济跨越式发展。

在总结了国内外专家和学者对区域创新系统研究后，本书认为，区域创新系统是指由一个区域内参加技术创新和扩散的企业、大学及研究机构、中介服务机构以及政府组成的，为创造、储备、使用和转让知识、技能和新产品提供交流关系的网络系统。它的基本内涵是：（1）具有一个动态的、开放的区域；（2）包含生产企业、科研机构、高等教育机构、科技中介服务机构和地方政府等单元；（3）不同主体之间通过相互联系，形成创新系统的组织和空间结构；（4）各个主体通过优化自身的组织结构，协调彼此之间的合作与竞争关系，实现创新的功能，并对区域社会、经济产生持续影响。

6.1.2　区域创新系统的结构要素

结构要素是区域创新系统的重要组成部分，因此，要素构成也是区域创新系统研究的核心内容。一般而言，结构要素主要包括以下四个方面：区域创新系统的主要构成单元、区域创新系统的组织关联形式、组织结构间各种创新资源和创新产品的流动，以及组织结构整体创新过程和适应性变化（江蕾，2010）。

1. 区域创新系统构成单元

（1）企业。企业是区域创新系统中最重要的经济单元。在区域发展的过程中，企业是实施技术创新的主体，不论是创新产品的研发，还是管理组织的创新，不论是生产流程的升级，还是销售手段的转变，最终都要落实到企业这一层面上去实现。另外，在技术创新过程中许多与产业有关的特定知识，都是通过企业在实践中逐渐积累起来的，科技成果向现实产品的转换也需要企业进行投资来实现。因此，企业在区域创新系统中的主体地位是毋庸置疑的。

（2）大学、科研机构。大学、科研机构是创新的源泉。在大学、科研机构中，集聚着社会上相当一部分的高级知识分子，在人才的培养、知识的传播过程中，容易创造出新的知识，形成新的理论，从而推动区域的科技创新。另外，大学、科研机构也有企业孵化器的作用，可以通过与企业的合作，不断转化最近的科技成果，衍生出新型技术企业，革新区域创新系统的面貌。产、学、研之间的密切合作，可以加速创新资源在系统内的流动，丰富本地创新的文化底蕴，营造有利于创新的氛围。

（3）政府部门。政府作为区域创新系统中的重要主体单元，它不仅负责制定区域创新活动的规则，也直接参与到区域创新活动中来。政府通过制定相关的政策和法规，监督、规范区域创新系统中的创新活动；规划、设计出一系列的科研项目，组织相关科研人员进行技术研发和扩散。因此，政府在区域创新系统中发挥着相当重要的作用，它的意见往往成为创新系统未来发展的一个方向。

（4）科技中介服务机构。科技中介服务是一种新的高层次的中介服务，而科技中介服务机构是促进技术转移和扩散的桥梁，是推动科技成果转化和产业化的纽带。它主要包括科技咨询培训、科技孵化服务体系、技术创新服务体系、投融资服务体系等方面，有：生产力促进中心、工程技术研究中心、高新技术创新创业服务中心、科技创业中心等。这些组织机构可以在一定程度上协调企业的市场行为，促进创新资源的合理配置，增强区域创新系统的活力。

2. 区域创新系统模型

在区域创新系统的主要构成单元的基础上，区域创新系统存在几种概念模型，较为经典的有"二系统模型"、"四要素模型"和"GEM 模型"。

（1）Autio 的"二系统模型"。奥迪欧（Autio，1998）认为，区域创新系统主要由根植于同一区域社会经济和文化环境中的两个子系统构成：知识应用和开发子系统，知识产生和扩散子系统，见图 6-1。在理想的情况下，子系统内部与两个子系统之间会发生强烈的互动，推动知识、资源和人力资本的持续流动。

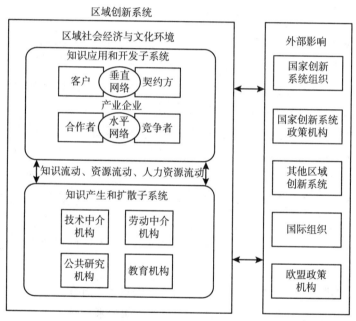

图 6-1 Autio 的"二系统模型"

（2）Radosevic 的"四要素模型"。拉多舍维奇（Radosevic，2002）从决定性因素、组织者以及联盟这三个维度对中东欧的区域创新系统进行分析，并由此给出了四要素模型。四类要素包括国家层面要素、行业层面要素、区域层面要素和微观层面要素，见图 6-2。该模型指出，不同层面的要素对区域创新系统有着不同的影响，而要使这些要素真正对创新系统产生积极的作用，就必须通过网络动员和不同的网络联盟来实现，故构建企业网络就成为提高产业集群竞争力的关键。

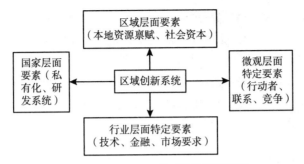

图 6 – 2 Radosevic 的"四要素模型"

（3）Padmore 和 Gibson 的"GEM 模型"。帕德摩尔和吉普森（Padmore & Gibson，1998）提出了以产业集群为基础的区域创新系统构成三大要素和六大因素并称之为 GEM 模型。三大要素分别是环境（Groundings）、企业（Enterprises）和市场（Markets），见图 6 – 3。环境要素是区域创新系统的供应要素，它包含两个因素：资源和基础设施。企业要素是区域创新系统的结构要素，它决定了产业集群的生产能力，包含两个因素：供应商及相关企业，企业结构、战略和竞争。市场要素是区域创新系统的需求要素，该要素也包括两个因素：当地市场和外部市场。

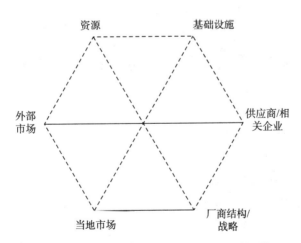

图 6 – 3 Padmore & Gibson 的"GEM 模型"

3. 中国区域创新系统的结构框架

在以往针对中国区域创新系统的结构框架的研究中，国内学者胡志坚和苏靖（1999）提出，中国区域创新系统主要是由主体要素、功能要素和环境要素三个要素构成的。其中主体要素包括企业、大学、科研机构、中介服务机构和地方政府这些主要的构成单元；功能要素包括制度创新、政策创新、技术创新、经营创新和科技服务创新等；环境要素包括体制、基础设施和保障条件等。官建成和刘顺忠（2003）考虑到中国现存科技和经济体制，基于对区域创新体系比较和演变的角度，建立了中国区域创新系统的结构框架，见图6-4。

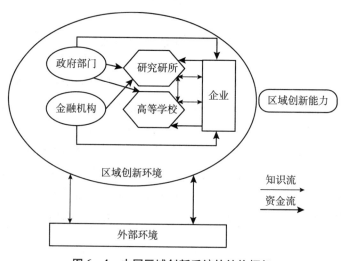

图6-4　中国区域创新系统的结构框架

6.2　区域创新系统建设的总体框架

6.2.1　构建区域创新系统的必要性

当今世界，全球化进程日益加快，其以经济全球化为基本特征，并表现在政治、社会、文化和科技等诸多方面。同时，区域化的趋势也十分明显，行政区域的划分逐渐变得模糊。相反，一些以某一特色产业为主导产业的区域集群，如以 IT 产业为主导的美国硅谷、以计算机制造业为主导的中国台湾新竹、以软件业为主导的印度班加罗尔等，则以区域的形象变得越来越令人瞩目。要素、资源、人才和分工，在不同层次上变化着，但都会趋向于集中到某几个有实力的地区中去，这促进了区域的发展。因此，在世界经济结构战略性调整中，区域经济的发展将日益发挥出更大的作用，国家的竞争力很大程度上体现为区域的竞争力。

　　然而，在目前阶段，中国的区域科技支撑能力薄弱，高素质的科技人才缺乏，人才结构并不合理，制约科技成果转化的机制和体制问题仍较为突出，如科研资金并没能有效地运用，许多科研项目的投入与建设项目的投入并不匹配，科研成果利用率低等。另外，特色产业公共创新服务平台辐射带动作用也不够明显，产学研合作体系还不够完善，未能给企业提供全面、良好的研发、检测、信息、培训等技术服务，未能有效地促进企业的自主创新活动以及转型升级。因此，区域创新系统建设是提升区域创新能力的核心内容，是推进区域社会全面、协调、可持续发展的重要举措，必须狠抓落实。

6.2.2　广东省区域创新系统建设

　　一直以来，广东省重视区域创新系统的建设，出台了一系列创新活动支持政策，区域技术创新能力获得了显著的提高。2014 年，广东省在区域创新能力综合排名中位居全国第二，全年 R&D（研究与开发）经费支出超 1 627 亿元，占 GDP 比重提高至 2.4%；技术自给率达到 71%，接近创新型国家（地区）水平。以创新为驱动，继续升级和完善区域创新系统，促进各种创新资源的优化配置，无疑将是广东未来发展的主题。

6.2.3　区域创新系统建设的具体内容

　　区域创新系统的建设主体为企业、科技服务机构、高校及科研机构、政府部门等，且创新创业环境、创业投资机构等相关要素同样不能忽视。因此，促进企业自主创新能力、构建创业投资体系、挖掘创新人才资源、完善创新政策法规环境以及建立科技创新服务体系等五个方面的建设是相互关联、相互促进的，并共同构成了区域创新系统建设的主要内容。

1. 促进企业自主创新能力

　　企业是区域创新系统中最重要的经济单位，区域创新体系建设的首要任务就是提高企业自主创新能力。可从下面几个方向着手：

　　（1）鼓励企业建立研发机构。鼓励大中型企业普遍成立企业研究开发机构，使之成为促进产业共性技术研发的首要载体。支持企业与高等学校、科研院所合作共同组建研究开发平台，使之服务于产业核心技术和关键技术的研究开发工作。

　　（2）引导企业加大创新投入。出台相关税收优惠政策，减免企业研究开发新产品、新技术、新工艺产生的各项支出。鼓励企业建立研发准备金制度，利用财政补助奖励已建立研发准备金制度的企业。

（3）扶持重点企业和重点产品。在广东省高新技术产业、先进制造业、现代农业、现代商贸物流业等产业中，挑选出有良好发展潜力的优秀企业予以重点培育和扶持，使它们成为具有自主创新能力，拥有知识产权和自主品牌、主营业务突出、具备核心竞争力的大企业。利用政府采购支持重点企业产品的研发和创新，增加对重点行业、重点企业的资金扶持，促进生产、管理技术的创新。

（4）优化企业结构，形成以大企业为龙头、中小企业分工协作的产业组织体系。支持区域内国有企业、科研机构与民营科技企业、中小企业之间的相互兼并和收购，促使企业做大做强。大力发展各类高新技术企业，引导个人资本和创新创业人才进入高新技术产业领域。

（5）鼓励开展合作创新。鼓励和支持区域内骨干企业与区域内外同行业的企业开展技术层面的合作，实现各自专利技术的交叉授权许可，共同组建产业技术战略联盟。支持有条件的地区建立科技合作项目示范基地，鼓励企业与外商开展合作创新。

（6）着力培育以民营科技企业为主体的技术创新体系。民营科技企业是高新技术产业发展的主力军，必须加快民营科技企业现代企业制度的建设，引导民营科技企业增强技术创新意识，提高研究开发能力、人才集聚能力和科技成果转化能力。加强对民营企业的财政与金融支持，推动民营企业创立自主知识产权和开展品牌经营。支持各地建立民营科技园，加大对省级民营科技园的建设投入，引导民营科技企业进入科技园区并促使民营科技园成为各地承接产业转移、推动产业集群发展的聚集地。

2. 构建科技投资合作体系

科技金融是催化剂、是助推器，是推动区域自主创新的强大动力。各国的科技成果转化和产业化的经验表明，科技成果的转化和产业化离不开科技投资。

（1）积极发展创业投资。鼓励广东省各市大力发展政策性种子基金，积极参与国家新兴产业创投计划，充分发挥省战略性新兴产业创业投资引导基金的积极作用，引导社会资金投资处于初创期、早中期的创新型企业，设立科技孵化基金，支持前孵化器、孵化器、加速器等公共服务平台建设。地方政府要加强对现有的科技创业投资公司的管理，形成以政策性创业投资为主体的创业投资机制，示范带动区域创业投资机构的发展；在适当降低企业市场准入的门槛的同时完善创业投资的风险分担机制和退出机制，探索和发展创业投资机构的有限合伙制组织形式；加大对创业投资联盟的支持力度，鼓励企业在联盟中进行融资活动。

（2）引导发展科技信贷。鼓励各市政府建立政府科技贷款风险补偿金和科技贷款的优惠资金，充分利用广东科技型中小企业贷款担保风险准备金；引导各类金融机构革新对科技型企业的贷款模式、产品和服务；积极开展知识产权投融资服务，推动科技保险产品创新和科技担保业务发展，提高科技信贷水平。

（3）构建多层次资本市场。支持佛山市建设广东金融高新技术服务区，支持广州、深圳、佛山等市规范发展区域性股权交易中心。支持符合条件的企业到各地的区域性股权交易市场进行挂牌交易，市场应结合珠三角科技型企业融资需求，不断创新产品和服务模式。推动珠三角各市开展战略性新兴产业区域集优集合票据试点工作。积极推动科技型企业上市，挂新三板进行股权融资交易，推动科技型企业加强与银行、证券、保险、信贷等各类金融机构合作。

（4）完善科技金融服务体系。促进科技与金融紧密结合，鼓励各市加快聚集一批创业投资和科技金融服务机构和平台，强化已建成的科技金融服务机构的作用。积极推动科技金融试点市工作，依托科技型中小企业投融资服务中心指导各市建立助贷平台和工作体系，培训投融资服务人员，提高投融资服务水平。鼓励各金融机构参与各市科技金融试点，建立功能较完善、专业性强、水平较高的区域性科技金融服务体系。加大金融支持力度，积极探索和推广科技金融结合新模式（EMC＋电网＋金融），引导和支持银行、证券、保险等各类金融机构在各地设立分支机构，加强与中小微企业服务平台的合作，共同开发金融产品，解决中小企业融资难问题。

（5）稳定增加财政科技投入。强化科技投资增长的保障机制，确保在广东省各级政府年度预算分配和财政盈余分配中，科技投入增长率明显高于常规财政收入的增长率，实现财政科技投入达到法定增长的要求。提高政府创新资金和财政科技经费的使用效率，建立适应新形势的科技经费监督管理和绩效评估体系。调整财政科技投入结构，加大对关系广东经济社会发展的关键技术、核心技术、前沿技术研究及科技基础条件建设的支持力度。

（6）加强招商引资，承接世界高新技术产业转移。塑造良好的招商引资的氛围，引导高新科技企业与省内外、国内外知名公司进行多层次、多形式的合作，扩大广东省高新技术产业的发展规模。加快高新技术产业园的基础设施建设，完善投资环境，吸引各地高新技术企业进驻。注重高新技术型项目，提升项目的档次和水平，增加科技型项目对厂商的吸引力。

3. 挖掘创新型人才资源

人才是最宝贵的生产要素，尤其是创新型人才，更是区域创新系统建设中不可多得的资源，培育和开发科技人才资源，对促进科技创新、提高生产率具有重要意义。充分挖掘区域内的人才资源，加大引进和培养高层次、高科技人才的力度，优化人才资源结构，才能加快区域创新系统建设。

（1）坚持以人为本，做好人才的培养和使用工作。制定和完善创新型人才培养计划，根据广东省区域产业发展的具体需要，重点培养一批广东高新技术产业发展急需的创新型人才。以重点实验室为依托，以优势学科为载体，发展壮大科技研发、科技中介服务、科技管理、科技企业家等几支专业的科技创新团队。努力提升各人才团队的核心竞争力，争取更高更好的创新绩效。支持成立创业导师团队，建立创业咨询师制度，导师团队应由各知名企业家、高校创业指导老师、专家等组成，对区域的创新创业起指导作用。

优化调整高等院校的专业学科结构，提高对应用型学科、新兴学科的重视程度，重点发展高新技术类学科，适应高新产业发展的需要。加强知识产权、技术标准方面的学科建设，注重实践，把学科知识与最新专业技术联系起来。实施"研究生创新培养计划"，发展研究生教育，加强硕士、博士授权点和博士后流动站建设。

（2）健全人才市场体系，发挥市场在人才资源配置中的作用。加快建立政府宏观调控、单位自主用人、人才自主择业、社会提供服务、市场调节供求的人才资源配置机制，确立人才市场在人才资源开发中的主导地位。在市场配置人才资源过程中，注重公平的原则，坚持以能力为导向，消除年龄、性别、城乡等差别歧视。加快人才资源公共服务体系的构建，全方位地为需求企业与科技人才提供各种服务。进行人力资源信息的科学采集工作，加快建立广东省人才基础信息库，另外，在各个不同的行业和领域建立领军型人才、创新型创业型人才、海外专家人才等人才分类信息库，及时发布人才市场的相关动态信息。

（3）广泛引进高层次创新型人才。实施高层次创新型科技人才引进工程，引进一批优秀科技人才及团队。实施促进海外科技型人才的回流计划，取消外籍归国创业人才和海外优秀人才的各种政策限制，同时为海外科技人才集聚创业提供税收优惠。努力创造吸引人才集聚的条件，完善引进人才的居住证制度，为各路人才来广东创业、工作、生活提供"一站式"的综合服务。鼓励用人单位、企业创新引进人才的方式，加大人才引进的投入，实行高薪聘请或科技骨干人员持股计划，允许将引进人才所用的费用计入到企业管理费用中。建设留学生创业园、海外人才创业孵化器等，同时通过项目引进的方式促进优秀人才引进。

（4）完善人才资源社会保障体系。创造能吸引高层次科技人才和管理人才的生活环境和文化环境，形成能为科技人员创新、创业提供支持的保障机制。加快建立柔性流动人才社会保障制度、失业人员最低生活保障制度、企业经营管理人员风险保障制度、高级优秀人才补充养老保险、医疗保险与医疗保健制度，全面放开对高级人才、紧缺人才的户籍限制。支持各级政府为高层次人才提供住房保障，让为创造社会财富做出突出贡献的科技人才在政治上有声誉，在经济上有优惠，在社会上有地位，在生活上有保障。科研管理部门和单位要努力建立鼓励创新、宽容失败、提倡良好科学道德的创新文化和人文环境。

（5）建立健全的创新型人才评价和激励机制。建立以能力和业绩为导向的人才评价机制，探索符合科技人才规律的多元化考核评价标准，不断提高人才评价的科学性与合理性。改革现有的科技人员专业技术职务评聘制度，以科技人员的创新能力和创新绩效作为主要的评价指标，全面落实聘任制。深化产权和分配制度改革，健全按生产要素、技术要素参与收益分配的人才激励机制。改革和完善工资分配制度，探索实施高新技术企业的股权激励机制。企业、科研机构从项目开发获得新增盈利的，要提取一定比例奖励给项目带头人。对为广东科技创新与技术进步做出重大贡献的科技人才予以重奖，有效调动其积极性和创造性。

4. 完善创新政策法规环境

为纠正市场机制可能造成的区域经济系统的某些缺陷，解决创新的激励和约束问题，创新政策法规是必需的，完善创新政策法规体系成了创新系统建设的重要一环。

（1）科技投入政策。科技投入的总量反映了一个国家（地区）的科技实力，也在一定程度上体现了社会对科技事业的支持力度。2014年，广东省R&D（研究与开发）经费支出超1 627亿元，占GDP比重提高至2.4%，可见广东省非常重视对科技创新方面的投入。然而，要提高科技经费支出的使用效益，则应优化财政科技投入的结构，强化科技投入的管理。鼓励企业增加对科技开发研究方面的投入，促使资金更多地流向科研创新的领域。

（2）金融政策。加大金融支持，促进自主创新，要改善金融服务，要完善信贷政策和投融资政策，要开展对中小高新技术企业的保险服务，要加强、引导政策性银行和商业银行对科研创新的支持，要加快多层次资本市场的建立，要大力推进企业与金融机构的合作，进行金融创新。

（3）政府采购政策。政府采购对自主创新起着导向和支持的作用，通过对各个行业、各个领域创新产品的采购，可以引导自主创新沿政府所鼓励的方向前进，可以在一定程度上解决市场对创新产品的需求问题，从而有效推动自主创新。为达成政府采购的支持效果，政府应该完善采购的机制，明确采购的标准和范围，协调采购过程中多方的利益，实行优惠采购等。

（4）知识产权激励和保护政策。完善知识产权制度，政府要制定知识产权战略纲要，强化知识产权工作。加快建设知识产权信息服务平台，积极推进支柱产业、重点行业、骨干企业与高新技术企业建立专业专利信息数据库。鼓励企业、高等学校和科研机构在国内外申请专利。培育和发展知识产权优势企业，扶持和促进专利技术交易及产业化。加快知识产权管理和服务人员的培养，提高服务水平，建立知识产权服务机构。制定和完善知识产权方面的法律法规，建立知识产权预警、知识产权监管、知识产权保护的机制，加大执法的力度，坚决维护知识产权拥有者的合法权益。

5. 完善区域科技创新服务体系

区域科技创新服务体系是区域创新系统的重要组成部分。区域创新服务体系为区域中的创新主体提供社会化、专业化的创新、创业服务，它是技术转移和扩散的桥梁，是推动科技成果转化和产业化的纽带。通过多年的建设，中国区域创新服务体系取得了很大的发展，形成了一个囊括包括生产力促进中心、企业孵化器、技术交易市场、技术评估机构、知识产权交易所等各种创新中介服务机构的服务体系。既有营利性组织，也有非营利性组织，既有政府机构，也有非政府机构。江蕾（2010）认为，推进区域科技创新服务体系的建设就需要做好以下几个方面的工作：

（1）加快培育科技中介机构，构筑专业化、社会化的技术服务平台。继续强化生产力促进中心的技术服务、技术咨询功能，继续加大对公益性技术服务机构的支持力度。积极探索构筑公共技术开发与服务中心等技术服务平台，为区域中的企业提供技术服务，帮助企业提高创新能力。

（2）提升孵化器和园区功能，完善科技创业平台，增强科技园区的创新服务功能。在进一步强化创新创业孵化和招商功能的同时，要提高专业性的创业服务水平，以解决科技人员在创办企业中遇到的各类商务难题、管理难题，提高科技型企业的成功率；要加强以专业技术服务为主要内容的基础条件平台建设，以解决入驻孵化企业和孵化毕业企业在企业发展过程中遇到的技术难题。

（3）构建产业园区的创新、创业服务体系。在强化产业园区产业发展环境优势的基础上，通过构建针对产业园区共性技术创新需求的公共技术服务平台，进一步增强产业园区的集聚力，提升产业园区内企业的市场竞争力，加快产业园区的发展。

（4）开拓科技合作新领域，构筑技术要素交流平台。围绕建设区域网上技术交易市场，进一步加快科技成果库、技术需求库等信息资源和技术交易平台建设，着力培育围绕技术交易的中介机构。以市场需求为导向，加强与国外技术转移机构的联系，构筑畅通的技术引进信息与交易平台。

6.3 广东省专业镇的科技创新服务体系

专业镇是集群经济在广东的基本存在形式。自 2000 年广东省组织开展"专业镇技术创新试点"以来，专业镇在广东已历经十多年的发展。广东省专业镇建设以结构调整和产业升级为主线，坚持质量提高和规模扩张相结合、市场导向和政府扶持相结合、产学研相结合，已经形成了千帆竞发、百镇创新的喜人局面。截至 2015 年，经广东省科技厅认定的省级专业镇共有 399 个，涵盖广东省机械、五金、纺织、家电、建材、服装、家具、汽配、陶瓷、石材、针织服装、农业等传统产业以及高端信息产业、创意设计、电子商务、生态旅游等新兴产业。

然而，在广东省转变经济发展方式的新形势下，专业镇的转型升级已成为加快转变经济发展方式的重要举措，是突破目前专业镇发展瓶颈的必然之路。另外，科技创新服务机构以其专业知识、专业服务为基础，与区域创新系统中的企业、政府、大学等创新主体建立紧密联系，为创新活动提供重要的支撑性服务。在科技创新服务机构的帮助下，可以有效地降低创新创业的风险，加快科技成果产业化的进程，对于提高区域创新能力，促进广东专业镇产业结构优化和转型升级具有十分重要的意义。因此，构建专业镇的科技创新服务体系势在必行。专业镇的建设必须与其科技创新服务体系建设同步推进，互相配合，才能产生良好的效果。

6.3.1 专业镇科技创新服务体系的内涵

2014 年，在科技部发布的《科技创新服务体系建设试点工作指引》中明确指出，科技创新服务体系是由科技创新服务机构、平台和人才等构成，集成知识、技术、资本等创新要素，向社会提供研发设计、科研条件、创业孵化、技术交易、知识产权、技术投融资、专业技术咨询等专业化服务，推动企业创新和产业升级的科技创新支持系统。江蕾（2010）则把中国创新服务机构分为以下五大类：

第一为创新主体提供信息咨询服务为主的创新服务机构，包括科协组织、行业协会、情报信息中心、知识产权事务中心和科技项目咨询机构等。

第二为科技资源的有效流动提供服务的创新服务机构，包括技术交易市场、人才交易市场、知识产权交易所、科技招标机构等。

第三为促进科技成果转化提供服务的创新服务机构，包括生产力促进中心、工程技术研究中心、创业服务中心和大学科技园等科技企业孵化器。

第四以金融服务为主的创新服务机构,包括风险投资服务公司、中小企业创新基金、财务公司、专业性融资担保公司等。

第五以提供各种评估和认证服务为主的创新服务机构,包括技术经纪人事务所、律师事务所、会计师事务所和审计师事务所、科技评估中心、无形资产评估中心、标准认证机构、信用评估机构等。

徐洋洋(2014)则认为科技服务体系是由三个部分构成,分别是组织体系、服务功能体系和支撑体系。组织体系由各类提供不同服务的科技服务组织组成;服务功能体系是由提供各类科技服务的科技服务平台,基于中小企业的需求抽象、整合而成,是为中小企业提供服务的窗口;支撑体系为科技服务体系内部所有主体和活动的有序、高效进行提供支撑条件。其中,服务功能体系的构成如图6-5所示。

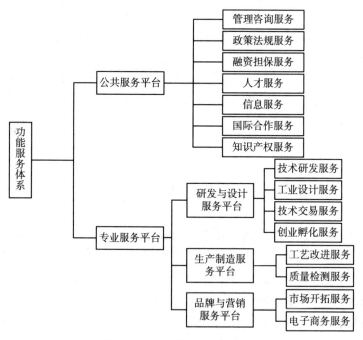

图6-5 功能服务体系的构成

在科技创新服务体系的一般概念和内涵基础上,部分学者在专业镇层面上对科技创新服务体系进行了深入探讨。如根据专业镇创新主体的构成和主体与支持要素之间的关联关系,周霞(2006)将专业镇科技创新服务体系分成了四个模块:分别是技术支持服务、科技中介服务、专业管理服务和投融资服务。而赵暑湘、赵婧怡（2015）则认为专业镇科技创新服务体系是指针对专业镇科技创新服务而建立起来的专业化、系列化、社会化、市场化的创新支持系统，由创新服务机构、平台和人才等构成，集成知识、技术、资本、政策等创新要素。

6.3.2　专业镇科技创新服务体系的职能

作为专业镇创新系统的重要组成部分，专业镇科技创新服务体系对推动专业镇强化协同创新，增强产业共性技术攻关能力和科技成果转化能力，推动创新链、产业链、资金链三链有机融合，营造广东经济创新发展的良好氛围具有着非常重要的作用。能否充分发挥创新服务体系服务于产业转型升级的职能，将直接影响到能否形成专业镇的创新型经济格局。

1. 信息服务职能

专业镇科技创新服务体系包含科协组织、行业协会、情报信息中心、科技项目咨询机构等以提供信息咨询服务为主的机构。该类创新机构通过专门网站、信息发布会和交流会、专家咨询、信息服务平台等方式，有偿或无偿为企业提供各类信息服务。另外，部分机构还建立了专业镇产业创新资源数据库、企业技术需求数据库等，开展行业信息情报分析和技术信息情报服务工作，为企业提供技术、人才、市场供需对接信息服务。从而帮助专业镇中小企业有效提高市场预测和快速反应的能力，有利于企业未来的升级和发展，同时能引导专业镇转型升级沿着创新型、高技术水平型、高附加值型的方向前进。

以中山市小榄镇为例，小榄镇是广东省创新示范专业镇，五金制品和电子电器及音响是小榄镇的两大特色支柱产业。自 1999 年，小榄镇就开始筹备建立生产力促进中心，开始建设中小企业科技创新服务体系。经多年的建设与发展，科技创新服务体系不断完善，在信息服务方面，小榄镇通过建立信息中心、发展公共媒体以及发挥企业和行业协会等力量，切实为小榄镇中小企业提供全面多样的行业发展动态、资源与服务信息、企业信息化改造等公共服务。另外，小榄镇还建设了专业数据库，免费为中小企业提供专利检索、分析、申请与维权等服务。可以看出，小榄镇科技创新服务体系的信息服务，有效降低了小榄镇企业的信息利用成本，增强了企业的信息利用能力。

2. 技术研究开发及其推广的服务职能

技术研究开发需要企业付出高昂的成本，包括研发资金、人才投入、时间投入等，另外企业进行研发创新也会承受一定的风险，一旦研发失败，之前投入都会付诸东流。广东专业镇内的企业都以中小微企业为主,这类企业由于规模和资金的限制,在技术研发上投入不足,更没有足够的实力建立研发中心进行核心技术的开发和积累。专业镇科技创新服务体系则可以在一定程度上解决这个问题,从而推动广东专业镇技术水平的提升。在创新服务体系中,各中小企业可积极与高校、研究机构进行产学研合作,共建公共技术创新平台和产业联盟。凭借公共技术创新平台的公共属性,能够有效地解决区域或行业的共性技术问题,促进科技产业化。另外,以公共技术创新平台或产业联盟为依托,有效地配置创新资源,为企业开展技术研发和协同创新提供服务和支撑,从而大大降低了企业的技术创新成本,降低了企业的研发风险。利用技术创新平台开展的多种形式的新技术、新产品推广活动,也能促进高新技术的转移和扩散,通过技术创新推进专业镇的转型升级。

阳江平冈专业镇,素有"鱼米之乡"、"文化之乡"的美誉。近年来,平冈镇充分发挥区域优势,加快农业结构调整,水产养殖面积逐年扩大,水产品产量和加工量连年攀升,带动就业人数稳步提高。然而制约平冈镇水产行业发展的因素也非常突出,如:养殖生产中的病害问题、养殖管理工作监管还不到位、渔业产业化水平不高、龙头企业仍然较少等。2011年,阳江市与中山大学合作,搭建阳江海洋产业科技创新平台,孵化海洋科技创新项目,培养海洋科技人才,促进阳江市海洋经济转型升级。技术水产专业镇技术支撑平台是由当地农业部门牵头,依托中山大学提供技术资源和人才资源建成的。平台包括:研发中心,集合高校、科研院所、龙头企业的技术力量开展水产行业共性技术的研发;推广中心,对接研发中心和生产一线,及时了解实际困难,承接上游技术,开展推广应用,破除先进技术的推广障碍;检测中心的建设邀请广东省水产领域的优秀第三方检验机构,共同建设检测中心,为专业镇产业提供原材料与产品检测服务,严把产品质量关,为将来对外水产贸易的扩大打好基础。

3. 科技金融服务职能

专业镇中小微企业由于自身资金实力并不雄厚,且取得资金的能力较弱,迫切需要专业镇科技创新服务体系为其提供科技金融方面的服务。毫不夸张地说,专业镇科技创新服务体系的科技金融服务是专业镇科技创新的物质前提,只有不断完善以政府投入为导向、以企业投入为核心、各种融资方式有机结合的多层次、多渠道的科技金融投入体系,建立具有不同的功能定位、全面的、专业的、能提供一站式服务的科技金融服务平台,才能有效地引导金融资源流向专业镇企业,才能有效地支持企业技术和产品的更新换代,实现产业的转型升级。

以中山市东升镇为例，2015 年 12 月 24 日，东升镇正式成立金融服务中心。服务中心的成立将有效地推动东升镇的金融创新、促进科技金融与东升镇主导产业——办公家具业的结合，实现东升镇产业转型升级的目标。服务中心的主要任务就是在专业镇中小微企业与金融机构之间搭建桥梁，通过组织金融机构与企业对接会、企业最新产品推介会、经济形势座谈会等各种形式，给企业与金融机构提供交流的机会，给不同阶段、不同行业的成长型、科技型中小微企业提供专业的金融服务，解决其融资难问题

4. 创业孵化服务职能

科技企业孵化器是培育和扶植高新技术中小企业的服务机构。孵化器通过为新成立的科技型中小微企业提供生产和经营的场地以及方便企业办公的各种基础设施，在信息、政策、管理咨询、技术诊断、市场营销、融资、知识产权、人才资源、法律咨询等方面提供全方位的帮助，降低创业者的创业风险和创业成本，提高创业成功率（江蕾 2010）。实现专业镇创新服务体系的发展，离不开创业孵化服务体系，尤其是各种创新型孵化器、专业型孵化器，他们对促进科技成果的产业化和科技型中小微企业的创新发展起着不可或缺的作用。创业孵化服务体系的完善，对推动广东省高新技术产业发展，延伸专业镇技术产业链，完善区域创新系统，都发挥着重要的作用。

皮革、玻璃、针织、铝材、照明、建陶，这些产业曾经是罗村的六大支柱型产业。自广东腾笼换鸟、节能减排的大潮掀起，罗村坚决地淘汰了一大批"双高"企业，并从 2009 年起，打造新光源产业基地，开始从传统产业向战略新兴产业转型，并迅速形成新光源产业全产业链。另外，在"全产业链"的基础上，罗村还新增了"智造"的元素，创建孵化型产业基地。利用该基地，罗村正逐步克服产业共性技术、关键技术问题，并实现向产业链上游高端制造靠拢。罗村所建立的孵化型产业基地，不单服务于其本土产业，更对整个广东省的 LED 产业产生影响。这是科技创新带动产业发展的鲜明例子，有效地说明了专业镇创新服务体系对产业转型升级的促进作用。

5. 创新人才培训服务职能

人才资源是科技创新的重要资源，人才支持服务体系则是专业镇科技创新服务体系的重要组成部分。因此，完善的专业镇科技创新服务体系一定会包含一套吸引人才、培养人才、留住人才的人才支持服务体系。创新人才培训服务，指的是采取讲座、培训、研修班等形式，为中小企业中的技术人员提供市场营销、知识产权、生产管理、财务管理、科学技术普及等各类培训服务。通过这样的培训

服务，可以拓宽技术人员的知识面，提高他们的创新意识和创新能力，激发他们推进科技创新的主动性和积极性，从而有效地促进专业镇的创新活动。

广州市花都区狮岭镇，是著名的皮革皮具专业镇。近年来，在广东大力推进产业转型升级的大潮下，狮岭镇积极响应，全力推动皮革皮具产业的转型升级。在切实考察本地产业发展情况的基础上，提出了"捆绑经营、就地提升"的发展战略，并利用产业"转型升级、扩容提质"的契机，提升产业竞争力。在此过程中，狮岭镇十分注重引进和培训创新型人才，如组建了以石碧院士为首的四川大学—狮岭皮革皮具转型升级研究所，吸纳专业人才，服务于皮革皮具产业的技术研发。还通过举办培训班，开展岗位技能大赛等办法，使企业员工的专业技能进一步提高。

6. 技术转移和普及的服务职能

在专业镇科技创新服务体系中，技术交易市场、知识产权交易所、科研招标机构等是为技术的交易和转移提供服务的组织和机构。在技术交易的过程中，他们提供政策咨询、专利代理、交易合同认定、知识产权变更登记等配套服务，使技术交易能够高效地进行。另外，他们还通过技术进出口交易会、科学技术成果交易会等展会，向企业普及最新的技术成果。正是因为这些技术转移和普及的服务，科技创新资源得以有效流动和合理配置。

2012年，广东省新批准认定了的四个国家级技术转移示范机构，分别是：东莞电子科技大学电子信息工程研究院、深圳市南山科技事务所、深圳中科院知识产权投资有限公司和中国科学院佛山产业技术创新与育成中心。其中东莞电子科技大学电子信息工程研究院是以广东省产学研结合示范基地建设为契机，围绕新型材料及元器件、IC设计、云计算等战略性新兴产业领域，集研发设计、中试孵化、成果转化、科技投融资、人才培养与引进等各种功能于一体的综合性公共服务平台。平台建立以来，一直致力沿"技术 + 资本"的方向进行探索和实践，现已形成符合自身特色的企业服务、技术转移、企业孵化模式，为东莞专业镇转型升级提供服务。

6.3.3 广东省专业镇的科技创新服务体系发展现状

广东各类型的创新服务机构在经历了十多年的发展后，已初步形成了具有地方特色的科技创新服务体系。截至2014年，广东省380个专业镇共有332个专业镇已建设了公共创新服务平台，广东省专业镇创新服务机构共建有2 872个，主要分布在珠三角地区，在行业方面则主要集中于制造业和农林牧渔业。专业镇与大学、科研院所共建的科技机构数共 818 个，特色产业依托的专业市场 600 个，服务于特色产业的金融担保机构 481 个，行业协会 68 591 个。在已建成的 332 个公共创新服务平台中，累计完成投资 425 118 万元，平台总收入达 429 959 万元，其中 320 913 万元为企业资金，60 628 万元为技术服务收入，44 203 万元 为政府资金，其他收入 4 215 万元。创新平台每年培训人员达 218 459 人次，主 持和参与的研究项目 934 个，研究经费达 55 807 万元。详见表 6 - 1 和表 6 - 2。

表 6 - 1　　　　　　　广东省各市专业镇 2014 年创新服务情况　　　　　单位：个

城市代码	总计	全镇创新服务机构数	专业镇特色产业网站数	特色产业相关的会展机构数	服务于特色产业的检验监测机构数	全镇与大学、科研院所共建的科技机构数	特色产业依托的专业市场数	服务于特色产业的金融担保机构数	行业协会（商会）会员数
总计	380	2 872	764	358	359	818	600	481	68 591
广州市	6	38	15	8	4	16	16	13	4 004
珠海市	6	33	12	4	6	21	6	14	516
汕头市	27	168	73	18	20	60	25	19	3 705
佛山市	41	392	74	41	46	138	69	77	10 031
韶关市	14	54	12	3	5	15	9	9	3 570
河源市	17	172	6	9	5	8	15	5	7 997
梅州市	38	329	52	20	36	64	74	66	7 761
惠州市	16	42	15	7	8	17	11	21	1 478
汕尾市	8	199	125	90	58	101	95	18	838
东莞市	30	403	36	14	27	117	48	58	4 756
中山市	16	161	69	11	21	57	49	33	4 313
江门市	20	66	20	22	19	22	29	20	3 024
阳江市	14	69	11	8	11	12	9	16	1 380
湛江市	17	194	80	22	12	47	43	12	565
茂名市	16	71	26	19	15	37	24	27	1 290
肇庆市	21	115	30	26	18	25	20	25	5 446
清远市	9	11	8	3	4	6	5	4	1 010
潮州市	19	240	52	14	18	13	15	14	2 183
揭阳市	20	56	27	13	16	24	19	12	2 405
云浮市	25	59	21	6	10	18	19	18	2 319

　　资料来源：广东省科技厅内部统计数据。

表6-2　　　　　　　　广东省各市2014年公共创新服务平台建设情况　　　　单位：万元

城市代码	总计（个）	公共创新服务平台已完成投资	创新平台总收入	其中：政府资金	其中：企业资金	其中：技术服务收入	其中：其他收入	创新平台年培训人员（人次）	创新平台主持和参与的项目数（个）	创新平台研发项目的研发经费（R&D）
总计	332	425 118	429 959	44 203	320 913	60 628	4 215	218 459	934	55 807
广州市	6	2 703	465	315	140	10	0	6 563	14	1 589
珠海市	5	14 760	14 810	8 630	6 180	0	0	1 288	8	1 250
汕头市	27	8 380	397	127	160	50	60	2 685	26	432
佛山市	34	108 299	54 374	9 734	8 228	35 493	919	19 070	265	6 950
韶关市	12	1 144	8 307	238	47	8 011	11	19 561	15	471
河源市	13	1 469	213	116	80	12	5	3 830	10	30
梅州市	35	13 041	7 211	924	6 025	89	173	34 384	24	1 142
惠州市	12	2 133	690	225	465	0	0	4 981	4	30
汕尾市	6	2 838	90	90	0	0	0	356	14	130
东莞市	22	58 633	18 974	7 353	6 876	4 393	352	14 239	47	11 897
中山市	14	66 445	24 018	3 669	8 269	10 109	1 971	17 601	85	22 363
江门市	17	7 208	175 549	553	174 755	206	35	3 040	278	1 007
阳江市	7	780	410	285	75	15	35	7 464	5	276
湛江市	17	8 292	4 538	668	3 538	261	71	12 391	26	2 592
茂名市	16	5 565	2 765	984	1 639	91	51	12 550	26	1 895
肇庆市	19	2 732	3 386	644	1 085	1 419	238	11 140	36	2 511
清远市	9	4 483	98	13	50	35	0	430	2	10
潮州市	19	5 221	1 038	149	353	329	207	22 282	18	283
揭阳市	19	3 090	400	183	157	36	24	6 931	10	197
云浮市	23	107 902	112 226	9 303	102 791	69	63	17 673	21	752

资料来源：广东省科技厅内部统计数据。

　　总体而言，广东省专业镇的科技创新服务体系在这十几年间已经取得了很大的发展，但是在现阶段依然存在一些问题：

　　第一，专业镇科技创新服务体系目前整体上仍处于初级阶段，政府职能的转变还未能很好地实现，投入力度不够，市场秩序不规范，缺乏完善配套和操作性强的政策法规。

　　第二，科技服务业的发展在规模与质量、区域和业务领域等方面不平衡，机构之间相互独立，没有形成网络化的协作关系。

　　第三，科技服务人员短缺，部分科技服务机构的服务水平、服务质量以及服务人员素质还有待提升，缺乏竞争力。

第四，支持科技服务业发展的公共信息流通不畅，科技服务基础设施缺乏，科技成果效率不高。

第五，大部分专业镇尚未建立健全完善的融资体系，缺少融资服务机构，未能有效地解决中小企业转型升级中普遍存在的金融服务资源匮乏、融资难度大等问题。

第六，部分专业镇特色产业公共创新服务平台辐射带动作用不明显，未能给企业提供全面、良好的研发、检测、信息、培训等技术服务，未能有效地促进企业自主创新活动和转型升级。

要解决专业镇科技创新服务体系中各方面的问题，使其真正服务于科技创新，服务于专业镇的产业转型升级，就必须在目前体系的基础上，继续完善专业镇科技创新体系，加强科技创新服务职能，有针对性地促进专业镇产业转型升级。

6.3.4 完善专业镇科技创新服务体系以促进产业转型升级

由专业镇科技创新服务体系的六大职能可知，专业镇科技创新服务体系对专业镇产业转型升级具有非常重要的作用。对于如何建设和完善专业镇科技创新服务体系，本书将结合目前专业镇科技服务体系中出现的问题，给出了相应的建议。

1. 针对政府职能转变不到位方面的问题

要解决政府职能转变不到位方面的问题，必须先明确政府在专业镇科技创新服务体系中的地位。在现今专业镇发展的新形势下，乡镇政府的角色要实现从直接的经济行动者、企业经营者到地区、社会经营者的转变。在专业镇科技服务体系中则主要发挥着引导者的作用，通过制定相关的政策和法规，引导专业镇科技创新服务体系建设；通过加大对创新科技的投入，扶持专业镇科技服务业的发展等。

（1）加强自身建设、积极发挥引导职能。加强自身建设方面，各级政府部门要高度重视专业镇科技创新服务体系建设的工作，认真做好专业镇科技发展规划；要加强对科技创新服务体系建设的指导，改进领导和工作方式，根据各专业镇发展的具体情况，形成有地区或行业特色的科技服务体系建设思路，制定切实可行的政策措施；把关于专业镇科技创新服务体系的建设列为实绩考核的指标，同时制定相关考核评价机制，每年对专业镇内创新服务机构、创新服务平台进行考核评估，加强动态管理和实时监测；另外，各级政府应积极做好年度科技统计工作，做好专业镇建设的年度工作总结及下年度工作计划，把专业镇科技创新服务体系建设作为计划的重点内容。

发挥引导职能方面，政府作为引导者，应积极推进专业镇科技服务业的开放与合作，扩大科技服务领域的对外开放。引导外商投资广东专业镇科技服务业；引导国外科技服务机构来广东设立分支机构，与广东专业镇科技服务机构共建联合实验室、研发中心、技术转移机构；引导广东省专业镇科技服务机构积极参与科技服务合作项目和重大科技研究计划；引导珠三角地区与粤东西北地区开展专业镇对口合作建设，以产业链、创新链为纽带，以共建科技创新服务平台为契机，建立对口合作关系，实现人员和经验的交流、技术和投资的互动、资源和产业的融合等，促进双方共同发展。

另外，要坚持政府引导和市场驱动相结合，政府及有关职能部门主要是制定规划和政策，加强对市场的监管，积极引导、扶持各类企业和科技服务机构。只有充分发挥市场机制的作用，促进专业镇科技服务机构依法自主经营、自我发展、自我约束，才能实现专业镇科技服务资源的有效配置和高效利用。

（2）加大对科技创新服务体系的资金投入力度。每年从财政经费中划出一定比例资金作为专业镇科技创新服务体系建设专项资金，发挥政府投入的引导作用，带动社会力量多渠道增加对专业镇科技服务业的投入，而各专业镇应根据实际需要做好该专项资金使用计划。对于高校、企业等建设科技创新基础条件平台，政府应大力支持并给予经费扶持。加大对专业镇科技创新服务平台的资金投入，鼓励科技创新服务平台利用相关资金为中小微企业的技术创新提供服务。革新资金使用方式，让科技服务机构通过竞争性方式来获取财政扶持资金。另外，对技术服务运营费用、技术转移服务费用等给予补贴，促进更多技术成果转让和产业化。

加快建立创业风险引导基金，由专业镇政府出资，联合境内外专业创业风险投资机构共同设立，支持创业风险投资行业发展，支持专业镇科技型中小企业及服务机构发展。引导民间资本投资处于创新型中小企业，设立科技孵化基金，支持前孵化器、孵化器、加速器等公共服务平台建设及服务。设立引进技术消化再吸收资金项目经费，鼓励专业镇龙头企业引进国内外先进设备，并对引进的设备和技术进行消化吸收再创新。

（3）构建良好政策环境。专业镇科技创新政策支持体系是专业镇创新活动的基本保证，完善创新政策法规体系是创新体系建设的重要组成部分。构建良好的政策环境，必须把握专业镇创新政策体系的内容。赵曷湘和赵婧怡（2015）提出，政策支持服务体系建设，主要应着眼于以下四个方面：一是直接支持专业镇创新的资助政策，如科技项目配套资助政策、研发经费补贴政策、税收优惠政策和知识产权发展资助政策等。二是间接资助政策，如贷款担保政策，支持专业镇企业充分利用资本市场的上市扶持政策，支持创业投资机构向创新型企业投融资、帮助其创新成长的激励政策。三是支持专业镇创新的需求激励政策，如创新导向的政府采购政策，迫使专业镇企业创新的标准设定政策，引导消费专业镇创新产品的倾向性措施等。四是促进创新合作的政策，如促进专业镇进行协同创新的政策，促进专业镇与港澳台、国内外知名企业、高校进行自主创新合作，主动配置和集成全球创新资源为专业镇所用的政策等。

在政策施行的过程中，要坚持全面推进与分类指导相结合的原则。立足现实基础和发展潜力，结合各专业镇的产业特点，对不同业务领域的专业镇科技服务机构实行与其相适应的具体的政策和措施。采取"一镇一策"的办法，联合高校、中介机构为每个专业镇制定目标明确，具有科学性和前瞻性的发展战略、转型升级的具体措施，引导其走创新型产业集群的发展道路。

2. 针对科技服务业网络化协作方面的问题

专业镇科技服务业在规模与质量、区域和业务领域等方面发展不平衡，服务机构之间相互独立，没有形成网络化的协作关系，这一问题是广东省专业镇科技服务业进一步发展的瓶颈。只有解决好这一问题，才能实现专业镇创新服务资源的共享、优势的互补、信息的互通，才能促进协同创新，推进专业镇科技创新服务体系的完善。

（1）推进信息化融合，实现资源共享。推进专业镇信息化科技服务平台建设，是实现科技创新资源共享的重要手段。专业镇信息化科技服务平台的建设，有利于企业、创新服务机构利用平台进行交流和沟通，有利于各方创新资源的整合，破除服务机构之间相互独立的局面。各级政府部门应在政策、资金投入、项目等多方面支持信息化建设，建立创新要素交流和互动的网络平台，并积极运用云计算等信息化手段提供网上技术信息检索、网上技术成果交易、网上公共信息管理等服务，探索省科技厅和专业镇站点相结合的创新支援网络；鼓励科技服务机构合作开展行业信息情报和技术信息情报的收集和分析工作，为企业提供技术、人才、市场供需对接等方面的信息服务；推进专业镇创新资源数据库和企业技术需求数据库的完善，通过数据库间的连通实现专业镇各服务机构之间科技信息资源的共享。

（2）积极发挥行业协会和产业联盟的作用。鼓励专业镇中各类科技服务机构合作建立科技服务行业协会并充分发挥行业协会在组织、协调、服务、监管等方面的作用，督促专业镇科技服务机构的自律和诚信经营。行业协会要以促进专业镇科技服务业的健康、规范化发展为原则，积极组织开展同业、跨行业间协作和市场开拓活动。另外，支持科技服务行业协会协助做好科技服务行业信息数据收集统计、行业运行分析、企业品牌培育以及打破技术贸易壁垒等方面的工作。

支持专业镇中各类科技服务机构联合国家重点高校、研究院，以行业协会为载体组建一批镇级产业技术创新联盟，整合全镇创新资源，推动专业镇科技服务业与高新技术产业、现代农业、先进制造业、战略性新兴产业联动发展。对于处在产业链上下游、生产销售活动紧密相连的专业镇，要努力突破镇与镇之间的行政区域限制，通过产业联盟开展跨行业、跨区域、跨部门、多机构的合作，完成产业发展所亟须的技术创新，从而提升产业链的协调能力、创新能力和配套能力。

实际上，不论是专业镇信息化科技服务平台的建设，还是行业协会、产业联盟的组织，都是实现信息互通的机制和创新资源共享的形式。只有形成科技服务机构的网络化协作关系，建立统一的运作协调机制，丰富创新资源共享的方式，冲破资源分散、封闭和垄断的局面，才能使专业镇科技创新服务体系趋于成熟，有效地服务于专业镇的企业，提升产业关联度、产业相互渗透和产业相互促进，实现转型升级。

3. 针对科技服务人员缺乏、服务水平偏低方面的问题

科技服务人员缺乏、服务水平偏低的问题严重阻碍着广东省专业镇科技服务体系的完善与发展。发展专业化服务团队，提升科技服务人员的服务水平，加强服务机构自身建设，成了广东省专业镇科技创新服务体系建设的重要内容。

与传统服务业相比，科技服务业更具有知识密集的特征，它对从业人员提出了更高的要求，不仅需要有深厚的科技知识背景，更要有广阔的视野和独立思考的能力。而目前阶段，专业镇科技服务人员的服务水平普遍偏低，必须加强其培养和培训。首先，要切合科技服务业的发展需求，完善职业培养体系，支持高校调整相关专业设置，健全高校教育和社会培养相结合的科技服务人才培养机制，加强对专业镇科技服务业从业人员的培养；其次，要开展专业镇科技服务机构管理人员和专业技术人员的培训，由专业镇科技服务行业协会来做出统筹规划和安排，制定切实可行的措施，提高从业人员的专业素质和能力水平，重点培训一批素质好、业务水平高的技术经纪人、科技咨询师、专利分析师、项目管理师和企业诊断师；最后，要探索建立专业镇科技服务业的职称评定制度，完善科技服务业从业人员的资格认证。

另外，必须加大对科技服务人才引进的力度，由专业镇政府牵头，积极推出各类人才计划，在全国范围内吸引一批了解技术、了解市场、了解管理的高层次科技服务人才；对高层次、有真才实学的科技服务专业人才在工作条件、生活待遇等方面给予政策上支持和激励；支持有条件的中小企业服务平台申请设立博士

后创新实践基地，吸引更多的博士后人才和高级人才，提升平台专业服务水平。

4. 针对科技成果转化方面的问题

秦洁和宋伟（2014）认为科技成果转化涉及主体包括政府、科技成果供给方、科技成果需求方、技术交易所、中介组织、行业协会甚至个人等。其核心内容是成果持有人采取各种方式将科技成果转化为现实生产力。杨勇（2011）认为科技成果转化有其自身规律，每一项成果都必须经过研发、小试、中试至规模化生产等不同阶段。科技成果经过中试，产业化成功率可达80%，而未经过中试，产业化成功率只有30%。然而，由于资金的短缺和体制的不完善等问题，广东省专业镇科技成果转化平台难以满足科技成果转化高投入、高风险的特性，加之专业镇科技成果转化平台数量相对较少，广东省专业镇科技成果转化能力亟须加强。

（1）完善科技成果转化服务体系。要完善专业镇科技成果转化服务体系，大力发展专业化、市场化的科技成果转化服务。推动专业镇技术成果交易市场的建设，建立一批具备技术咨询技术评估、成果推介等多种功能的科技成果转化服务机构。利用专业镇财政资金投资设立新型转化实体，发展创业投资、创业辅导、市场开拓等多种业务的综合性科技成果转化服务。打造科技型企业孵化器，培育一批面向最新科技成果的科技型中小微企业。加快技术转移服务体系建设，支持企业开设有关技术转移的部门或安排技术转移专员，负责收集、分析最新科技成果和产业技术需求，研究技术成果转化和保护策略。

（2）加快科技成果转化平台建设。要完善专业镇科技成果转化平台的建设，充分发挥平台的功能，畅通科研机构与企业沟通交流的渠道。进一步扩大科技成果转化平台服务的深度和广度，加强科技成果的数字化建设、扩宽科技成果信息分享的渠道，让企业、机构能充分利用科技成果档案以及相关的信息资源，进而让科技成果转化的过程更加便利；科学、合理地对科技成果转化平台的内容进行分类和规范，指引企业在平台上高效地找到自己所需要的科技信息资源；加强科技成果转化平台的功能信息建设，从宣传功能、网上办公、检索功能、交流互动服务、培训功能以及专业服务等功能方面，研究具体的、相对应的建设方案，切实按照指定的方案推进转化平台的建设。

（3）加快建设技术研发成果转化基地。有条件的专业镇应加强技术研发成果转化基地的建设，努力建成服务于高等学校、研究院科技成果中试、孵化的重要基地。建设符合专业镇产业发展需要、开放性社会化的共性产业技术创新基地，使之成为面向专业镇企业的工程研究开发中心、人才培训中心、信息中心、产品分析检测中心等；鼓励专业镇大中型企业建立企业中试基地，加强基地与科研院所、技术研发机构的合作，为企业规模生产提供配套的技术工艺、生产装备和系列新产品；建设具有配套服务和创业孵化功能的小微企业创业基地，优化创业和发展的环境，为创业者提供创业场地费用减免，按实际孵化成功户数给予创业孵化补贴等支持。支持民间资金、境外资金创办综合性或专业性的科技成果孵化器，推动科技成果企业孵化器在专业镇落地；鼓励各类孵化器通过兼并、重组、联营等形式做大做强，提升其管理水平与创业孵化能力。

（4）政府牵头以项目促进科研成果的转化。专业镇政府牵头组织项目洽谈会或其他形式的合作，邀请科研机构、名企等参加，通过共同参与项目的形式，有效推动科技成果的转化。同时，对于促使科研成果产业化的项目，政府应该给予大力支持，如为项目提供充足的经费，在法律允许的情况下，给项目的活动开绿灯等。

5. 针对金融服务资源匮乏、融资难度大的问题

区域创新系统建设离不开完善的科技金融服务体系，对于专业镇科技创新服务体系依然如此。本书针对服务体系建设中出现的金融服务资源匮乏、融资难度大的问题，提出一些政策建议如下：

（1）搭建科技金融合作平台。协调专业镇科技金融资源，搭建科技金融合作平台，让具有较大影响力的金融机构法人代表担当金融合作平台的主要负责人。深化合作平台与专业镇科技金融机构之间的联系，可以联合银行、小额贷款公司、融资担保、融资租赁公司等金融服务机构，建设"科技金融服务中心"，推动科技金融的互动互融发展。此外，科技金融合作平台应积极探索知识产权质押融资新模式，推广股权质押、应收账款质押、存货质押、订单融资等创新型融资工具，与企业共同开发适合专业镇产业特色的金融产品，加快科技金融产品及服务模式的创新，从而降低企业融资成本，解决专业镇企业融资难度大的问题。另外，平台还可利用统筹的金融资源建立科技金融资源数据库，为科技、金融、产业的融合创新提供支持。

（2）加快发展科技金融信贷。创新科技投入和融资体制，调整科技投入方式，积极探索科技风险投资和科技金融信贷的发展途径，为科技型企业的健康发展提供有力支撑。鼓励和支持专业镇设立中小企业融资担保机构，建立科技型中小企业融资担保信用制度，引导银行加大对科技型中小企业的信贷支持。大力发展信贷创新产品，通过互助担保、联合担保等方式，让专业镇中小微企业联合组成融资担保共同体，直接向金融机构融资。

（3）拓宽融资渠道，适应新金融业态。加快发展风险投资、私募基金、产业基金等新金融业态，构建风险分担机制和特别融资机制，完善专业镇创业投资体系。探索和组织发行"中小企业集合债券、票据"，全面加强专业镇中小企业的债券融资；努力为专业镇科技型中小企业在中小板、创业板、新三板等股权交易

市场上市并进行直接融资或实现股权流转创造条件。

（4）加强科技金融风险评估和防范。加强科技金融风险管理工作，设立专业镇科技金融风险监管机构对科技金融机构进行监督，完善科技金融风险的评估机制，考察科技金融机构的风险承受能力，避免其因风险承受能力不足而导致的重大损失。实施风险投资损失财政补偿计划、由专业镇财政资金参与组建风险投资种子基金、技术转移资助基金等，通过多种政策手段防范潜在的科技金融风险，并加强对相关资金的使用和管理，强化对抵御金融风险的专有投入。

6. 针对科技创新公共服务平台带动作用不明显的问题

科技创新公共服务平台是专业镇科技创新服务体系中至关重要的组成部分，若公共服务平台没能发挥其应该有的服务功能和带动作用，专业镇科技创新服务体系职能将无法取得相应的效果，专业镇科技创新活动也将举步维艰。因此，必须努力解决建设中暴露出来的平台带动作用不明显的问题。

（1）加强服务平台建设，切实提高服务能力。科技创新服务平台建设应按照"政府引导、市场运作，协同创新、资源共享，服务企业、注重实效"的原则，坚持政府引导与社会广泛参与相结合，公益性服务与市场化服务相结合，促进产业转型升级与服务中小微企业发展相结合，从实际出发，紧紧围绕专业镇主导产业、优势产业的服务需求来进行，要讲求实效，不盲目贪大。建设前期，政府应适当扶持、引导和推动；建成正常运作后，按非营利机构方式管理，逐步实现企业化、市场化运作。

科技创新服务平台要切实提高其服务能力，着力培育一批骨干科技服务机构，可选择具有区域优势的专业镇生产力促进中心、科技创业服务中心等进行重点培育。骨干科技服务机构应根据业务和市场的需求，以专业服务求发展。加强以特色服务、专业服务为核心的服务能力，广泛应用现代科学技术手段和方法，创新服务方式和服务内容，为创新主体提供高质量、高效率、全方位的科技服务；同时，要结合各地的区域定位和产业特色，进一步加强面向特定产业、特定企业的服务，提高服务的专业化水平。

另外，应赋予专业镇科技创新公共服务平台更多更全面的服务功能，扩大其服务领域和区域，推动平台功能多元化和服务上层次，从而增强平台的带动作用。发挥中小企业公共服务网络的作用，集聚优质服务资源，通过政府购买服务、无偿资助、业务奖励等形式，鼓励平台网络中的服务机构提供优质服务，扩大公共服务的覆盖面和受益面。积极地与其他专业镇的科技创新公共服务平台开展跨区域合作，明确平台之间的分工，强强联合，形成跨区域、全覆盖的科技创新公共服务网络。

（2）加强科技服务对外开放与交流合作。鼓励专业镇科技创新公共服务平台开展科技服务领域的交流和合作，在合作中学习借鉴先进的地区经验，提升平台服务水平，扩大平台的影响力，进而解决科技创新公共服务平台带动作用不明显的问题。

一是加强专业镇之间的交流合作。各专业镇应以省级示范性专业镇为榜样，学习其科技服务平台建设的经验。以相同产业为主导产业的专业镇之间，可通过服务平台建立合作关系，实现创新资源的共享。处于产业链上下游的专业镇，可利用服务平台建立中间产品的供需对接，实现生产环节的互通。积极凭借科技创新公共服务平台组织开展高新技术成果交易会、科技交流会、人才交流会等活动，在推进科技成果转化与技术交流合作的同时，扩大服务平台的影响力。

二是加强专业镇服务平台与港澳台地区的交流合作。促进科技服务要素在粤港澳台间合理流动和开放共享。落实粤港、粤澳合作框架协议，推动广东省专业镇与港澳台地区科技服务人员技术职务及产品、商品检验认证等互认。鼓励专业镇科技服务机构参与粤港联合招标，合作开展关键共性技术攻关。探索建立粤港澳科技服务贸易自由化新模式，共建高水平的专业科技服务平台或基地。

三是加强国际交流合作。扩大科技服务领域对外开放，引导外商投资广东省专业镇科技服务业。科技创新公共服务平台可引导国外科技服务机构在广东各专业镇设立分支机构或与本地科技服务机构共建联合实验室、研发中心、技术转移机构等。有条件的平台可组织建立科技服务业国际科技合作示范基地，构建跨境科技创新服务网络，在国外设立分支服务机构，开拓国际市场。引导科技服务机构参与国家或国际有关科技服务对外合作项目和重大科学研究计划。

6.4 广东省专业镇的技术创新资源整合

准确把握广东全省专业镇的科技创新资源，对于有的放矢地推进科技服务体系建设以及科学地设计有关机制和政策是至关重要的。

6.4.1 广东省专业镇技术创新资源

谭清美（2002）认为，区域创新资源是指区域创新系统中的资源要素，包括人才资源、金融资源、信息资源、权威资源、人文资源和条件资源（基础设施）等。其中，技术创新资源，包含人才、科研专利、研发中心等对于推进专业镇产业转型升级最为关键的资源，必须深度挖掘，准确把握。

据统计，2014 年广东省 380 个专业镇中，从事研究与开发（R&D）人员共

294 718 人，科技人员 1 333 575 人，中高级职称人数占比 4.41%。77.76% 的专业镇科技人员分布在珠三角地区，其中以佛山、东莞、中山、江门这四市为最。可见，广东省专业镇科技人员总量不少，但是中高级职称人数比例偏低。另外，从表 6-3 中可以看出，广东省科技人员地区分布严重失衡，珠三角地区的专业镇总数为广东省专业镇总数的一半不到，却聚集了接近 80% 的专业镇科技人员。东翼、西翼、山区等地区，专业镇科技人员则严重不足，三地区专业镇科技人员总数加起来仅为珠三角地区的 1/3 不到。

表 6-3	广东省专业镇 **2014** 年科技研发人员地区分布			单位：人
区域	总计（个）	研究与开发（R&D）人员	科技人员	其中：中高级职称人数
总计	380	294 718	1 333 575	58 864
珠三角	156	260 221	1 036 979	44 572
东翼	74	14 964	134 446	5 488
西翼	47	9 457	50 457	2 535
山区	103	10 076	111 693	6 269

资料来源：笔者整理。

如表 6-4 所示，在专利成果方面，2014 年专业镇的专利申请量 107 817 件，授权量 71 679 件，占广东省专利申请量和授权量的 36.38% 和 38.76%。其中发明专利授权量 4 294 件，实用新型专利授权量 31 165 件，自主创新获省级及以上的科技成果数 1 345 个，省级及以上名牌产品数 1 606 个，著名商标 1 532 个，中国驰名商标 386 个。由图 6-6 可知，广东省专业镇发明专利授权量相对不足，发明专利授权量占申请量的比值也相对较低。同样反映了专利成果区域不平衡的现象，粤东西北地区、山区的科研专利成果少，科技创新能力较弱。

表 6-4	广东省专业镇 **2014** 年科研专利地区分布					单位：件
区域	全镇专利申请量	其中：发明专利申请量	其中：实用新型专利申请量	全镇专利授权量	其中：发明专利授权量	其中：实用新型专利授权量
总计	107 817	20 470	38 133	71 679	4 294	31 165
珠三角	92 456	19 306	35 214	61 562	3 739	29 190
东翼	12 912	758	2 273	9 003	362	1 561
西翼	1 376	210	369	562	88	230
山区	1 073	196	277	552	105	184

资料来源：广东省科技厅内部统计数据。

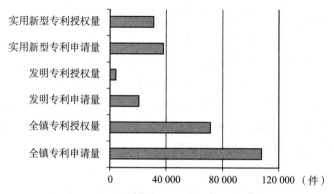

图 6-6 广东省 2014 年专业镇专利申请与授权情况

资料来源：广东省科技厅内部统计数据。

在研发条件方面，专业镇合计设省级、省级以上工程中心 431 个，设有研发机构的规模企业有 2 670 间，广东省高新区年营业总收入达 2.9 万亿元，同比增长 20%，实现工业增加值 5 350 亿元，同比增长 18%；广东省高新技术产品产值全年达 5.17 万亿元，同比增长 15%，创新型产业集群发展格局进一步凸显。可见，广东省专业镇技术创新资源在研发条件方面获得了较大的进步。但从表 6-5 可知，广东省的省级、省级以上工程中心主要分布于佛山、东莞、中山、江门四市专业镇，韶关、河源、汕尾、清远四市的专业镇并没设有省级或以上工程中心，设有研发机构的规模企业也相对较少，说明了这些地区专业镇技术研发条件相对不足，创新平台缺乏，汇聚创新资源的能力比较低。

表 6-5   广东省 2014 年专业镇工程中心的城市分布

城市代码	总计	广州	珠海	汕头	佛山	韶关	河源	梅州	惠州	汕尾	揭阳
省级以上工程中心数（个）	431	4	8	16	162	0	0	9	12	0	7
设有研发机构的规模企业数（个）	2 670	17	34	95	911	8	2	13	57	10	30
城市代码		东莞	中山	江门	阳江	湛江	茂名	肇庆	清远	潮州	云浮
设有研发机构的规模企业数（个）		71	62	39	2	5	2	7	0	17	8
省级以上工程中心数（个）		872	405	73	31	19	1	36	3	40	13

资料来源：广东省科技厅内部统计数据。

2014 年专业镇全社会科技投入总计达 3 508 969 万元，产学研合作合同项目有 1 950 个，合作合同经费有 1 587 215 千元。省部院产学研合作累计财政投入 38 亿元，带动地市财政投入 200 多亿元，社会及企业投入 1 000 多亿元，吸引全国 312 所高校、332 个科研机构集聚广东开展产学研合作，有效提升了广东科技创新能力。具体各项指标按行业分布情况见表 6-6。

表 6-6　广东省专业镇 2014 年自主创新科技投入与产学研情况

行业一位码	总计个数	镇全社会科技投入（万元）	政府科技投入（万元）	产学研合作合同项目数（个）	产学研合作合同经费（千元）	参与产学研合作的企业数（个）
总计	380	3 508 969	364 664	1 950	1 587 215	1 842
农、林、牧、渔业	116	98 494	20 605	78	44 156	93
采矿业	3	979	804	8	1 944	7
制造业	232	3 164 288	294 265	1 757	1 454 114	1 643
建筑业	1	500	30	0	0	0
批发和零售业	4	53 345	5 305	5	4 500	5
交通运输、仓储和邮政业	3	41 080	6 730	3	3 000	9
住宿和餐饮业	7	14 228	8 822	3	4 620	8
信息传输、软件和信息技术服务业	1	51 991	8 953	13	3 760	9
租赁和商务服务业	5	15 843	5 596	2	2 685	3
科学研究和技术服务业	1	7 720	3 620	4	5 800	4
水利、环境和公共设施	5	1 156	620	1	86	5
居民服务、修理和其他服务业	2	59 345	9 314	76	62 550	56

资料来源：广东省科技厅内部统计数据。

6.4.2　产学研合作机制

自 2005 年以来，广东省陆续启动与教育部、科技部、工业和信息化部、中国科学院和中国工程院的产学研合作，开辟了广东"三部两院一省"的省部院产学研合作新局面。历经了十年的发展，现阶段广东的产学研合作机制已较为完善并逐渐成为区域创新体系建设的突破口与核心环节。产学研合作大幅提升了广东产业的核心竞争力和企业自主创新能力，促进了产业转型升级。专业镇要实现产业转型升级，同样离不开产学研合作这一制胜法宝。尤其是现今在各地不断大力推进创新的新形势下，优质创新资源的争夺日趋激烈，专业镇产学研合作也将面临更大的挑战。此时，进一步推进专业镇产学研合作，创新产学研的合作模式，大力整合各方优质创新资源，成了广东省专业镇建设的重要课题。

1. 建设新型研发机构

新型研发机构是广东省构建创新驱动发展的一支"主力军"，是推进专业镇产学研合作的重要力量。要支持高校、科研院所与地方政府或企业围绕专业镇的产业特色联合共建新型研发机构。要完善新型研发机构的认定及扶持工作，建立新型研发机构的竞争力评价分级机制，积极开展评价分级，并根据结果对不同类型的新型研发机构实行分类、分级指导，发挥优秀研发机构的示范性作用。

鼓励企业在高等学校设立实验室、研发机构或技术创新中心，具备新型研发机构的特征，使产学研结合点前移。推动高等学校和科研机构以人才、智力和技术为要素，企业以资金、设备为要素，通过多种形式的合作，整合优化现有创新资源，组建产学研联合体，实现产学研的深度合作；加快推进新型研发机构孵化育成体系的建设，完善风险投资、管理咨询、信息网络等服务配套，支持高新技术企业的创业孵化。同时，支持新型研发机构利用各级政府财政引导性资金进行创新成果的试制、中试和产业化，促进科技成果的转化；积极营造支持新型研发机构发展的政策环境，加大对新型研发机构支持力度，推动新型研发机构联合、协同，逐步构建新型研发机构创新网络。

2. 联合推进重大产业项目与产业关键技术攻关

为解决制约专业镇产业创新发展的技术瓶颈，产学研合作必须紧紧围绕调整经济结构、转变发展方式、提升产业竞争力的重要课题，着眼于产业关键技术和共性技术创新，通过联合推进重大产业项目的方式，进行产业关键技术、共性技术攻关。要加强对企业牵头的产学研项目的支持，针对专业镇产业转型升级的迫切需求，布局战略性新兴产业、高新技术产业和优势传统产业升级的重大关键技术攻关。尤其在智能机器人、新型印刷技术、计算与通信芯片等高端科技领域，要巩固企业的技术创新主体地位，鼓励骨干、龙头企业把握行业发展趋势，提出参与国际竞争中的行业重大技术瓶颈问题，采用专题招标方式，由政府组织高校、科研单位参与竞标共同开展重大项目攻关，突破产业关键核心技术。另外，专业镇政府要对成功招标项目给予一定补贴，支持项目的展开。

3. 建设产学研创新联盟

围绕广东省专业镇重点、新兴产业技术创新需求，推进产业技术创新联盟建设，发挥联盟在协同创新中的纽带作用，实现企业、科研院所、政府机关以及中介机构等创新主体之间的有效合作。探索高效的产学研创新联盟的组织模式和运行方式，完善利益共享和风险共担机制，围绕专业镇产业技术创新链，解决产业技术创新的关键技术和共性问题，制定产业技术标准，提升行业技术水平和竞争力。支持有条件的产业技术创新联盟整合各专业镇的创新资源，建设国家、省、市级重点实验室、工程技术研究中心、产业技术创新服务平台等开放型、网络化、实体化的研究开发机构，推动产学研合作由"点对点"合作、单项合作向系统合作、长期合作转变。建立工作协调机制，加强产学研创新联盟的统筹协调，对经认定的联盟，可作为公益服务类社会组织申请法人登记。

4. 建设产学研创新平台和产学研合作示范基地

积极推动专业镇科技创新平台建设，打造一批研发实力强、协同创新效益好、引领示范作用强的产学研合作创新平台。要坚持科学指导原则实现专业镇转型升级，应在了解和掌握世界科技发展基础上，整合专业镇内外资源优势，以信息化带动工业化，利用计算机技术和网络新技术，加快构建和完善以产品研发、质量认证、职业教育、电子商务和现代物流五大体系为主体的专业镇产业创新平台（谢惠芳，2012）。

以省地、校地、院地对接为纽带，以专业镇和高新区为载体，积极推进专业镇产学研合作基地建设，促进广东省专业镇向创新型产业集群发展。以专业镇打造传统产业转型升级示范基地，大力实施"一镇一策"和"一校（院）一镇"，搭建中小微企业公共服务平台，组织对口帮扶，疏通高新技术、先进适用技术和现代信息技术改造传统产业的通道；以高新区打造创新型产业发展基地，针对高新区创新型产业的发展需求，大力推进省内外高校、科研院所布点园区，积极搭建创新创业服务平台，推动创新成果就地转化。同时，鼓励有条件的企业建立集教学、科研、技术人才培养为一体的实践基地，为高校、科研院所学科建设、人才培养、人才就业提供实践条件和场地，疏通人才落地渠道。推进实践基地和所在区域特派员工作站有机结合，为高校毕业生、大专毕业生等提供就业、创业服务。

5. 企业科技特派员计划

在"三部两院一省"的合作框架下，鼓励和支持高校、科研院所围绕专业镇主导产业，针对产业链的需求，分期分批组织跨专业、跨领域的专家担任企业科技特派员，建立科技特派员工作站，培养一支稳定的、有能力、有水平的企业科技特派员创新团队，服务于企业技术创新和产业发展。此外，推进"科技特派员工作团"工作，选择一批产业镇，共同选派一批企业科技特派员组成科技特派团，团长可任专业镇科技副镇长，负责统筹、组织、协调、服务科技特派团工作的开展，团员可到镇（街）企业、行业协会、研发中心、创投机构等担任企业科技特派员，推进专业镇整体技术创新。

6. 推进珠三角与粤东西北产学研联动发展

贯彻落实"粤东西北振兴战略"，积极调整和优化产业布局，优化创新环境，大力提升粤东西北地区承接创新资源的能力。积极推进珠三角地区与粤东西北地区专业镇开展产学研对口合作，通过人员、技术、资金等方面的交流融合，把珠三角专业镇先进的转型升级经验、管理模式、市场理念等引入到粤东西北，提升粤东西北的创新能力。引导和支持珠三角与粤东西北双方共建新型研发机构、产学研创新联盟等产学研合作平台，并充分利用合作平台推进科技成果产业化，推动珠三角产业转移，实现双方的产业互补、产业链延伸和产业的融合。设立珠三角与粤东西北产学研对口合作专项资金，鼓励投资企业在粤东西北地区设立创业投资基金，统筹协调科技金融资源，从资金方面支持珠三角与粤东西北的联动发展。

7. 推进"一校一镇，一院一镇"产学研合作战略

"一校一镇，一院一镇"产学研合作战略是广东省转型升级的切入点。高校与专业镇一一对接，有利于专业镇的技术创新需求与高校院所进行技术资源供给的匹配，既能实时了解专业镇的技术需求，又能充分利用高校院所的创新资源，进而提升专业镇科技创新能力，推动专业镇转型升级。各专业镇要根据自身产业聚集情况，有针对性地选择能对本地产业转型升级、技术创新和人才培养提供长期有效支撑的高校、科研院所建立长期的合作关系，为专业镇发展提供持续动力。高校、科研院与专业镇要根据产业的具体发展情况，合力研究"一校一镇"工作实施方案，产业发展技术路线图等，针对产业发展瓶颈联合攻关，解决关键共性技术问题。联合建设实习实训基地，合作开展人才培养计划，保证人才资源充足。双方可定期组织互访，就目前合作状况及未来工作的开展进行交流沟通，严格执行"一校一镇"工作实施方案，实现产学研深度融合。

8. 推进产学研国际合作

积极引进具有丰富科技创新资源的海内外知名高校、科研院所、专家团队与专业镇开展产学研合作,通过共建公共创新服务平台、产业创新联盟等方式,形成产学研国际合作长效机制。以新型研发机构为载体,引进国际科技创新重大项目,推动国外先进技术和科技成果的引进、消化、再吸收。创新产学研合作方式,主动拓宽合作领域,利用产学研合作论坛等方式,促进创新资源集聚,提升专业镇产学研合作层次和对接效率。同时鼓励在粤高校、科研院所紧抓国家"一带一路"建设机遇,大力实施"走出去"战略,主动攀高结强,参与国际科技合作,在境内外建立研发中心、国际孵化器等科技创新平台,打造广东产学研国际合作新格局。

6.4.3 专业镇技术需求与全国创新资源对接

在分析了广东全省专业镇科技创新资源现状,以及产学研合作机制运作特点基础上,本书将进一步探讨专业镇的技术需求及全国创新资源对接路径。

1. 广东专业镇技术需求分析

根据《国民经济行业分类(GB/T 4754—2002)》,本书按产业分布对广东专业镇技术需求进行分析,作为与全国创新资源对接的基础。截至 2013 年[①],广东省有 342 个专业镇,其中有 116 个专业镇属于农林牧渔业,201 个专业镇属于制造业,14 个专业镇属于水利、环境和公共设施管理业,5 个专业镇属于交通运输、仓储和邮政业,2 个专业镇属于信息传输、计算机服务和软件业,2 个专业镇属于采矿业,1 个专业镇属于建筑业,1 个专业镇属于文化、体育和娱乐业。

从地域分布上看,珠三角 141 个专业镇中,有 24 个农林牧渔业专业镇,102 个制造业专业镇,8 个水利、环境和公共设施管理业专业镇,5 个交通运输、仓储和邮政业专业镇,2 个信息传输、计算机服务和软件业专业镇。东翼地区 68 个专业镇中,有 15 个农林牧渔业专业镇,50 个制造业专业镇,1 个建筑业专业镇,1 个水利、环境和公共设施管理业专业镇,1 个文化、体育和娱乐业专业镇。西翼 44 个专业镇中,有 28 个农林牧渔业专业镇,14 个制造业专业镇,1 个水利、环境和公共设施管理业,1 个采矿业专业镇。山区 89 个专业镇中,有 49 个农林牧渔业专业镇,35 个制造业专业镇,4 个水利、环境和公共设施管理业专业镇,1 个采矿业。各地域专业镇所属行业统计见表 6 - 7。

---

① 由于 2014 年新认定专业镇缺乏有关统计数据,技术需求分析使用 2013 年数据。

表 6 - 7　　　　　　　　各地域专业镇所属行业统计　　　　　　单位：个

行业	珠三角	东翼	西翼	山区	总计
农林牧渔业	24	15	28	49	116
制造业	102	50	14	35	201
建筑	0	1	0	0	1
水利、环境和公共设施管理业	8	1	1	4	14
交通运输、仓储和邮政业	5	0	0	0	5
信息传输、计算机服务和软件业	2	0	0	0	2
文化、体育和娱乐业	0	1	0	0	1
采矿业	0	0	1	1	2
总计	141	68	44	89	342

资料来源：笔者收集整理所得。

从地市分布上看，农林牧渔业专业镇数占该市专业镇总数比例在 50% 以上的地市有湛江、云浮、阳江、韶关、河源市；制造业专业镇数占该市专业镇总数比例在 50% 以上的地市有珠海、中山、汕尾、汕头、清远、揭阳、江门、广州、佛山、东莞和潮州市。在 20 个地市中，只有广州和东莞市没有农林牧渔业专业镇。各地市特色产业所属行业及专业镇个数见表 6 - 8。

表 6 - 8　　　　　各地市特色产业所属行业及专业镇个数　　　　单位：个

地市	特色产业所属行业及专业镇个数	专业镇总数
珠海	农林牧渔（2），制造业（4）	6
中山	农林牧渔（1），制造业（13），水利、环境和公共设施管理业（1）	15
肇庆	农林牧渔（7），制造业（7），水利、环境和公共设施管理业（4），信息传输、计算机服务和软件业（1），采矿业（1）	20
湛江	农林牧渔（12），制造业（5）	17
云浮	农林牧渔（10），制造业（9），水利、环境和公共设施管理业（1）	20
阳江	农林牧渔（8），制造业（2），水利、环境和公共设施管理业（1）	11
韶关	农林牧渔（10），水利、环境和公共设施管理业（1）	11
汕尾	农林牧渔（2），制造业（4）	6
汕头	农林牧渔（4），制造业（21），建筑（1），文化、体育和娱乐业（1）	27
清远	农林牧渔（2），制造业（7）	9
梅州	农林牧渔（16），制造业（27），水利、环境和公共设施管理业（2）	35
茂名	农林牧渔（8），制造业（7），采矿业（1）	16
揭阳	农林牧渔（2），制造业（15），水利、环境和公共设施管理业（1）	18
江门	农林牧渔（4），制造业（15），水利、环境和公共设施管理业（1）	20
惠州	农林牧渔（6），制造业（7），水利、环境和公共设施管理业（1）	14
河源	农林牧渔（12），制造业（2）	14
广州	制造业（5），交通运输、仓储和邮政业（1）	6

续表

地市	特色产业所属行业及专业镇个数	专业镇总数
佛山	农林牧渔（3），制造业（33），水利、环境和公共设施管理业（1），交通运输、仓储和邮政业（1）	38
东莞	制造业（18），交通运输、仓储和邮政业（3），信息传输、计算机服务和软件业（1）	22
潮州	农林牧渔（7），制造（1）	17

资料来源：笔者收集整理所得。

根据专业镇的特色产业及产业分布，可得出广东省专业镇技术需求产业分布情况，具体见表6-9。可知，专业镇所需农业技术的比例较高（25.15%），其次是电气机械及器材制造技术（7.31%）和纺织服装、鞋、帽制造技术（7.02%）。

表6-9　　　　　　广东省专业镇技术需求产业分布情况　　　　　　单位：%

技术领域	百分比	技术领域	百分比
农业技术	25.15	交通运输设备制造技术	1.17
电气机械及器材制造技术	7.31	纺织技术	0.88
纺织服装、鞋、帽制造技术	7.02	石油加工、炼焦及核燃料加工技术	0.88
非金属矿物制品技术	6.43	医药制造技术	0.88
金属制品技术	6.43	造纸及纸制品技术	0.58
渔业技术	4.97	仪器仪表及义化、小公用机械制造技术	0.58
工艺品及其他制造技术	4.68	废弃资源和废旧材料回收加工技术	0.58
通信设备、计算机及其他电子设备制造技术	4.39	电信和其他信息传输服务技术	0.58
公共设施管理技术	4.09	林业技术	0.29
畜牧业技术	3.51	饮料制造技术	0.29
化学原料及化学制品制造技术	2.92	橡胶制品技术	0.29
食品制造技术	2.63	塑料制品技术	0.29
家具制造技术	2.05	有色金属冶炼及压延加工技术	0.29
文教体育用品制造技术	2.05	通用设备制造技术	0.29
专用设备制造技术	2.05	广播、电视、电影和音像技术	0.29
皮革、毛皮、羽毛（绒）及其制品技术业	1.75	房屋和土木工程建筑技术	0.29
装卸搬运和其他运输服务技术	1.46	非金属矿采选技术	0.29
印刷业和记录媒介的复制技术	1.17	黑色金属矿采选技术	0.29

资料来源：笔者收集整理所得。

在专业镇所需的农业技术中，水果、坚果、饮料和香料作物的种植技术的需求率是最高的，占56.98%；其次是蔬菜、园艺作物的种植，占34.88%；谷物及其他作物的种植技术占 4.65%，中药材的种植技术占 3.49%。农业技术中所需各类技术的比例见图 6 - 7。

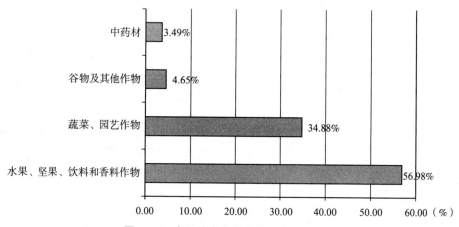

图 6 - 7　农业技术中所需各类技术的比例

数据来源：笔者收集整理所得。

　　在专业镇所需的林业技术中，主要是林木的培育和种植技术。在专业镇所需的畜牧业技术中，家禽的饲养技术的需求率最高（58.33%），其次是牲畜的饲养技术（16.67%）和猪的饲养技术（16.67%）。畜牧业技术中所需各类技术的比例见图 6 - 8。

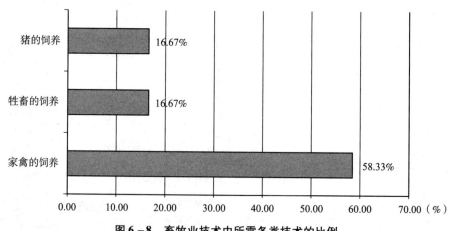

图 6 - 8　畜牧业技术中所需各类技术的比例

数据来源：笔者收集整理所得。

　　在专业镇所需的文教体育用品制造技术中，乐器制造技术的需求率是最高的，占 42.86%；其次是玩具制造技术，占 28.57%；游艺器材及娱乐用品制造技术和体育用品制造技术分别占 14.29% 。文教体育用品制造技术中所需各类技术的比例见图 6 - 9。

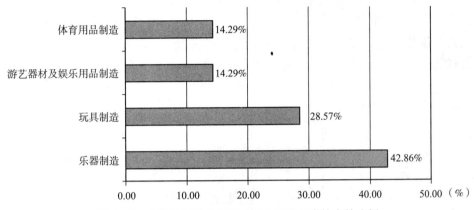

图 6 - 9　文教体育用品制造技术中所需各类技术的比例

数据来源：笔者收集整理所得。

在专业镇所需的文化学原料及化学制品制造技术中，日用化学产品制造的需求率是最高的，占 50%；其次是合成材料制造技术，占 30%；涂料、油墨、颜料及类似产品制造技术占 20% 。在专业镇所需的非金属矿物制品技术中，陶瓷制品制造技术的需求率最高（59%），其次是砖瓦、石材及其他建筑材料制造技术（22.73%），水泥、石灰和石膏的制造技术占 18.18% 。废金属矿物制品技术中所需各类技术的比例见图 6 - 10。

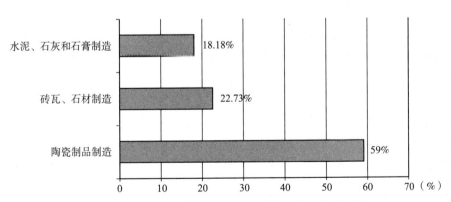

图 6 - 10　废金属矿物制品技术中所需各类技术的比例

数据来源：笔者收集整理所得。

在专业镇所需的专用设备制造技术中，化工、木材、非金属加工专用设备制造的需求率最高（57.14%），其次是矿山、冶金、建筑专用设备制造、纺织、服装和皮革工业专用设备制造、农、林、牧、渔专用机械制造技术，占14.29%。在专业镇所需的交通运输设备制造技术中，汽车制造的需求率最高（50%），摩托车制造技术和船舶及浮动装置制造技术各占25%。在专业镇所需的电气机械及器材制造技术中，家用电力器具制造技术的需求率最高（36%），电机制造技术和照明器具制造技术各占20%，输配电及控制设备制造技术占16%，电线、电缆、光缆及电工器材制造占8%。电气机械及器材制造中技术所需各类技术的比例见图6–11。

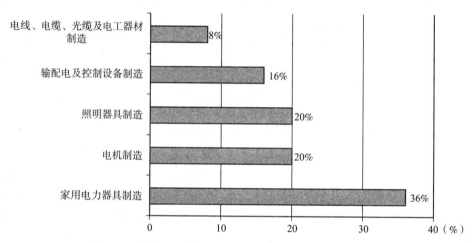

图6–11　电气机械及器材制造中技术所需各类技术的比例
数据来源：笔者收集整理所得。

在专业镇所需的通信设备、计算机及其他电子设备制造技术中，电子元器件制造技术的需求率最高（93.33%），其次是家用视听设备制造技术（6.67%）。在专业镇所需的仪器仪表及文化、办公用机械制造技术中，通用仪器仪表制造技术和光学仪器及眼镜制造技术的需求率各占50%。

2. 已在粤开展产学研合作的高校及科研院所

截至2013年，全国共有103所高校和63所中科院研究院所参与了广东省产学研合作项目。其中，高校作为第一实施单位承担项目469次，作为合作单位参与项目2 944次；中科院研究院所作为第一实施单位承担项目45次，作为合作单位参与项目363次。

高校作为第一实施单位承担项目次数前十位的高校分别是中山大学（84次）、华南理工大学（62次）、南方医科大学（51次）、华南农业大学（33次）、华中科技大学（22次）、暨南大学（21次）、广州中医药大学（16次）、湖南大学（14次）、华南师范大学（13次）、合肥工业大学（12次），这十所高校作为第一实施单位承担的项目数占据了高校作为第一实施单位项目总数的 70%。

高校作为合作单位参与项目次数前十位的高校分别是华南理工大学（634次）、中山大学（360次）、华南农业大学（213次）、华中科技大学（152次）、暨南大学（117次）、清华大学（92次）、华南师范大学（87次）、南方医科大学（81次）、北京科技大学（78次）、哈尔滨工业大学（71次），这十所高校作为合作单位参与的项目数占据了高校作为参与单位项目总数的 64%。

中科院研究院所作为第一实施单位承担项目的共有 20 家，承担项目前三位的是中国科学院南海海洋研究所（11次），其次是中国科学院广州能源研究所（6次）和中国科学院深圳先进技术研究院（6次），共占中科院院所作为第一实施单位项目总数的 51.1%。

作为合作单位参与项目次数前十位的中科院研究院所分别是中国科学院广州能源研究所（43次）、中国科学院深圳先进技术研究院（36次）、中国科学院南海海洋研究所（21次）、中国科学院过程工程研究所（21次）、中国科学院广州生物医药与健康研究院（15次）、中国科学院自动化研究所（15次）、中国科学院计算技术研究所（15次）、中国科学院长春应用化学研究所（12次）、中国科学院广州地球化学研究所（12次）、中国科学院华南植物园（12次），共占中科院院所作为参与单位项目总数的 55.6%。

从高校和研究院所承担项目的频次看，不论是第一实施单位还是参与单位，广东省内的较多，主要集中在华南理工大学、中山大学、华南农业大学、暨南大学、中国科学院广州能源研究所、中国科学院深圳先进技术研究院、中国科学院南海海洋研究所这 7 家单位；省外开展产学研合作的高校或院所主要集中在华中科技大学、湖南大学、合肥工业大学、清华大学、北京科技大学、哈尔滨工业大学、中国科学院过程工程研究所、中国科学院自动化研究所、中国科学院计算技术研究所和中国科学院长春应用化学研究所等 10 家单位。

这些与广东企业密切合作的高校和院所，一方面，反映了广东企业对这些高校和院所技术成果的迫切需求和认可；另一方面，也反映了这些高校和院所的学科方向在一定程度上与广东产业发展相契合，这些无疑为广东专业镇技术需求对接提供了良好的合作基础。

3. 高校及科研院所重点可支持的领域

要实现高校和科研院与专业镇技术需求进行有效对接，需要将其优势学科和平台与专业镇的产业相对应。由于广东省专业镇主要以制造业和农林牧渔业为主，本书重点选择制造业和农林牧渔两个产业分析全国高校和中科院重点学科方向以及重点实验室的研究方向，具体见表 6-10。

表6-10

全国高校及中科院研究所重点支持领域对照表

门类	类别名称	一级学科	二级学科	高校及中科院研究所
制造业	农副食品加工业	食品科学与工程	食品科学、粮食、油脂及植物蛋白工程、农产品加工及贮藏工程、产品加工及贮藏工程	江南大学、南昌大学、中国农业大学、南京农业大学、华南理工大学等。
	食品制造业 / 酒、饮料和精制茶制造业 / 烟草制品业	轻工技术与工程	制糖工程、发酵工程	华南理工大学、江南大学、华东理工大学等。
	纺织业	纺织科学与工程	纺织材料与纺织品设计、纺织化学与染整工程	东华大学、天津工业大学、苏州大学等。
	纺织服装、服饰业	纺织科学与工程	服装	东华大学、天津工业大学、苏州大学等。
	皮革、毛皮、羽毛及其制品和制鞋业	轻工技术与工程	皮革化学与工程	四川大学等。
	木材加工和木、竹、藤、棕、草制品业	林业工程	木材科学与技术、林产化学加工工程	东北林业大学、北京林业大学、南京林业大学等。
	家具制造业	林业工程	木材科学与技术、林产化学加工工程	东北林业大学、北京林业大学、南京林业大学等。
	造纸和纸制品业	轻工技术与工程	纸浆造纸工程	华南理工大学、天津科技大学、山东轻工业学院、陕西科技大学、南京林业大学等。
	印刷和记录媒介复制业	化学工程与技术	化学工程、化学工艺、应用化学	天津大学、华东理工大学、大连理工大学、清华大学、北京化工大学、中国石油大学、浙江大学、中科院大连化学物理研究所、中科院长春应用化学研究所、中科院广州化学研究所、中科院兰州有机化学研究所、中科院物理研究所等。
	文教、工美、体育和娱乐用品制造业	—	—	—
	石油加工、炼焦和核燃料加工业	化学工程与技术	化学工程、化学工艺、工业催化	天津大学、华东理工大学、大连理工大学、清华大学、北京化工大学、中国石油大学、能源研究所等。
		核科学与技术	核能科学与工程、核燃料循环与材料、核技术及应用	清华大学、中国科学技术大学、北京大学、中科院高能物理研究所等。

续表

门类	类别名称	一级学科	二级学科	高校及中科院研究所
制造业	化学原料和化学制品制造业	化学工程与技术	化学工程、化学工艺、生物化工、应用化学、工业催化	天津大学、华东理工大学、大连理工大学、清华大学、北京化工大学、南京工业大学、浙江大学、中科院大连化学物理研究所、中科院上海有机化学研究所、中科院广州能源研究所、中科院兰州化学物理研究所等。
	医药制造业	生物医学工程	生物医学工程	东南大学、清华大学、上海交通大学、华中科技大学、四川大学、中科院苏州医工所等。
		药学	药物化学、药剂学、生药学、药物分析学、微生物与生化药学、药理学	北京大学、北京协和医学院、中国药科大学、第二军医大学、复旦大学、浙江大学、中科院微生物研究所、中科院上海药物研究所、中科院广州生物医药与健康研究院等。
		中药学	中药学	上海中医药大学、北京中医药大学、天津中医药大学、南京中医药大学、中国药科大学、成都中医药大学、中科院上海药物研究所、中科院广州生物医药与健康研究院等。
	化学纤维制造业	材料科学与工程	材料物理与化学、材料学、材料加工工程	清华大学、北京科技大学、哈尔滨工业大学、西北工业大学、中科院上海硅酸盐研究所、中科院宁波材料技术与工程研究所、中科院苏州纳米技术与仿生研究所等。
		化学工程与技术	化学工程、化学工艺、生物化工、应用化学、工业催化	天津大学、华东理工大学、大连理工大学、清华大学、北京化工大学、南京工业大学、浙江大学、中科院大连化学物理研究所、中科院上海有机化学研究所、中科院广州能源研究所、中科院兰州化学工程研究所等。
	橡胶和塑料制品业	材料科学与工程	材料物理与化学、材料学、材料加工工程	清华大学、北京科技大学、哈尔滨工业大学、西北工业大学、中科院上海硅酸盐研究所、中科院宁波材料技术与工程研究所、中科院苏州纳米技术与仿生研究所等。

门类	类别名称	一级学科	二级学科	高校及中科院研究所
制造业	非金属矿物制品业	矿业工程	矿物加工工程	中国矿业大学、北京科技大学、中南大学、东北大学、武汉理工大学、太原理工大学等。
	黑色金属冶炼和压延加工业	冶金工程	冶金物理化学、钢铁冶金	北京科技大学、东北大学、上海大学、中南大学、中科院金属研究所等。
	有色金属冶炼和压延加工业	冶金工程	冶金物理化学、有色金属冶金	北京科技大学、东北大学、中南大学、昆明理工大学、中科院金属研究所等。
	金属制品业	材料科学与工程	材料物理与化学、材料加工工程	清华大学、北京科技大学、哈尔滨工业大学、西北工业大学、中科院金属研究、中科院宁波材料技术与工程研究所等。
	通用设备制造业	机械工程	机械制造及其自动化、机械电子工程、机械设计及理论	上海交通大学、华中科技大学、清华大学、西安交通大学、哈尔滨工业大学、中科院沈阳自动化研究所、中科院深圳先进技术研究院等。
		仪器科学与技术	精密仪器及机械、测试计量技术及仪器	北京航空航天大学、清华大学、天津大学、哈尔滨工业大学、东南大学、重庆大学、中科院上海光学精密机械研究所、中科院深圳先进技术研究院、中科院西安光学精密机械研究所等。
	专用设备制造业	机械工程	机械制造及其自动化、机械电子工程、机械设计及理论	上海交通大学、华中科技大学、清华大学、西安交通大学、哈尔滨工业大学、中科院沈阳自动化研究所、中科院深圳先进技术研究院等。
		仪器科学与技术	精密仪器及机械、测试计量技术及仪器	北京航空航天大学、清华大学、天津大学、哈尔滨工业大学、东南大学、重庆大学、中科院上海光学精密机械研究所、中科院深圳先进技术研究院、中科院西安光学精密机械研究所等。

续表

门类	类别名称	一级学科	二级学科	高校及中科院研究所
制造业	汽车制造业	机械工程	车辆工程	清华大学、同济大学、北京理工大学、吉林大学、湖南大学等。
	铁路、船舶、航空航天和其他运输设备制造业	交通运输工程	道路与铁道工程、交通信息工程及控制、交通运输规划与管理、载运工具运用工程	东南大学、西南交通大学、北京交通大学、中南大学、长安大学等。
		船舶与海洋工程	船舶与海洋结构物设计制造、轮机工程、水声工程	上海交通大学、哈尔滨工程大学、海军工程大学、天津大学、西北工业大学等。
		航空宇航科学与技术	飞行器设计、航空宇航推进理论与工程、航空宇航制造工程、人机与环境工程	北京航空航天大学、国防科学技术大学、西北工业大学、哈尔滨工程大学、南京航空航天大学。
	电气机械和器材制造业	电气工程	电机与电器、电力系统及其自动化、高电压与绝缘技术、电力电子与电力传动、电工理论与新技术	清华大学、华中科技大学、西安交通大学、浙江大学、重庆大学、华北电力大学、中科院电工研究所、中科院沈阳自动化研究所等。
	计算机、通信和其他电子设备制造业	电子科学与技术	物理电子学、电路与系统、微电子学与固体电子学、电磁场与微波技术	电子科技大学、东南大学、北京大学、清华大学、西安电子科技大学、中科院半导体研究所、中科院微电子研究所、中科院电子学研究所、中科院沈阳自动化研究所、中科院深圳先进技术研究院等。
		信息与通信工程	通信与信息系统、信号与信息处理	北京邮电大学、电子科技大学、西安电子科技大学、中科院信息工程研究所、上海交通大学、中科院电子学研究所、中科院微系统与信息技术研究所、中科院深圳先进技术研究院等。
		控制科学与工程	控制理论与控制工程、检测技术与自动化装置、系统工程、模式识别与智能系统、导航、制导与控制	清华大学、东北大学、上海交通大学、哈尔滨工业大学、浙江大学、中科院沈阳自动化研究所、中科院自动化研究所、中科院深圳先进技术研究院等。
		计算机科学与技术	计算机系统结构、计算机软件与理论、计算机应用技术	清华大学、国防科学技术大学、哈尔滨工业大学、北京大学、北京航空航天大学、上海交通大学、浙江大学、中科院计算技术研究所、中科院软件研究所、中科院深圳先进技术研究院等。

续表

门类	类别名称	一级学科	二级学科	高校及中科院研究所
制造业	仪器仪表制造业	仪器科学与技术	精密仪器及机械、测试计量技术及仪器	北京航空航天大学、清华大学、天津大学、哈尔滨工业大学、东南大学、重庆大学、中科院长春光学精密机械与物理研究所、中科院上海光学精密机械研究所、中科院深圳先进技术研究院、中科院西安光电技术研究所等。
	其他制造业	—	—	—
	废弃资源综合利用业	环境科学与工程	环境科学、环境工程	清华大学、哈尔滨工业大学、同济大学、北京大学、中科院广州能源研究所等。
	金属制品、机械和设备修理业	—	—	—
农林牧渔业	农业	作物学	作物栽培学与耕作学、作物遗传育种	中国农业大学、南京农业大学、华中农业大学、四川农业大学、浙江大学等。
		园艺学	—	华中农业大学、中国农业大学、南京农业大学、西北农林科技大学、西北农业大学等。
		农业资源利用	土壤学、植物营养学	中国农业大学、南京农业大学、浙江大学、中科院南京土壤研究所、中科院南京植物园、中科院华南植物园等。
		植物保护	植物病理学、农业昆虫与害虫防治、农药学	中国农业大学、浙江大学、福建农林大学、南京农业大学、华南农业大学、中科院武汉植物研究所、中科院昆明植物研究所、中科院西双版纳热带植物园等。
		农业工程	农业机械化工程、农业水土工程、农业生物环境与能源工程、农业电气化与自动化	中国农业大学、浙江大学、吉林大学、西北农林科技大学等。

6.5 广东专业镇科技服务业的发展

6.5.1 广东专业镇科技服务业重点推进领域

科技服务业是在研究开发链和科技产业链中不可缺少的服务性机构和服务性[...]的总和,是为科技创新全链条提供专业化服务的新兴产业。其良好发展将有[...]全社会推进科技创新,推动科技与经济深度融合,实现创新驱动发展。科技[...]业是专业镇科技创新服务体系的重要支撑,本部分主要探讨广东省专业镇科[...]务业的重点发展领域以及相关政策建议①。

1. 研究开发及其服务

发挥研究开发服务对提升产业创新能力的关键作用,建立支撑专业镇产业[...]升级的研究开发服务体系。各专业镇应加大对基础研究的投入力度,支持[...]多种形式的应用研究和试验发展活动。高校、科研院所要整合科研资源,[...]件的可建立工程实验室、工程技术研究中心和科学仪器中心等。健全科研[...]和仪器设备开放运行机制,向专业镇中小企业开放服务。鼓励研究开发类[...]专业化发展,生产企业研发部门独立经营,培育市场化新型研发组织、研[...]介和研发服务外包等新业态。推动专业镇的科研机构建设,组建一批具有[...]镇产业特色的研发服务机构,形成产业创新联盟,促进产业共性技术[...]。

2. 技术转移服务

加快建设多层次的技术交易市场,探索基于互联网的在线技术交易模式,推[...]业镇技术交易市场做大做强。鼓励专业镇技术转移机构创新服务模式,为企[...]供跨行业、跨地区、全过程的技术转移集成服务。积极组织技术进出口交易[...]高新技术成果交易会等展会,推动技术转移转化。推动高校、科研院所、产[...]盟、工程中心等面向市场开展中试和技术成熟化等集成服务。

---

① 广东省专业镇科技服务业的重点发展领域参考《国务院关于加快科技服务业发展的若干意见》和[...]省人民政府办公厅关于促进科技服务业发展的若干意见》。

续表

门类	类别名称	一级学科	二级学科	高校及中科院研究所
农林牧渔业	林业	林学	林木遗传育种、森林培育、森林保护学、森林经理学、野生动植物保护与利用、园林植物与观赏园艺、水土保持与荒漠化防治	北京林业大学、西北农林科技大学、东北林业大学、南京林业大学等。
		林业工程	森林工程、木材科学与技术、林产化学加工工程	东北林业大学、南京林业大学、北京林业大学、中南林业科技大学、西南林业大学等。
	畜牧业	畜牧学	动物遗传育种与繁殖、动物营养与饲料科学、草业科学、特种动物经济动物养	中国农业大学、华中农业大学、浙江大学、四川农业大学、西北农林科技大学、中科院昆明动物研究所等。
		兽医学	基础兽医学、预防兽医学、临床兽医学	中国农业大学、华中农业大学、南京农业大学、扬州大学、吉林大学等。
	渔业	水产	水产养殖、捕捞学、渔业资源	中国海洋大学、上海海洋大学、大连海洋大学、华中农业大学、中科院水生生物研究所、中科院南海海洋研究所、中科院三亚深海科学与工程研究所（筹）等。
	农、林、牧、渔服务业	—	—	—

资料来源：作者整理。

3. 创业孵化服务

构建以专业孵化器和创新型孵化器为重点、综合孵化器为支撑的创业孵化服务体系。加强创业教育，营造良好的创新创业文化氛围，组织创新创业大赛，推动大学生创业就业和高校科技成果转化。引导企业、社会资本参与投资建设孵化器，促进天使投资与创业孵化紧密结合，推广"孵化 + 创投"等孵化模式，积极探索基于互联网的新型孵化方式，提升孵化器专业服务能力。

4. 知识产权服务

积极发展知识产权创造、运用、保护和管理等环节的服务，提升服务水平，构建专业镇的知识产权服务体系。支持建立知识产权信息服务平台，为专业镇企业提供知识产权咨询、检索、分析和数据加工等基础服务，开展评估、交易、转化、托管、投融资等增值服务。扩大知识产权信息资源的共享范围，让各类知识产权服务主体可以以较低的成本获得基础信息资源。支持专业镇知识产权服务机构联合起来成立知识产权服务联盟，扩大知识产权服务市场。

5. 科技咨询服务

科技咨询服务机构要积极应用大数据、云计算、移动互联网等现代信息技术，创新服务模式，结合专业镇特色产业，开展网络化、集成化、特色化的科技咨询服务。全面推进企业管理和战略咨询服务、发展企业工程技术咨询服务，促使科技咨询服务企业化发展。

6. 科技金融服务

协调专业镇科技金融资源，完善创业投资体系，创新科技金融服务的组织和服务形式，对科技企业进行投资和增值服务。积极搭建互联网金融服务平台，建立适应创新需求的科技金融服务体系。鼓励金融机构创新科技金融产品和金融服务机制，建立融资风险与收益相匹配的激励机制，积极开展科技保险、科技担保、知识产权质押等科技金融服务。加快发展风险投资、私募基金、产业基金等新金融业态，大力支持天使投资、创业投融资服务平台，完善投融资担保机制，解决专业镇科技型中小企业融资难问题。

7. 科学技术普及服务

加强科普能力建设，有条件的专业镇应免费开放科技馆、博物馆、图书馆等公共场所，开展公益性科普服务。推动科研机构、高校向社会开放科研设施，鼓励企业、社会组织和个人捐助或投资建设科普设施。整合科普资源，建立区域合作机制，逐步形成专业镇之间科普资源互通共享的格局。支持各类出版机构、新闻媒体开展科普服务，加大科技传播力度，充分利用"科技活动进步月"、"科普宣传周"、"全国科普日"等特殊日子组织大型科普活动。

6.5.2　专业镇科技服务业的发展态势

随着信息技术的不断发展和创新全球化的进一步深化，科技服务业作为新兴行业面临着前所未有的发展机遇。科技服务业将逐渐成为科技创新的重要推动力，不仅是技术的主要拥有者，也将成为新技术开发的重要促进者，其发展态势主要呈现如下特点：

1. 科技服务业的发展将不断催生新的业态

技术的进步和变革会促进创新要素的重组和对接，从而更容易产生新的服务业态和模式。广东省专业镇创新资源比较缺乏，地区分布不均衡，但在产学研合作机制下这一问题正逐渐得到解决。未来随着科技服务业的进一步发展，将促进专业镇的科技创新、资源优化整合，进一步催生众包、创客、科技博客、创业苗圃等新型商业模式的业态。

2. 科技服务业将逐渐走向专业化和集成化并存的局面

一方面，科技服务不断向专业化方向发展。近年来，在移动互联、生物医药、节能环保和新材料领域，研发设计、技术转移、创业孵化、知识产权等服务环节出现了一批专业的新型研发机构，通过整合行业资源，构建专业服务团队，向社会提供专业化的第三方服务。另一方面，集成化服务模式也是科技服务业发展的重要方向。随着专业镇科技创新服务体系的构建，科技服务将向整个"创新链"进行拓展，从技术咨询、技术转移等单一服务发展到技术熟化、创新创业等综合性服务。部分综合实力较强的科技服务机构如生产力促进中心，将涵盖研发外包、产品设计、技术交易、创业孵化、科技金融等，为专业镇经济与科技发展提供集成化的"一站式服务"。

3. "互联网+科技服务"是科技服务业发展的重要方向

随着云计算、物联网、移动互联网、大数据等新技术在科技服务领域应用的不断深入，科技服务机构的服务覆盖范围将得到大大地扩展。科技服务机构将部分通用型服务模块化并在线上提供服务，部分深度个性化服务则在线下解决，以满足不同类型客户群体的需要。"互联网＋科技服务"是科技服务业未来发展的必然趋势，通过互联网开展服务将是科技服务机构的必然选择。互联网服务平台将有力地简化技术搜索、技术对接、技术成果信息更新相关的科技服务，企业用户可通过互联网服务平台寻找与自身需求相吻合专业镇的产业主要集中在农林牧渔和制造业方面，实现专业镇的转型升级，必须推进现代农业领先的技术服务，然后通过线上帮助或线下解决的方式进行消费。

4. 科技服务业逐渐成为推动现代农业、先进制造业发展的重要助力

在未来农业和制造业的发展中，由于市场需求的变化，无论是工业产品还是农业产品，都倾向于由单一的大规模生产转变为精巧、个性化的设计，更加需要各类科技服务的支持。信息技术在工、农业生产中的普遍应用，也增加了两大产业对相关服务的需求，这些都使未来工业和农业成为"服务密集型"领域，出现"产业服务化"。目前阶段，广东省专业镇还主要以农业、制造业等传统产业为主，但随着"产业服务化"的推进，专业镇对科技服务的需求也会快速上升。

总体而言，广东省专业镇科技服务业还处于起步阶段，要实现科技服务业作为专业镇科技创新的重要支撑还有很大一段路要走。科技服务业作为新经济时代的一种新业态，在发展动力、发展模式、发展领域、发展方向等诸多方面均面临着新情况，需要用积极、开放、包容的姿态去面对不断涌现出的新业态、新模式。只有从广东专业镇产业具体实际出发，大胆进行改革和创新，才能实现广东专业镇科技服务业的又好又快发展。

本 章 小 结

广东专业镇的区域创新服务体系建设是在新型城镇化背景下实现专业镇产业转型升级的重要路径，本章正是围绕专业镇的区域创新服务体系进行展开的。根据一般意义上的区域创新系统、科技创新服务体系理论，本书认为区域创新系统建设应包括促进企业自主创新能力、构建创业投资体系、挖掘创新人才资源、完善创新政策法规环境以及建立科技创新服务体系等五个方面。广东需要结合专业镇具体实际，针对服务体系建设过程中暴露的金融服务资源匮乏、服务平台带动作用不明显等问题，努力发挥专业镇科技创新服务体系对广东专业镇产业转型升级的作用，并对症下药地采取相应的解决办法。

与此同时，广东专业镇创新服务体系要充分利用产学研合作机制，并在专业镇技术需求与全国高校创新资源进行对接分析的基础上，积极出台"一校一镇、一院一镇"政策，从而有效整合国内外科技创新资源为专业镇所用。此外，为了完善专业镇科技创新服务体系，积极发展科技服务业是关键，如何结合科技服务业重点发展领域及其发展趋势重点推进有关科技服务业态发展，是广东专业镇区域创新服务体系这项复杂的系统工程能否建成的关键，而这需要政府、企业、大学、科研机构、科技服务机构等各方的通力合作、共同努力，只有这样才能在新型城镇化背景下推动广东专业镇产业转型升级，实现其对区域经济发展的促进带动作用。

附　　录

广东省新型城镇化"2511"试点名单

类别	具体试点地区（项目）
地级市（2个）	珠海市、潮州市
县（市、区）（5个）	广州市番禺区、汕头市濠江区、韶关市南雄市、茂名市高州市、云浮市罗定市
镇（10个）	韶关市乐昌市坪石镇、梅州市梅县区雁洋镇、东莞市清溪镇、中山市小榄镇、江门市赤坎镇、阳江市阳东区东平镇、茂名市电白区沙琅镇、肇庆市四会市大沙镇、清远市佛冈县汤塘镇、云浮市郁南县平台镇
项目（20个）	（一）"一张蓝图"工程（1个） 云浮市"一张蓝图"工程。 （二）产城融合项目（2个） 汕尾市海丰县生态科技城产城融合项目、茂名高新区产城融合项目。 （三）城市更新项目（1个） 江门市白石甘化片区改造项目。 （四）绿色建设项目（2个） 东莞市松山湖（生态园）绿色建设项目、茂名市滨海新区电城镇绿色建设项目。 （五）美丽小镇项目（3个） 梅州市客天下旅游产业园、汕尾市陆河县水唇镇、汕尾市海丰县大湖镇。 （六）"骑楼"城市项目（2个） 江门市长堤历史风貌区保护与活化项目、清远市连州市中山南"骑楼"街项目。 （七）智慧城乡项目（3个） 河源市江东新区智慧城乡项目、东莞市沙田镇智慧城乡项目、茂名市高地智慧城。 （八）城市地下基础设施项目（2个） 东莞市寮步镇城市地下基础设施项目、江门市地下管网项目。 （九）记忆岭南项目（2个） 东莞市茶山镇记忆岭南项目、茂名市信宜市镇隆镇八坊村记忆岭南项目。 （十）公园体系项目（2个） 韶关市公园体系项目、中山市公园体系项目。

参 考 文 献

1. Becker R A. Effects of Air Quality Regulations on Polluting Industries [J]. Jornal of olal onomy, 1963.

2. Bjørn T. Asheim, Isaksen A. Regional Innovation Systems: The Integration of Local 'Sticky' and Global 'Ubiquitous' Knowledge [J]. Journal of Technology Transfer, 2002, 27 (1): 77 – 86.

3. Charles Landry The Creative City: A Toolkit for Urban Innovators [M]. London: Earthscan, 2000.

4. Cooke P. Regional Innovation Systems: Competitive Regulation in the New Europe [J]. Geoforum, 1992, 23 (3): 365 – 382.

5. Cooke P. Introduction: origins of the concept. London: UCLPress, 1998.

6. D. Doloreux. What we should know about regional systems of innovation [J] Technology in Society, 2002, 24 (3): 243 – 263.

7. Eppertb K, Gornin M, Werwata A. Economic growth of agglomerations and geographic concentration of in.

8. Erkko Autio. Evaluation of RTD in regional systems of innovation [J]. European Planning Studies, 2007, 6 (2): 131 – 140.

9. Fujita M &J. F. Thisse. Economics of Agglomeration: Cities, Industrial Location and Regional Growth [M].

10. Henderson J V. The Size and Types of Cities [J]. American Economic Review, 1974, (64): 640 – 656.

11. Krugman P. What is new about the new economic geography? Oxford Review of Economic Policy [M]. 2008.

12. Lucas R E. On the mechanics of economic development ☆ [J]. Journal of Monetary Economics, 1988, 22 (1).

13. Marshall A. The Principles of Economics [M]. London: MacMillan , 1890.

14. Michael E. Porter. The Competitive Advantage of Nations [M]. New York: Free Press, 1990.

15. Padmore T, Gibson H. Modelling systems of innovation：: II. A framework for industrial cluster analysis in regions [J]. Research Policy, 1998, 26 (6)：625 –641.

16. Peter Hall. Cities in Civilization [M]. London：Orion Publishing, 2006.

17. Peter Hall. Creative cities and economic development [J]. Urban Studies, 2000, 37 (4)：639 –649.

18. Poh Kam Wong. Singapore as an innovative city in East Asia：An explorative study of the perspectives.

19. Simmie J. Innovative cities [M]. London/New York：Spon Press, 2001.

20. Stoll R, Fischer C, Springer M, et al. Regional Innovation Systems in Central and Eastern Europe：Determinants, Organizers and Alignments. [J]. Journal of Technology Transfer, 2002, 27 (1)：87 –96.

21. 埃德温·S·米尔斯. 区域和城市经济学手册（第2卷）：城市经济学（中译本）[M]. 北京：经济科学出版社, 2003.

22. 安静畴, 梁鲜桃. 开发区、工业园区建设与我区经济发展 [J]. 理论研究, 2004, 12：14 –17.

23. 曾群华, 徐长乐. 新型城镇化的研究综述 [J]. 中国名城, 2014, 06：26 –31.

24. 曾煜, 陈方亮. 论产业聚集与中国城镇化建设 [J]. 江西社会科学, 2004 (7)：106 –110.

25. 陈斌. 产业集群与新型城镇化耦合度及其影响研究——以江苏省为例 [J]. 科技进步与对策, 2014, 20：53 –57.

26. 陈锋. 改革开放三十年中国城镇化进程和城市发展的历史回顾和展望 [J]. 规划师, 2009 (1)：10 –12.

27. 陈剑锋, 唐振鹏. 国外产业集群研究综述 [J]. 外国经济与管理, 2002 (8)：22 –27.

28. 陈贤. 产业结构演进对城镇化的影响机制 [J]. 经济研究导刊, 2015, (22)：147 –150.

29. 陈滢. 城镇化与产业集群的互动关系分析 [J]. 经济纵横, 2007, 10：53 –55.

30. 仇保兴. 小企业集群研究 [M]. 上海：复旦大学出版社, 1999.

31. 仇保兴. 新型工业化、城镇化与企业集群 [J]. 现代城市研究, 2004, 01：17 –23.

32. 创新城市评价课题组, 何平. 中国创新城市评价报告 [J]. 统计研究, 2009, 08：3 –9.

33. 崔凯，郭静利．新型城镇化的理论基础、现实选择与推动策略 [J]．现代经济探讨，2014，07：29 - 33.

34. 崔意茁，贺正伟．新型城镇化战略下的产业选择与发展路径研究——基于国际经验的分析 [J]．经营管理者，2014，23：170 - 171.

35. 代明，王颖贤．创新型城市研究综述 [J]．城市问题，2009，01：94 - 98.

36. 单卓然，黄亚平．"新型城镇化"概念内涵、目标内容、规划策略及认知误区解析 [J]．城市规划学刊，2013，02：16 - 22.

37. 杜宁，赵民．发达地区乡镇产业集群与小城镇互动发展研究 [J]．国际城市规划，2011，01：28 - 36.

38. 杜怡萱．中国城镇化发展的现状及措施 [J]．中国市场，2014，24：154 - 155.

39. 高晶，关涛，郎宏文．推进中国新型城镇化发展的路径探讨 [J]．经济纵横，2015，08：46 - 49.

40. 葛立成．产业集聚与城市化的地域模式——以浙江省为例 [J]．中国工业经济，2004，01：56 - 62.

41. 葛立成．关键仍在加快转变经济增长方式 [J]．浙江经济，2009，01：36 - 37.

42. 耿海清，谷树忠．城市化进程中的产业政策选择 [J]．城市问题，2007，02：2 - 8.

43. 龚关．新型城镇化发展现状与思考 [J]．人民论坛，2014，08：90 - 92.

44. 古杰，岳隽，陈小祥．新中国城镇化的发展阶段及政策分析 [J]．规划师，2015，10：74 - 81.

45. 顾朝林，于涛方，李王鸣．中国城镇化：格局．过程．机理 [H]．北京：科学出版社，2008.

46. 顾新．区域创新系统论 [D]．四川大学，2002.

47. 顾裕文．基于承接东部沿海产业转移的衡阳小城镇公共产业建设分析 [J]．企业家天地下半月刊（理论版），2008，12：30 - 31.

48. 官建成，刘顺忠．区域创新系统测度的研究框架和内容 [J]．中国科技论坛，2003（2）：24 - 26.

49. 何静．区域产业簇群的发展与政府职责 [J]．中国流通经济，2006，01：24 - 27.

50. 何立春．新型城镇化、战略性新兴产业与经济发展 [J]．财经问题研究，2015，05：48 - 52.

51. 何宇鹏．新型城镇化建设中的路径选择 [J]．郑州航空工业管理学院学报，2014，03：103－107.

52. 贺俊. 中国产业结构调整的方向和对策 [J]. 中国经贸导刊，2008，24：39－40.

53. 胡蓓，朱朴义. 产业集群人才集聚拥挤研究 [J]. 科技进步与对策，2013（19）：130－133.

54. 胡钰. 创新型城市建设的内涵、经验和途径 [J]. 中国软科学，2007（4）：32－38.

55. 胡志坚，苏靖. 区域创新系统理论的提出与发展 [J]. 中国科技论坛，1999（6）：20－23.

56. 纪良纲，陈晓永，陈永国. 关于扩权强县（市）改革的体制性思考——以河北省为例 [J]. 河北经贸大学学报，2008，02：14－20.

57. 季丹虎. 产业集群对农村劳动力转移的影响分析 [J]. 沿海企业与科技，2006（4）：189－190.

58. 贾玉巧. 构建创新型城市发展模式的综述 [J]. 中国商界（上半月），2009，10：1－2.

59. 江蕾. 基于自主创新的区域创新体系建设研究——以浙江省为例 [M]. 基于自主创新的区域创新体系建设研究. 科学出版社，2010.

60. 江若琰. 企业与生态环境保护协调发展问题研究 [D]. 郑州大学，2014.

61. 姜玉砚. 经济转型和城镇化背景下的区域产业布局优化研究——基于山西的实证 [J]. 城市发展研究，2012，12：166－169.

62. 蒋新祺. 优势产业发展研究 [D]. 湖南大学，2006.

63. 蒋永清. 中国城市化的世纪回顾与展望 [J]. 求索，2001（1）：27－30.

64. 金花. 中国城镇化发展的阶段性特征与主要矛盾 [J]. 经济纵横，2011，11：16－19.

65. 克鲁格曼，高宁，余维国. 亚洲经济真会复苏吗？[J]. 现代外国哲学社会科学文摘，1999，（09）：2－4＋27.

66. 蓝庆新，陈超凡. 新型城镇化推动产业结构升级了吗？——基于中国省级面板数据的空间计量研究 [J]. 财经研究，2013，（12）：57－71.

67. 李清娟，陈卫平，张宏武. 感冒清热颗粒中苦地丁的薄层色谱鉴别方法改进 [J]. 中国药事，2005，01：46－47.

68. 李清娟. 长三角产业同构向产业分工深化转变研究 [J]. 上海经济研究，2006，04：47－56.

69. 林先扬. 广东县域经济转型与升级的机遇与挑战 [J]. 广东经济，2015，

02: 17 – 19.

70. 刘朝刚. 专业镇与产业集群的区别 [J]. 产业经济, 2013 (4): 70 – 73.

71. 刘珂, 汤颂. 产业支撑视角下的新型城镇化建设路径研究 [J]. 河南师范大学学报 (哲学社会科学版), 2015, 02: 41 – 45.

72. 刘硕, 李治堂. 创新型城市建设国际比较及启示 [J]. 科研管理, 2013, S1: 58 – 64.

73. 刘新卫. 中国城镇化发展现状及特点 [J]. 国土资源情报, 2007, 07: 40 – 46.

74. 柳卸林, 胡志坚. 中国区域创新能力的分布与成因 [J]. 科学学研究, 2002, 20 (5): 550 – 556.

75. 陆根尧, 符翔云, 朱省娥. 基于典型相关分析的产业集群与城市化互动发展研究: 以浙江省为例 [J]. 中国软科学, 2011, 12: 101 – 109.

76. 吕丙. 产业集群的区域品牌价值与产业结构升级——以浙江省嵊州市领带产业为例 [J]. 中南财经政法大学学报, 2009 (4): 47 – 51.

77. 马春辉. 产业集群的发展与城市化——以长江、珠江三角洲为例 [J]. 经济问题, 2004, 03: 30 – 32.

78. 马歇尔. 经济学原理 [M]. 商务印书馆, 1997.

79. 毛荐其, 俞国方. 点—链—群: 三层创新网络勾画创新城市 [J]. 中国软科学, 2006, 11: 137 – 140.

80. 毛艳华, 姚华松. 创新型城市理论研究的发展 [J]. 城市观察, 2014, 03: 173 – 185.

81. 孟玉静. 战略性新兴产业集群推动产业结构升级和经济发展方式转变的研究 [J]. 商业时代, 2011 (3): 114 – 115.

82. 牛宏. 试析新型城镇化发展战略及其路径选择 [J]. 厦门特区党校学报, 2013, 06: 58 – 62.

83. 谯薇, 江文清. 优势产业集群视角下西部地区加快城镇化进程对策研究 [J]. 农村经济, 2008, 02: 88 – 89.

84. 秦洁, 宋伟. 对《促进科技成果转化法》修订的几点思考 [J]. 中国科技论坛, 2014 (4): 10 – 14.

85. 人文地理视角下的专业镇研究 [J]. 中国会议, 2008 (2): 134 – 138.

86. 荣宏庆. 论中国新型城镇化建设与生态环境保护 [J]. 现代经济探讨, 2013, 08: 5 – 9.

87. 阮建青. 产业集群动态演化规律与地方政府政策 [J]. 管理世界, 2014 (12): 79 – 91.

88. 邵全慧. 国外经验视野下的中国城镇化路径选择 [J]. 长春理工大学学报（社会科学版），2012，04：28-29.

89. 沈静，陈烈. 珠江三角洲专业镇的成长研究 [J]. 经济地理，2005，(03)：358-361+382.

90. 沈正平. 优化产业结构与提升城镇化质量的互动机制及实现途径 [J]. 城市发展研究，2013，(05)：70-75.

91. 盛世豪. 经济全球化背景下传统产业集群核心竞争力分析——兼论温州区域产业结构的代际锁定 [J]. 中国软科学，2004 (9)：114-119.

92. 石忆邵，朱卫锋. 中国城镇化的地域组织模式及其发展研究 [J]. 中国工业经济，2004，10：13-20.

93. 苏雪串. 城市化进程中的要素集聚、产业集群和城市群发展 [J]. 中央财经大学学报，2004，01：49-52.

94. 谭清美. 区域创新系统的结构与功能研究 [J]. 科技进步与对策，2002，19 (8)：52-54.

95. 唐志宏. 区域经济发展与区域优势产业 [M]. 四川大学出版社，2013.

96. 唐子来，周一星. 国外城镇化发展模式和中国特色的城镇化道路[R]. 2005.

97. 陶晓敏，葛幼松. 新型城镇化的专业镇发展路径探析——以苏中戴南"三市七镇"为例 [J]. 陕西农业科学，2013，03：192-196.

98. 陶英胜. 上海开发区规划建设与城市发展关系的研究 [D]. 华东师范大学，2009.

99. 涂山峰. 基于产业集群的区域品牌与区域经济增长 [J]，中国软科学，2005 (12)：111-114.

100. 汪一洋，任红伟，邵帅，李潇，孙英翘，曾汐. 广东新型城镇化战略的思考与对策 [J]. 广东经济，2014，07：8-17.

101. 王爱君，刘相兵. 农民工回流与农业产业集群研究——以山东省五莲县农民工回流为例 [J]. 中国市场，2012 (14)：62-64.

102. 王保忠，何炼成，李忠民. 低碳经济背景下区域产业布局优化问题研究 [J]. 经济纵横，2013，03：100-104.

103. 王冰，商春荣. 广东农村工业化、城镇化障碍分析 [J]. 汕头大学学报（人文社会科学版），2007，01：67-71+92.

104. 王崇举. 小城镇产业优化决策分析与应用 [M]. 科学出版社，2011.

105. 王冬欣. 中国城镇化发展阶段性特征分析 [J]. 宏观经济管理，2013，10：32-33.

106. 王慧. 开发区与城市相互关系的内在肌理及空间效应 [J]. 城市规划, 2003, 03: 20 - 25.

107. 王瑾, 魏兴民. 纺织产业集群效应与纺织品出口的过度竞争——以绍兴纺织产业集群为例 [J]. 商业经济与管理, 2004 (9): 40 - 44.

108. 王凯. 新型城镇化的内涵与模式思考 [J]. 上海城市规划, 2013, 06: 12 - 17.

109. 王雷. 产业集群的城镇化发展模式及优化路径 [J]. 重庆邮电学院学报 (社会科学版), 2006, 05: 698 - 702.

110. 王沛栋. 城镇化进程中产城融合的困境与突破路径——以河南省为例 [J]. 学习论坛, 2014, 06: 42 - 45.

111. 王千, 赵俊俊. 城镇化理论的演进及新型城镇化的内涵 [J]. 洛阳师范学院学报, 2013, 06: 98 - 101.

112. 王先锋. 中国的两类专业镇 [J]. 经济研究参考, 2004 (15): 33 - 35.

113. 王翔, 戴桂斌. 新型城镇化背景下的专业镇可持续发展研究——基于珠三角产业社区的视角 [J]. 贵州社会科学, 2014, 03: 75 - 79.

114. 王小琪. 新形势下中国城镇化转型路径 [J]. 财经科学, 2013, 12: 73 - 81.

115. 王新越, 秦素贞, 吴宁宁. 新型城镇化的内涵、测度及其区域差异研究 [J]. 地域研究与开发, 2014, 04: 69 - 75.

116. 王秀玲. 对国外城镇化发展的思考 [J]. 河北师范大学学报 (哲学社会科学版), 2006, 04: 42 - 45.

117. 王秀明, 李非. 产业集聚对区域经济增长的影响——基于广东省的实证研究 [J]. 武汉大学学报, 2013 (6): 122 - 127.

118. 王学峰. 发达国家城镇化形式的演变及其对中国的启示 [J]. 地域研究与开发, 2011, 04: 54 - 60.

119. 王一鸣. 未来中国城镇化的路径 [J]. 全球化, 2013, 07: 72 - 74 + 122.

120. 王占营. 交易费用、网络协同与产业结构优化——兼论政府干预产业集群发展的经济效应 [J]. 财政研究, 2012 (10): 69 - 71.

121. 卫金兰, 邵俊岗. 产城融合研究述评 [J]. 特区经济, 2014, 02: 81 - 82.

122. 魏后凯. 新型城镇化的内涵和特征 [J]. 山西师大学报 (社会科学版), 2013, 05: 16.

123. 魏剑锋. 国内产业集群研究文献综述 [J]. 工业技术经济, 2008 (4): 117 - 120.

124. 温莉，叶育成. 新时期下广东城镇化发展的瓶颈及对策 [A]. 中国城市规划学会. 生态文明视角下的城乡规划——2008 中国城市规划年会论文集 [C]. 中国城市规划学会，2008：10.

125. 吴福象，沈浩平. 新型城镇化、创新要素空间集聚与城市群产业发展 [J]. 中南财经政法大学学报，2013，04：36 – 42 + 159.

126. 吴文静. 浅谈新型城镇化的内涵、作用及路径探索 [J]. 黑河学刊，2015，06：3 – 5.

127. 武力. 1978—2000 年中国城市化进程研究 [J]. 中国经济史研究，2002，03：73 – 82.

128. 晓林，陈婷，杨荣升. 广东城镇化建设的突破口 [J]. 人民之声，2014，02：31 – 34.

129. 谢呈阳，胡汉辉，周海波. 新型城镇化背景下"产城融合"的内在机理与作用路径 [J]. 财经研究，2016，01：72 – 82.

130. 谢方，徐志文，王礼力. 基于典型相关分析的产业集群与城市经济发展关系研究 [J]. 重庆大学学报（社会科学版），2009，01：1 – 4.

131. 谢虹. 推动广东城镇化进程的研究 [J]. 农业经济，2007，03：53 – 54.

132. 谢惠芳，潘子欣，刘佐菁. 产学研趋势下广东省专业镇转型升级的思考 [J]. 科技管理研究，2012，32（9）：60 – 63.

133. 徐军，李大伟. 广东省农业专业镇转型升级对策研究 [J]. 产业与科技论坛，20115（14）：23 – 25.

134. 徐康宁. 开放经济中的产业集群和竞争力 [J]. 中国工业经济，2001（11）：22 – 27.

135. 徐宁，罗晓春. 城镇化视角下惠州专业镇特色产业发展研究 [J]. 惠州学院学报，2014，（02）：46 – 50.

136. 徐顽强. 区域创新与科技中介服务体系建设 [M]. 人民出版社，2007.

137. 徐维祥，唐根年，陈秀君. 产业集群与工业化、城镇化互动发展模式研究 [J]. 经济地理，2005，06：868 – 872.

138. 徐维祥，唐根年. 产业集群与城镇化互动发展模式研究 [J]. 商业经济与管理，2005，07：40 – 44.

139. 徐洋洋. 基于价值链视角的区域中小企业科技服务体系构建研究 [D]. 华南理工大学，2014.

140. 许德友. 以"产城融合"推进中国新型城镇化 [J]. 长春市委党校学报，2013，05：34 – 37.

141. 许经勇. 解读新型城镇化的内涵 [J]. 北方经济，2014，05：4 – 6.

142. 许学强，周一星，宁越敏. 城市地理学（第二版）[M]. 北京：高等教育出版社，2009.

143. 闫逢柱，乔娟. 产业集聚一定有利于产业成长吗？——基于中国制造业的实证分析 [J]. 经济评论，2010，(05)：63 – 71.

144. 杨大蓉. 基于国际经验的新型城镇化产业带动策略研究 [J]. 世界农业，2015，02：147 – 150.

145. 杨冬梅，赵黎明，闫凌州. 创新型城市：概念模型与发展模式 [J]. 科学学与科学技术管理，2006，08：97 – 101.

146. 杨贵庆，韩倩倩. 创新型城市特征要素与综合指数研究——以上海"杨浦国家创新型试点城区"为例 [J]. 上海城市规划，2011，03：72 – 78.

147. 杨静. 中国新型城镇化发展路径探析 [J]. 学术交流，2014，07：111 – 116.

148. 杨利娟. 中国城镇化过程中产业发展问题浅析 [J]. 经济研究导刊，2010，11：53 – 54.

149. 杨文举. 中国城镇化与产业结构关系的实证分析 [J]. 经济经纬，2007，(01)：78 – 81.

150. 杨仪青. 中国新型城镇化建设中面临的问题及路径创新 [J]. 经济纵横，2015，04：17 – 21.

151. 杨勇. 广东省专业镇公共创新服务平台建设研究 [J]. 广东科技，2011，20 (16)：1 – 3.

152. 叶嘉安，徐江，易虹. 中国城市化的第四波 [J]. 城市规划，2006（增刊 1）：13 – 18.

153. 尤振来，刘应宗. 西方产业集群理论综述 [J]. 西北农林科技大学学报，2008（2）：62 – 66.

154. 于明旭. 城镇化发展的阶段性特点 [J]. 商，2014，22：43 + 41.

155. 余国扬. 广州市狮岭皮具展业镇发展研究，[J] 广州大学学报 2003 (09)：1 – 4.

156. 袁建新，郭彩琴. 新型城镇化：内涵、本质及其认识价值——十八大报告解读 [J]. 苏州科技学院学报（社会科学版），2013，03：17 – 23.

157. 袁丽美. 基于产业结构调整的经济发展方式研究 [J]. 武汉船舶职业技术学院学报，2009，01：51 – 55.

158. 在新型城镇化背景下推进产城融合对策思考 [J]. 新重庆，2014，09：31 – 34.

159. 詹晖，吕康银. 产业集群的人才集聚机制研究 [J]. 技术经济与管理研究，2015 (5)：85 – 90.

160. 站邵磊, 陆冀. 外商直接投资与产业集群的互动发展 [J]. 工业技术经济, 2010 (11): 142 - 149.

161. 张道刚. "产城融合" 的新理念 [J]. 决策, 2011, 01: 1.

162. 张军涛, 梁志勇. 城镇化及其可持续发展的内涵解析 [J]. 城市, 2007, 02: 10 - 13.

163. 张丽琴, 陈烈. 新型城镇化影响因素的实证研究——以河北省为例 [J]. 中央财经大学学报, 2013, (12): 84 - 91.

164. 张西奎, 胡蓓. 产业集群的人才集聚研究 [J]. 商业研究, 2007 (3): 5 - 7.

165. 张永岳, 王元华. 中国新型城镇化的推进路径研究 [J]. 华东师范大学学报 (哲学社会科学版), 2014, 01: 92 - 100 + 154.

166. 赵磬湘, 赵婧怡. 加快建设中山专业镇科技创新服务体系的思考 [J]. 广东经济, 2015 (9): 58 - 64.

167. 赵昕. 产业集聚与城市化关系的实证分析——基于面板数据模型 [J]. 经济与管理, 2007, 11: 40 - 44.

168. 郑延智. 基于产业集聚的赣州城市化发展研究 [J]. 江西理工大学学报, 2011, 06: 29 - 32.

169. 周兵, 蒲永健. 产业集群的增长经济学解释 [J]. 中国软科学, (5): 119 - 121.

170. 周浩, 吕锦莎. 中国出口企业的生产率悖论——来自广东产业集群出口溢出的证据 [J]. 国际经贸探索, 2013 (11): 65 - 78.

171. 周红, 方健雯. 城镇化的内涵及指标体系研究综述 [J]. 当代经济, 2015, 14: 40 - 43.

172. 周均旭. 产业集群人才集聚效应演化规律与对策研究 [J]. 武汉大学学报, 2010 (6): 40 - 43.

173. 周霞. 专业镇科技创新服务体系: 建构与培育 [J]. 广东科技, 2006 (9): 11 - 13.

174. 周祥胜, 陈洋, 赵嘉新, 任庆昌. 城镇化发展的 "差异化" 路径研究——以广东省为例 [J]. 城市发展研究, 2012, 08: 3 - 8.

175. 朱桂龙, 钟自然. 从要素驱动到创新驱动——广东专业镇发展及其政策取向 [EB/OL].

176. 朱竑, 薛德升. 广东城市化及其发展模式的选择 [J]. 热带地理, 2001, 01: 17 - 21.

177. 朱凌, 陈劲, 王飞绒. 创新型城市发展状况评测体系研究 [J]. 科学学研究，2008，01：215 - 222.

178. 朱文明. 中国城镇化进程与发展模式 [⊥]. 国土资源科技管理，2003 (2)：17 - 20.

179. 注重棣，杨宝良. 试论国际分工的多重均衡与产业地理集聚 [J]. 世界经济研究，2003（10）：33 - 36.

180. 邹德慈. 构建创新型城市的要素分析 [J]. 中国科技产业，2005，10：15 - 17.

181. 邹德慈. 对中国城镇化问题的几点认识 [J]. 城市规划汇刊，2004 (3)：3 - 5.